Seydlitz Erdkunde Einführungsphase

1100000060727
Theodor-Heuss-Gymnasium

D1920128

Theodor-Heuss-Gymnasium
37075 Göttingen, Grotefendstr. 1

Inventar-Nr. des Buches: **EK 18 11 01**

Name der Schülerin/ des Schülers	Klasse	Datum Ausgabe	Rückgabe
Merle Wambold	11MN	9.8.18	
Lara Uoch	11ml	16.8.19	
Vivian Kunert	11EU2		
Erik Larsen	11BIL	10.09.21	

Dieses Buch ist Eigentum der Schule.
Das Buch ist pfleglich zu behandeln. Eintragungen, Randbemerkungen u.a. dürfen nicht vorgenommen werden. Bei Verlust oder Beschädigung des Buches wird die Schule Schadensersatz verlangen.

Hyunsik Kim 11D 2.9.22
Azra Aydemir 11B 25.8.23

Seydlitz

ERDKUNDE

Niedersachsen
Einführungsphase

Autorinnen und Autoren
Rainer Bernd
Philipp Kraft
Ina Memenga
Stefan Müller
Rainer Starke

unter Mitwirkung
der Verlagsredaktion

Schroedel
westermann

SDL-53305-001

Die Seiten „Testen – Üben – Vertiefen“ schließen einen Themenbereich ab. Die Lösungen zu den Fragen können Sie sich über den QR-Code mit einem QR-Code-Reader herunterladen. Sie haben auch die Möglichkeit, den Web-Link auf der Seite www.schroedel.de/webcode einzugeben und dort die Lösungen herunterzuladen.

100800-043
www.diercke.de

Durch Eingabe des Atlas-Webcodes unter der Adresse www.diercke.de gelangen Sie auf die passende Seite im Diercke Weltatlas (Ausgabe 2015). Dort sind für Sie zum Thema passende Atlaskarten, weiterführende Informationen zur Karte / zum Thema sowie weitere Materialien hinterlegt.

Mit Beiträgen von: J. Bauer, M. Colditz, M. Felsch, A. Gehmlich, T. Girndt, R. Herpel, E. Hummel, A.-K. Lindau, F. Morgeneyer, N. Protze, W. Waldeck

Ernst von Seydlitz-Kurzbach (gebore in Tschöplau / Kreis Freystadt) leb von 1784 bis 1849. Mit der Herausgal des Lehrbuches „Leitfaden der Ge graphie“ im Jahre 1824 begründete das traditionsreiche Unterrichtswe „Seydlitz“. Ausführliche Information finden Sie unter: www.schroedel.d seydlitz-chronik.

westermann GRUPPE

© 2018 Bildungshaus Schulbuchverlage
Westermann Schroedel Diesterweg Schöningh Winklers GmbH, Braunschweig
www.schroedel.de

Das Werk und seine Teile sind urheberrechtlich geschützt. Jede Nutzung in anderen als den gesetzlich zugelassenen Fällen bedarf der vorherigen schriftlichen Einwilligung des Verlages.
Hinweis zu § 52a UrhG: Weder das Werk noch seine Teile dürfen ohne Einwilligung gescannt und in ein Netzwerk eingestellt werden. Dies gilt auch für Intranets von Schulen und sonstigen Bildungseinrichtungen. Für Verweise (Links) auf Internet-Adressen gilt folgender Haftungshinweis: Trotz sorgfältiger inhaltlicher Kontrolle wird die Haftung für die Inhalte der externen Seiten ausgeschlossen. Für den Inhalt dieser externen Seiten sind ausschließlich deren Betreiber verantwortlich. Sollten Sie daher auf kostenpflichtige, illegale oder anstößige Inhalte treffen, so bedauern wir dies ausdrücklich und bitten Sie, uns umgehend per E-Mail davon in Kenntnis zu setzen, damit beim Nachdruck der Verweis gelöscht wird.

Druck A² / Jahr 2018
Alle Drucke der Serie A sind inhaltlich unverändert.

Redaktion: Jens Gläser, Manfred Eiblmaier, Thomas Rahne
Umschlaggestaltung, Layout und Typographie: Thomas Schröder
Druck und Bindung: westermann druck GmbH, Braunschweig

ISBN 978-3-507-**53305**-9

Inhalt

Arbeitsaufträge zum Kompetenznachweis (deren Erfüllung die Verfügbarkeit der erwarteten Kompetenzen nachweisen und die Gestaltungsform und Präsentation von Arbeitsergebnissen einbeziehen)	**Anforderungsbereich I**	**beschreiben** strukturiert und fachsprachlich angemessen Materialien vorstellen und / oder Sachverhalte darlegen	**darstellen** Sachverhalte detailliert und fachsprachlich angemessen aufzeigen
	Anforderungsbereich II	**analysieren** Materialien, Sachverhalte oder Räume beschreiben, kriterienorientiert oder aspektgeleitet erschließen und strukturiert darstellen	**charakterisieren** Sachverhalte in ihren Eigenarten beschreiben, typische Merkmale kennzeichnen und diese dann gegebenenfalls unter einem oder mehreren bestimmten Gesichtspunkten zusammenführen
	Anforderungsbereich III	**begründen** komplexe Grundgedanken durch Argumente stützen und nachvollziehbare Zusammenhänge herstellen	**beurteilen** den Stellenwert von Sachverhalten oder Prozessen in einem Zusammenhang bestimmen, um kriterienorientiert zu einem begründeten Sachurteil zu gelangen
Arbeitsaufträge zur Erkenntnisgewinnung (die die Lernenden zur Erreichung der Teilkompetenz ausführen müssen, also vorrangig zur Erkenntnisgewinnung)		**Befragen**	**Beobachten**
		Erheben (z. B. Daten)	**Erstellen** (z. B. Mindmaps)
		Recherchieren (z. B. im Internet)	**Überprüfen** (z. B. Hypothesen)

gliedern einen Raum, eine Zeit oder einen Sachverhalt nach selbst gewählten oder vorgegebenen Kriterien systematisierend ordnen	**wiedergeben** Kenntnisse (Sachverhalte, Fachbegriffe, Daten, Fakten, Modelle) und/oder (Teil-) Aussagen mit eigenen Worten sprachlich distanziert, unkommentiert und strukturiert darstellen	**zusammenfassen** Sachverhalte auf wesentliche Aspekte reduzieren und sprachlich distanziert, unkommentiert und strukturiert wiedergeben	
einordnen begründet eine Position / Material zuordnen oder einen Sachverhalt begründet in einen Zusammenhang stellen	**erklären** Sachverhalte so darstellen – gegebenenfalls mit Theorien und Modellen –, dass Bedingungen, Ursachen, Gesetzmäßigkeiten und / oder Funktionszusammenhänge verständlich werden	**erläutern** Sachverhalte erklären und in ihren komplexen Beziehungen an Beispielen und / oder Theorien verdeutlichen (auf Grundlage von Kenntnissen bzw. Materialanalyse)	**vergleichen** Gemeinsamkeiten, Ähnlichkeiten und Unterschiede von Sachverhalten kriterienorientiert darlegen
entwickeln zu einem Sachverhalt oder zu einer Problemstellung eine Einschätzung, ein Lösungsmodell, eine Gegenposition oder ein begründetes Lösungskonzept darlegen	**erörtern** zu einer vorgegebenen Problemstellung eine reflektierte, abwägende Auseinandersetzung führen und zu einem begründeten Sach- und / oder Werturteil kommen	**Stellung nehmen** Beurteilung mit zusätzlicher Reflexion individueller, sachbezogener und / oder politischer Wertmaßstäbe, die Pluralität gewährleistet und zu einem begründeten eigenen Werturteil führt	**überprüfen** Inhalte, Sachverhalte, Vermutungen oder Hypothesen auf der Grundlage eigener Kenntnisse oder mithilfe zusätzlicher Materialien auf ihre sachliche Richtigkeit bzw. auf ihre innere Logik hin untersuchen
Berechnen (z. B. Maßstab)	**Bestimmen**	**Durchführen** (z. B. Versuche)	**Entnehmen** (z. B. Informationen)
Kartieren	**Messen**	**Planen** (z. B. Vorgehensweise)	**Protokollieren**
Unterstreichen (Lesekompetenz)	**Verknüpfen** (z. B. Informationen)	**Zählen**	**Zeichnen** (z. B. Querschnitte, Profile, Diagramme, topographische Übersichtsskizzen, einfache Karten)

Nachhaltigkeit in der Raumnutzung

Windpark in den Alpen: nachhaltige Raumnutzung?

M1 Slogan der Agenda-Programme

Dimensionen der Nachhaltigkeit

Nachhaltigkeit im Modell

Umweltveränderungen, wie z. B. die Erderwärmung und der Rückgang der Artenvielfalt, die weltweite Armut, die Missachtung von Grundrechten, Kriege und Terrorismus, sind aktuelle ökologische, politische, ökonomische und soziale Herausforderungen der Menschheit. Diese führten auf dem Erdgipfel 1992 in Rio de Janeiro erstmals zur internationalen Anerkennung des **Leitbildes der nachhaltigen Entwicklung**, welches die Menschheit in das 21. Jahrhundert führen sollte. Es basierte auf der Einsicht, dass wirtschaftliche Leistungsfähigkeit nur im Einklang mit sozialer Gerechtigkeit und ökologischer Tragfähigkeit erreicht werden kann. In den darauf folgenden Jahren etablierte sich die politische Perspektive (u. a. gute Regierungsführung) als vierte Dimension der **Nachhaltigkeit**. Aber auch der kulturelle Hintergrund der Gesellschaften erfordert im globalen Zusammenhang angepasste Handlungsprozesse.

Ziel der **Agenda 21** (M2 D) ist die nachhaltige Entwicklung. Das Programm beinhaltet die dauerhafte Sicherung einer hohen Lebensqualität (Wirtschaft), von der niemand ausgegrenzt wird (Soziales) und die sich nicht zulasten der Lebensbedingungen zukünftiger Generationen (Ökologie) oder anderer Völker (Weltgemeinschaft) auswirkt. Nachhaltige Entwicklung verlangt demnach nach neuen Lebens- und Wirtschaftsstilen, die sich dauerhaft auf alle Erdbewohner übertragen lassen, ohne langfristig Umweltschäden, Versorgungsengpässe oder Verteilungskonflikte zu verursachen. Da die meisten globalen Probleme auf lokaler Ebene verursacht werden, sind alle **Kommunen** aufgefordert, ein lokales Aktionsprogramm für die nachhaltige Entwicklung vor Ort, eine **Lokale Agenda 21**, zu erarbeiten. Sie soll durch einen gleichberechtigten Dialog zwischen den örtlichen Interessengruppen, Verbänden und Institutionen, der lokalen Wirtschaft, den Bürgerinnen und Bürgern sowie der Politik und Verwaltung erfolgen.

M3 Die Agenda 21: Ziele und Umsetzung

(A) „[...] dass es eine continuierliche beständige und nachhaltende Nutzung gebe [...].“ (Hans Carl von Carlowitz, 1713)

18. Jh.

(B) 1972 erschien ein Bericht des **Club of Rome**, der die problematischen Folgen des Wirtschaftswachstums und der Bevölkerungszunahme aufzeigte. Er verdeutlichte vor allem, dass die Menschheit mit ihrem Lebensstil zu viele **Rohstoffe** verbraucht, sodass die Lebensgrundlagen gefährdet sind.

1970er-Jahre

(C) 1987 definierten die Vereinten Nationen das Leitbild der nachhaltigen Entwicklung im Brundtland-Bericht: „Leitbild einer nachhaltigen Entwicklung, die den Bedürfnissen der heutigen Generation entspricht, ohne die Möglichkeiten künftiger Generationen zu gefährden, ihre eigenen Bedürfnisse zu befriedigen und ihren Lebensstil zu wählen.“ Jede Generation soll demnach nur so viele Ressourcen verbrauchen, dass auch künftige Generationen noch eine gute Lebensgrundlage auf der Erde vorfinden werden.

1980er-Jahre

M2 Die Entwicklung der Nachhaltigkeit

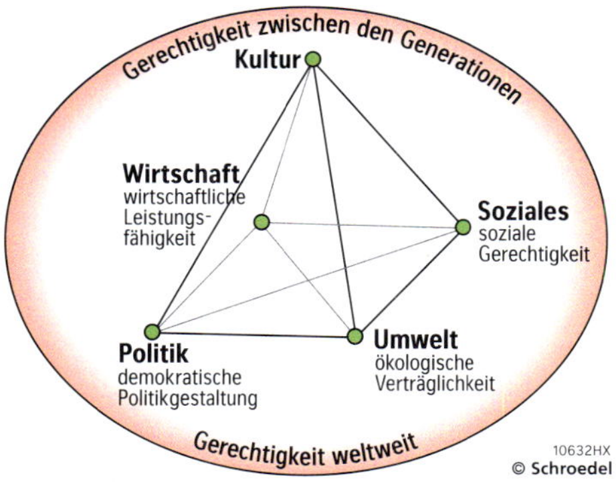

M4 Die Nachhaltigkeitspyramide

Im September 2015 wurde auf einem Gipfel der Vereinten Nationen von allen Mitgliedsstaaten die **Agenda 2030** verabschiedet. **Industrieländer**, **Schwellenländer** und **Entwicklungsländer** bringen darin zum Ausdruck, dass weltweiter, wirtschaftlicher Fortschritt nur im Einklang mit sozialer Gerechtigkeit und im Rahmen der ökologischen Grenzen der Erde zu gestalten ist. Kernstück der Agenda bilden 17 Ziele für nachhaltige Entwicklung. Ihnen sind fünf Kernbotschaften vorangestellt: Mensch (People), Planet (Planet), Wohlstand (Prosperity), Frieden (Peace) und Partnerschaft (Partnership). Im Englischen spricht man deshalb von den „five P`s".

- Die Würde des Menschen steht im Mittelpunkt und eine Welt ohne Armut ist möglich.
- Der Planet ist zu schützen, der Klimawandel soll begrenzt und die natürlichen Lebensgrundlagen bewahrt werden.
- Wohlstand für alle soll gefördert und die **Globalisierung** gerecht gestaltet werden.
- Frieden soll gefördert werden.
- Globale Partnerschaften sind aufzubauen.

M5 Die Agenda 2030 für nachhaltige Entwicklung

Bürgerinnen und Bürger, Unternehmen und Institutionen treffen sich seit Mitte der 1990er-Jahre, um Ideen für einen guten Umgang mit unserer Umwelt zu entwickeln und umzusetzen. [...] Das Herz der Lokalen Agenda Osnabrück sind die aktiven Arbeitskreise, die aus interessierten Bürgerinnen und Bürgern sowie Vertreterinnen und Vertretern von Unternehmen und Institutionen bestehen. Jeder ist eingeladen, sich die Arbeit der Arbeitskreise anzuschauen und selbst aktiv zu werden. Die Gruppen sind offen für alle, arbeiten überparteilich und bestimmen ihre Themen und Projekte selbst. Organisatorisch werden sie dabei von der Stadt Osnabrück unterstützt.

Schnuppern Sie doch einfach in das eine oder andere Treffen hinein. Wir freuen uns auf Sie!

Aktuelle Themen (Beispiele):
- Entwicklung des Osnabrücker Wohnungsmarktes;
- barrierefreies Bauen / Umbauen, bezahlbarer Mietwohnraum, gemeinschaftliche Wohnformen;
- Bewusstseinsbildung für rechtzeitige Planung des Wohnens im Alter;
- Herausgabe der Broschüre „Wohnen im Alter in OS";
- Stadtentwicklungskonzept „Älterwerden in Osnabrück";
- Entwicklung des Neumarktes;
- ÖPNV-Entwicklung;
- Umweltwettbewerb;
- Förderung von Energieberatung, Passivhausbau, Solarenergie;
- Förderung des Fairen Handels, z. B. Auszeichnung von Einzelhändlern oder gastronomischen Betrieben, die fair gehandelte Produkte anbieten.

(nach: www.osnabrueck.de/agenda.html, Stand: 05 / 2017)

M6 Lokale Agenda 21: Beispiel Osnabrück

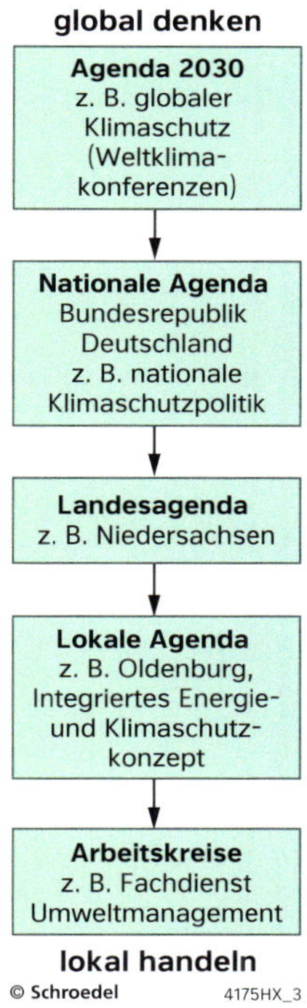

M7 Die Ebenen der Agenda

D

1992 veranstalteten die Vereinten Nationen in Rio de Janeiro die Konferenz für Umwelt und Entwicklung. Dort wurde mit der Agenda 21 beschlossen, dass sich die Menschen auf der ganzen Welt für eine nachhaltige Entwicklung engagieren sollen.

1990er-Jahre

E

Am 25. September 2015 einigten sich 193 Länder auf 17 globale Ziele für nachhaltige Entwicklung, die Sustainable Development Goals (SDGs). Alle Staaten sind aufgefordert, sich für die Umsetzung der Agenda 2030 für nachhaltige Entwicklung einzusetzen.

2010er-Jahre

1 *Fassen Sie die Entwicklung des Begriffes „Nachhaltigkeit" zusammen (M2 – M5, M7).*

2 *Erläutern Sie das Leitbild der nachhaltigen Entwicklung (M2 C, M3).*

3 *Recherchieren Sie zu den Maßnahmen und Zielen von Lokalen Agendas in Ihrem Wohn- oder Schulumfeld (M6, Internet). Stellen Sie Ihre Ergebnisse in einer Präsentation dar.*

Z1 *Entwickeln Sie eigene Projektthemen für eine Lokale-Agenda-Gruppe in Ihrem Schulumfeld.*

www.nachhaltigkeitsrat.de/nachhaltigkeit

www.bmz.de (Suche: Agenda 2030)

www.bne-portal.de

M1 Sölden 1955

M3 Sölden heute

Nachhaltigkeit und Skitourismus in den Alpen – ein Paradoxon?

In den „Ötzikeller“, die „Hühnersteign“, die „Yeti-Disko“ und unzählige weitere Bars und Diskotheken zieht es vor allem an den Wochenenden scharenweise Anhänger des „Après-Ski“. Nicht grundlos wird Sölden auch als der „Ballermann von Österreich“ bezeichnet. Das Skigebiet zählt zu den bekanntesten Wintersportorten und verfügt über ein Pistenangebot in allen Schwierigkeitsgraden. Mit seinen knapp 150 Pistenkilometern und 39 Liftanlagen gilt es als Mekka für Ski- und Snowboardfahrer. Dank der Gletscherbahn „Golden Gate of Glacier“, die zwei Gletscherskigebiete miteinander verbindet, und der zusätzlichen Beschneiungsanlagen hat Sölden zwischen September und Mai Schneesicherheit. Die Übernachtungszahlen sind aber ganzjährig hoch. Doch das war nicht immer so und hat die Region verändert.

Das Interesse am Tourismus im Ötztal erwachte bereits im 19. Jahrhundert. [...] Vor allem der sogenannte „Gletscherpfarrer“ Franz Senn erkannte im Fremdenverkehr eine Möglichkeit zur Verbesserung der wirtschaftlichen Bedingungen für die Bevölkerung. [...] Zu Beginn des 20. Jahrhunderts war Sölden durch den Bau einer Straße besser erreichbar. Zu dieser Zeit begann auch der Wintertourismus. [...] 1922 wurde das Skigebiet Hochsölden erschlossen und der Skiclub Sölden wurde gegründet. Dennoch waren von den 88 000 Übernachtungen im Jahr 1930 noch 80 Prozent Sommerurlauber. Erst der Bau des ersten Sessellifts 1948 brachte einen Aufschwung und den Umschwung hin zum Wintertourismus mit sich. [...] Durch die Erschließung weiterer Skigebiete, darunter auch das Gletscherskigebiet Rettenbachferner, und den weiteren infrastrukturellen Ausbau zog Sölden immer mehr Urlauber an.

(nach: Europa im Wandel, Westermann Gruppe, Braunschweig, 2012, S. 87)

M4 Entwicklung des Tourismus in Sölden

Touristische Infrastruktur in Sölden:

Winter:

- *39 Seilbahnen,*
- *148,3 km Piste,*
- *drei Langlaufloipen,*
- *beleuchtete Rodelbahn,*
- *beleuchteter Eislaufplatz,*
- *Erlebnisbad, Tennishalle, Sportarena,*
- *38 Skihütten,*
- *2 Funparks (Tiefenbach, Giggijoch)*

Sommer:

- *16 hochalpine Schutzhütten,*
- *300 km Wanderwege,*
- *Radwanderwege,*
- *Klettersteig, Klettergarten*

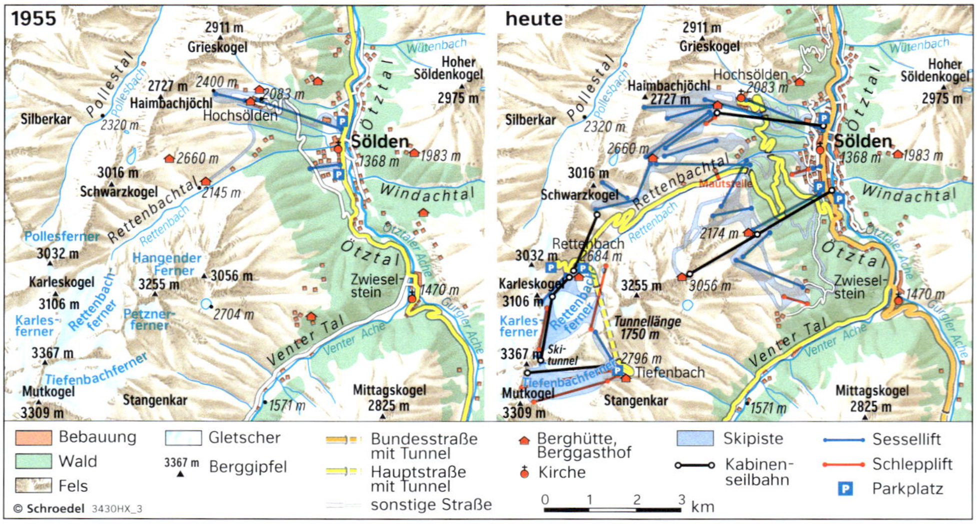

M2 Sölden: Touristische Infrastruktur 1955 und heute

100800-116-01 www.diercke.de

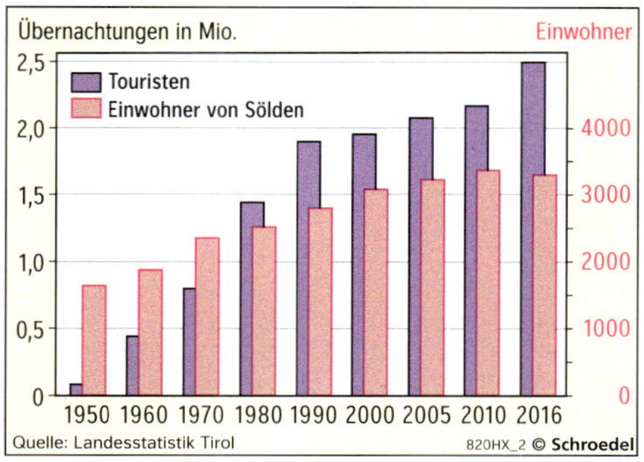

M5 Sölden: Einwohner / Übernachtungen (2016)

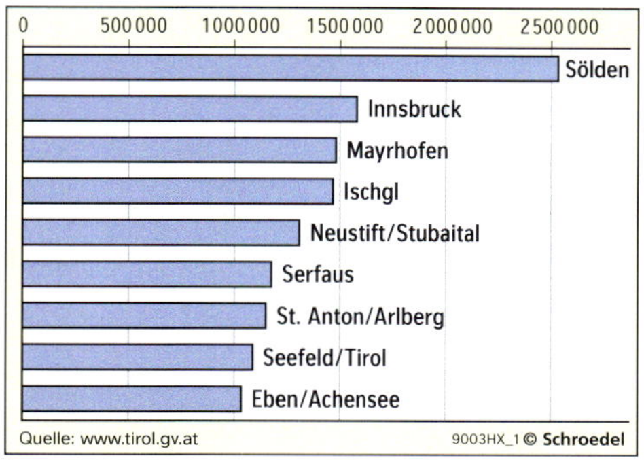

M9 Übernachtungen in Österreich (2016)

	Übernachtungen
Sommer	484 615
Winter	2 042 641

Landesstatistik Tirol

M11 Übernachtungen in der Sommer- und Wintersaison 2015 / 2016 in Sölden

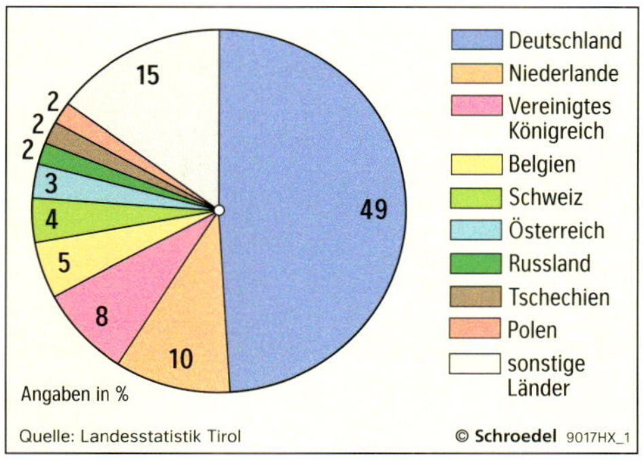

M6 Herkunft der Urlauber in Sölden (2014)

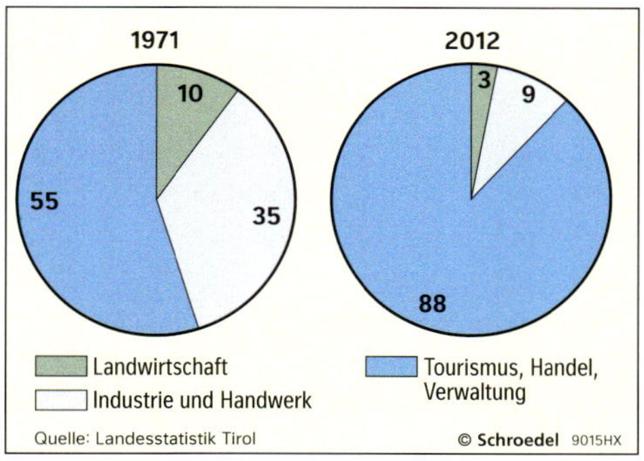

M10 Arbeitsplätze in Sölden

	Übernachtungen
Hotel 5/4 *	953 889
Hotel 3*	569 794
Hotel 2/1*	258 799
Privatquartier	124 505
Ferienwohnung	492 818
Übrige	463 027

Landesstatistik Tirol

M12 Übernachtungen in der Wintersaison 2015 / 2016 im Ötztal nach Unterkunftsart

- Skiweltcuprennen, Snowboardrennen
- Freilufttheater „Hannibal" auf dem Rettenbachgletscher
- Konzerte, Partys, Open Airs, nächtliche Ski-Shows
- Erschließung der Gletscherskigebiete
- Ausbau des Liftnetzes (Förderleistung von etwa 68 000 Personen pro Stunde)
- Sessel- anstatt Schleppliften
- Beschneiungsanlagen auf allen Pisten unterhalb von 2200 m
- Funparks für Snowboarder, Jedermannrennen
- Angebot neuer Trendsportarten: Freeriding, Paragliding, Winterwandern
- umfassendes Marketingkonzept mit TV-Spots, Anzeigenkampagnen etc.

M7 Maßnahmen zur Attraktivitätssteigerung des Tourismusstandorts Sölden (Auswahl)

	2006	2008	2010	2011	2012	2013	2014	2015
Ausgaben in- / ausländischer Gäste in Mio. Euro	29,0	31,4	33,0	34,7	35,4	35,8	36,6	38,4
Bruttowertschöpfung (inkl. Vorleistungen) in Mio. Euro	19,0	20,2	21,8	22,5	22,7	22,9	23,1	24,1
Anteil am **Bruttoinlandsprodukt** (BIP) in %	7,1	6,9	7,4	7,3	7,2	7,1	7,0	7,1

Quelle: Bundesministerium für Wissenschaft, Forschung und Wirtschaft Österreichs, 2016

M8 Volkswirtschaftliche Bedeutung des Tourismus in Österreich

1 *Beschreiben Sie die Lage Söldens (M2, Atlas).*
2 *Charakterisieren Sie den Tourismus in Sölden (M1 – M7).*
3 *Erläutern Sie die Entscheidung Söldens für den Ausbau des Tourismus (M4 – M12).*
4 *Erörtern Sie direkte und indirekte Effekte des Tourismus in Sölden.*
5 *Beurteilen Sie die ökonomische Nachhaltigkeit des Skitourismus in Sölden.*
6 *Entwickeln Sie Schwerpunkte für zukünftige touristische Entwicklungsstrategien in Sölden.*

M1 Karikatur: Skitourismus und Klimawandel

Skigebiet (Staat)	Wasserbedarf (in m³ pro Saison)
Kitzbühel (Österreich)	1 150 253
Kronplatz / Bruneck (Italien)	1 095 327
Sölden (Österreich)	915 300
Zillertal (Österreich)	875 000
Ischgl (Österreich)	871 500
Serfaus-Fiss-Ladis (Österreich)	837 000
St. Anton (Österreich)	633 000
zum Vergleich: Wasservolumen (in m³)	
Maschsee	1 600 000
Dümmer	12 810 000

Quelle: Fischer Weltalmanach 2011

M3 Wasserbedarf für Beschneiungsanlagen

„Der Tourist zerstört, was er sucht, indem er es findet.“ (Zitat von Hans Magnus Enzensberger, 1979)

Ökologische Nachhaltigkeit des Skitourismus

Der Ansturm von Millionen von Urlaubern und Tagesausflüglern am Wochenende in die Alpen bedingt ein höheres Verkehrsaufkommen. Zudem zieht er den Bau neuer Siedlungen, Parkplätze und touristischer Infrastruktur wie Seilbahnen und Skipisten nach sich. Die u.a. dadurch immer stärker wahrnehmbaren Belastungen und Schäden in der Natur wirken sich nicht nur negativ auf die Lebensbedingungen der Bewohner aus, sondern haben mittlerweile auch einen negativen Effekt auf die Attraktivität der Alpenregionen und ihren touristischen Erfolg.

Die Auswirkungen der Kunstschneeanlagen auf die Umwelt sind noch wenig erforscht. Wasser- und Energieverbrauch sind nicht unproblematisch. Die etwa 31 000 Schneekanonen in Europa benötigen pro Jahr und pro Hektar etwa eine Million Liter Wasser und 260 000 MWh Strom. Somit verbrauchen die Schneekanonen Europas jährlich so viel Energie wie zehn Städte von 150 000 Einwohnern und zehnmal so viel Wasser wie eine Großstadt wie Hamburg. Dieses Wasser fehlt während der Wintermonate in den Gewässern: Forscher haben festgestellt, dass seit Einführung der Schneekanonen bis zu 70 Prozent weniger Wasser in Bächen und Flüssen der französischen Alpen fließt.

(nach: www.diewerkbank.com, 12 / 2011)

M4 Auswirkungen von Kunstschneeanlagen

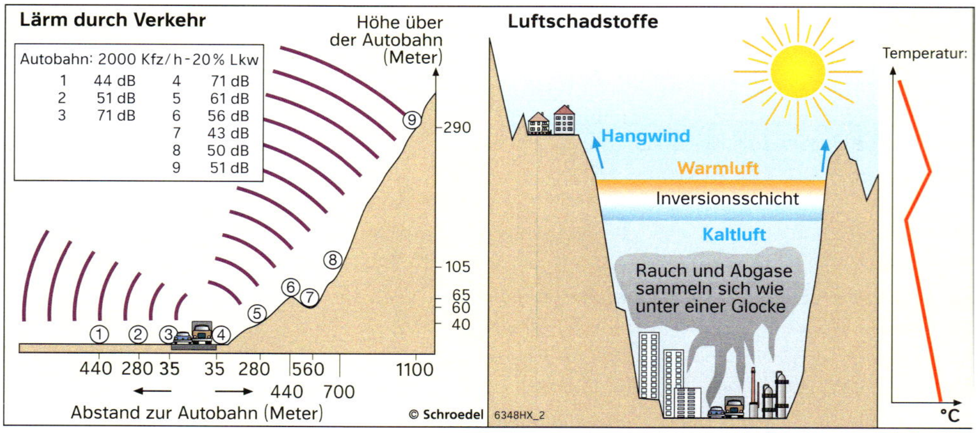

M2 Wirkung von Lärm und Luftschadstoffen unter den naturräumlichen Voraussetzungen der Alpen

Zwar belasten auch die Aktivitäten des Sommertourismus wie Klettern, Wandern, Mountainbiking, Paragliding, Rafting und Golf die Natur, aber es ist vor allem der Wintersport, der die Bergwelt schädigt, umgestaltet sowie zu einem Verlust von Biodiversität (vgl. Seitenrand)führt. Ideale Bedingungen für das alpine Skilaufen liegen ober- und unterhalb der Waldgrenze. Für die Pisten und Aufstiegshilfen werden breite Schneisen in den Wald geschlagen, Hänge planiert und Felsblöcke weggesprengt. Die Rodungen beeinträchtigen den natürlichen Lawinenschutz. Die Planierungen und der Skibetrieb dagegen schädigen die Pflanzendecke, verdichten die Böden und erhöhen damit den Oberflächenabfluss. Nach Regenfällen können so Erosionsschäden auftreten, Muren (Schlammströme) abgehen und auch vermehrt Hochwasser die Folge sein. Besonders sensibel für **Erosion** sind Grünflächen oberhalb der Waldgrenze, da hier die Pflanzen nur sehr langsam wachsen.

M5 Tourismus verändert die Landschaft

M7 Mure verschüttet ein Bergdorf in der Schweiz

	oberflächlich abfließender Niederschlag	Bodenabtrag
Wald	5 – 8 %	0,01 t / ha
planierte, begrünte Piste	50 – 56 %	1,0 t / ha
planierte, vegetationslose Piste	bis zu 100 %	106,0 t / ha

M8 Oberflächenabfluss und Erosion

Biodiversität:
beschreibt die Vielfalt des Lebens. Sie bezieht sich vor allem auf drei Ebenen:

- *Vielfalt der Ökosysteme (Lebensräume wie Wasser, Wald, alpiner Raum)*
- *Vielfalt der Arten (Tiere, Pflanzen, Pilze, Mikroorganismen)*
- *Vielfalt der Gene (Sorten von wild lebenden und genutzten Arten)*

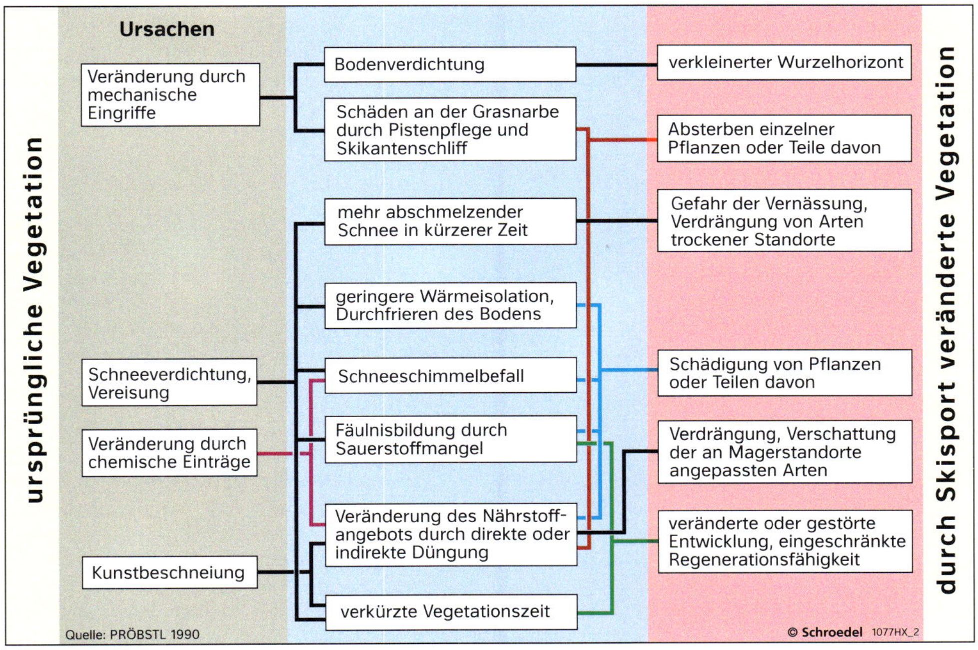

M6 Mögliche Einflüsse des Skibetriebs auf die Vegetation einer Skipiste

1 *Beschreiben Sie die Beeinträchtigungen durch Lärm im Naturraum Alpen (M2).*

Z1 *Erläutern Sie Inversionswetterlagen im Gebirge und ihre Folgen (M2).*

2 *Erstellen Sie eine Conceptmap zu den Themen „Schnee aus den Kanonen“ und „Skischneisen durch den Wald“ (M1 – M8, S. 54 / 55).*

3 *Das mit Abstand wichtigste Verkehrsmittel der Alpentouristen ist das Auto. Erörtern Sie die damit verbundenen Folgen und entwickeln Sie mögliche Alternativkonzepte (M1, M2).*

4 *Entwickeln Sie Maßnahmen zur Stärkung der ökologischen Nachhaltigkeit des Skitourismus.*

[...] Ende Juni 2004 tauchten in der Tiroler Regionalpresse völlig unvermutet spektakuläre und gigantische Projekte der Energiegewinnung aus der Wasserkraft auf. Die Grundbesitzer wurden nie gefragt, nie in die Vorbereitungen eingebunden. Nun tauchten Schlagzeilen von den größten Kraftwerksanlagen der gesamten Alpen auf, von den größten Stauseen der Alpen, von den alpenweit größten Investitionen: alle im Bereich der Ötztaler und der Stubaier Alpen. Die Landes-Elektrizitätsgesellschaft TIWAG will zwei Milliarden Euro investieren, will zwei gigantische Stauseen mit jeweils 120 Millionen Kubikmetern bauen, will fast alle Bergwässer abfangen, weiterleiten und zu „Spitzenstrom" umwandeln. Nachts soll auf dem europäischen Markt billigst erworbener Strom, zu etwa 20 bis 30 Prozent aus Atomstrom, in die hochgelegenen Speicher geleitet, dort „veredelt" und dann als „Spitzenstrom" europaweit verkauft werden. Geplant ist die Produktion von 2300 Gigawattstunden, vergleichbar mit einem Atomkraftwerk. [...] Einheimischen wurde durch Landespolitiker sofort die Enteignung angedroht, sollte es Widerstand gegen die Maßnahmen im „öffentlichen" Interesse geben. [...]

(Quelle: www.tourism-watch.de, H. Haid, 07 / 2005)

M1 Neue Stromprojekte – Gefahr für den Skitourismus?

M3 Luxushäuser in Zermatt (Schweiz)

Soziale, kulturelle und politische Nachhaltigkeit des Skitourismus

Der Tourismus hat viele Orte und deren gesellschaftliches Leben verändert. Die einst gelebten Alpentraditionen drohen mit dem Massentourismus zu Show und Folklore herabgesetzt zu werden. Steigende Miet- und Bodenpreise durch Zweitwohnungen wohlhabender Zugezogener verdrängen die ursprüngliche Bevölkerung. Und nicht selten setzt die Politik dafür den Rahmen.

Zweitwohnungen machen ungefähr ein Viertel des Wohnungsbestands im Alpenraum aus und konzentrieren sich – wie der Tourismus – auf ausgewählte Gebiete. Dieses Phänomen wird in der Presse meist nur mit negativen Schlagzeilen versehen („kalte Betten", „Ausverkauf der Heimat", „Fluch oder Segen"). Im Fokus der Kritik sind Freizeitwohnungen, die nur wenige Wochen im Jahr genutzt werden. [...] In den Alpen liegt der Zweitwohnungsanteil bei über 25 % des Wohnungsbestandes, wobei die Anzahl der Zweitwohnungen vor allem im französischen (33 %) und italienischen Alpenraum (34 %) besonders hoch ist und die beiden Staaten im Alpenraum zu den eigentlichen Zweitwohnungsländern machen. Ursache für die großen Unterschiede bei den Anteilen im Vergleich zu den anderen Alpenstaaten sind der intensive Neubau von Zweitwohnungen für Freizeit- und Tourismuszwecke und die Abwanderung der Bevölkerung aus den Alpen mit der verbundenen Umwandlung der ehemaligen Hauptwohnsitze in Wohnungen für Freizeit- und Tourismuszwecke.

(Quelle: Praxis Geographie, 11 / 2015, S. 8, Y. Krautter)

M2 Der Trend zu Zweitwohnungen in den Alpenländern

[...] Aloys ist Hotelier, Erlebniserfinder, Alpenvermarkter. Sich selbst sieht er als Visionär. Er kommt aus Ischgl im Tiroler Paznauntal, einem Ort, der 1963 in eine touristische Zeitmaschine geriet. In knapp 30 Jahren, nach dem Bau der ersten Seilbahn, vollzog sich dort ein **Strukturwandel**, der sonst Generationen dauert. Wo eben noch Kühe gegrast hatten, trieb man Tausende Tonnen Beton in den Berg. Ischgl wurde mehrstöckig ausgebaut. Das PR-Kalkül, Ischgl als leicht überdrehten Ort mit Proll-Charme zu inszenieren, wurde bis ins Detail umgesetzt. Von den Après-Ski-Tränken am Pistenrand baute man eigens einen Tunnel mit 200-Meter-Förderband ins Dorfzentrum, damit auch für die besoffensten Gäste die Party immer weitergeht. Doch der Irrsinn scheint zu funktionieren: Pseudo-urige Abfüllrampen wie der „Kuhstall" oder die „Trofana Alm" machen an manchen Abenden wohl gut 60 000 Euro Umsatz. Vergangenen Winter übernachteten 1,3 Millionen Menschen im Dorf. Das war, umgerechnet auf die 1500 Einwohner des Ortes, österreichischer Rekord. [...]

(Quelle: Spiegel Online, 03 / 2015, N. Klawitter)

M4 Vergnügungstourismus im Paznauntal (Tirol, Österreich)

100800-116-01 www.diercke.de

Über die Nachhaltigkeitspyramide kann nachhaltiges Handeln modellhaft dargestellt werden. Auf den fünf Achsen wird jeweils eine Dimension der Nachhaltigkeit bewertet. Hierbei entspricht eine Pyramidenecke dem Maximum und der Mittelpunkt dem Minimum. Je weiter der Punkt von der Mitte entfernt ist, umso optimaler ist die jeweilige Dimension ausgeprägt. So kann die Nachhaltigkeitspyramide z. B. die Nachhaltigkeit eines raumwirksamen Projekts darstellen. Das Modell kann u. a. die nachhaltige Entwicklung eines Landes, einer Stadt oder eines Tourismusprojektes aufzeigen.

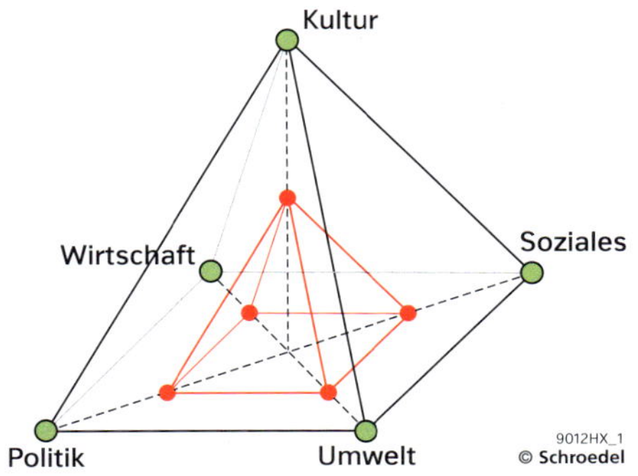

M5 Wie kann Nachhaltigkeit dargestellt werden?

Ökonomische Nachhaltigkeit des Skitourismus

Für viele Alpengemeinden wie Sölden ist der Tourismus eine bedeutende Einnahmequelle. Nicht selten stellt er sogar die einzige dar. Durch den Massentourismus werden Arbeitsplätze geschaffen, die Infrastruktur ausgebaut und es bilden sich regionale Entwicklungszentren.

Bei genauerer Betrachtung bietet sich jedoch ein differenzierteres Bild. So ist der Tourismus im gesamten Alpengebiet keinesfalls ein flächenhaftes Phänomen, sondern konzentriert sich in wenigen Regionen und Orten. Aufgrund fehlender Finanzmittel, aber auch infolge öffentlicher Kritik entstanden in letzter Zeit nur wenige neue Skigebiete. Stattdessen wurden bestehende Gebiete modernisiert oder ausgebaut.

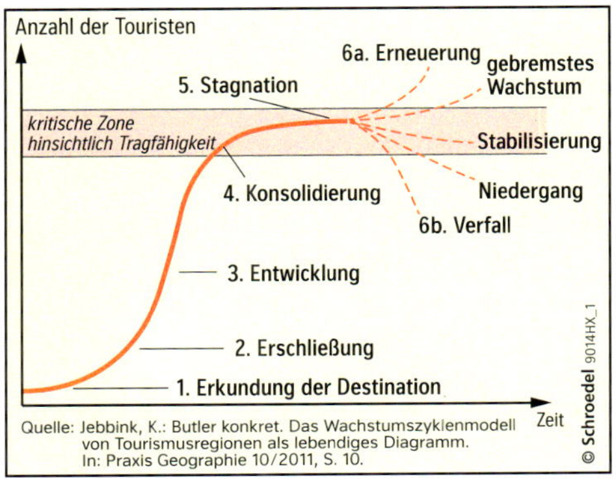

M6 Wachstumszyklusmodell nach Butler

Es gibt in praktisch allen bestehenden Skigebieten [...] massive Nutzungsintensivierungen (deutliche Erhöhung der Transportkapazitäten der Bahnen und Lifte, Verbreiterung und Ausbau der Skipisten, künstliche Beschneiung fast aller Skipisten [...]). Diese Maßnahmen sind sehr teuer, und zugleich können die Preise wegen der heftigen Konkurrenz der Skigebiete untereinander und der stagnierenden Nachfrage nur moderat erhöht werden. Daraus erwächst eine sehr schwierige Situation der meisten Bergbahnen, die fast alle stark verschuldet sind und bei denen die Banken als Kreditgeber immer stärker die touristische Entwicklung direkt mitbestimmen.

Auf diese wirtschaftlichen Schwierigkeiten gibt es zwei Reaktionen: Die „klassische" Antwort im betriebswirtschaftlichen Sinn ist die Verbesserung der wirtschaftlichen Position durch die Bildung von großen Konzernen im Wintersport. Für diese Entwicklung steht die „Compagnie des Alpes" in Frankreich, die Mehrheitsbeteiligungen an 14 französischen Skigebieten besitzt und die der größte Winteranbieter in den Alpen und auf der Welt ist. [...] Eine andere Antwort wurde im Pongau (Land Salzburg) entwickelt, wo sich die ehemaligen Konkurrenten aus 22 Gemeinden zum Skiverbund Amade zusammengeschlossen haben und eine Art Genossenschaft realisiert haben (**horizontale Verflechtung** von Bergbahnen), um gemeinsam auf die anstehenden Probleme reagieren zu können, ohne dabei ihre Eigenständigkeit zu verlieren.

(Quelle: Zwischen Funpark, Wildnis und Skiressort – Wie sieht die Zukunft des Alpentourismus aus?, 2012, W. Bätzing)

M7 Der Skitourismus in der Krise?

1 *Vergleichen Sie die Entwicklung Söldens mit dem Modell von Butler (M6, S. 10–13).*

Z1 *Recherchieren Sie politische Hintergründe der Entwicklung in den Alpen (S. 14, Internet).*

2 *Erörtern Sie die Vor- und Nachteile von Zweitwohnungen für alpine Gemeinden (M2).*

3 *Beurteilen Sie die politische, soziale und wirtschaftliche Nachhaltigkeit des Skitourismus (M5).*

Das Syndromkonzept

Die aktuellen Umweltprobleme sind komplex, global und ohne Intervention stetig zunehmend. Diese Erkenntnis brachte die Wissenschaft und Politik zur Einsicht, dass nur eine vernetzte und interdisziplinäre Betrachtungsweise effektiv ist. Wissenschaftler verschiedener Fachrichtungen arbeiten zusammen, um globale Umweltprobleme zu identifizieren, zu beschreiben und zu analysieren. So entstehen schließlich Lösungsansätze. Ein solcher Ansatz ist das **Syndromkonzept** des „Wissenschaftlichen Beirats der Bundesregierung Globale Umweltveränderungen" (WBGU).

Mit „**Syndrom**" und „**Symptom**" verwendet es zwei Begriffe, die aus der Medizin ausgeliehen sind. Ausgangspunkte sind die **Kernprobleme des globalen Wandels** (M2), also die Umweltprobleme von globaler Bedeutung, die auf die komplexen Wechselbeziehungen von Mensch und Umwelt zurückzuführen sind.

Um das komplizierte Geflecht von Ursachen, Wirkungen und Rückkopplungen des globalen Wandels beschreiben zu können, wurden vom WBGU etwa 80 Symptome erfasst (M6). Sie stammen aus neun verschiedenen Sphären / Bereichen und beschreiben negative (z. B. Gen- und Artenverluste) und positive Vorgänge (wachsendes Umweltbewusstsein).

Eine weitere Grundannahme ist, dass in bestimmten Regionen der Welt die Mensch-Umwelt-Wechselbeziehungen häufig nach einem typischen Muster ablaufen. Solch ein **Syndrom** (Krankheitsbild) ist dann eine charakteristische Kombination von **Symptomen** (Krankheitszeichen) und ihren Wechselwirkungen. So tritt das Dust-Bowl-Syndrom mit seinen typischen Symptomen wie Intensivierung der Landwirtschaft, Überdüngung, Veränderung der Wasserqualität, Schädigung von Ökosystemen und **Landflucht** in vielen Industrie- und Schwellenländern auf (M4).

Syndrom (Medizin)

(griech.: von zusammen~, mit~ bzw. Weg, Lauf) in der Medizin und Psychologie ein Symptomkomplex, also eine Gruppe charakteristischer Krankheitszeichen (Symptome), die gleichzeitig vorliegen, bei der aber die genauen Ursachen, die Entstehung und die Entwicklung der Krankheit noch unklar sind. Von Syndrom wird dann gesprochen, wenn es sich um in gewisser Hinsicht einheitliche und in vergleichbaren Fällen ähnliche Krankheitszeichen handelt.

Wissenschaftlicher Beirat der Bundesregierung Globale Umweltveränderungen (WBGU):

Im Zusammenhang mit der Rio-Umweltkonferenz 1992 gegründetes unabhängiges wissenschaftliches Beratungsgremium der Bundesregierung. Es dokumentiert in seinen regelmäßigen Haupt- und Sondergutachten globale Umwelt- und Entwicklungsprobleme (z. B. Menschheitserbe Meer 2013) und berät politische Entscheidungsträger.

(Quelle: www.wbgu.de)

A

B

C

D

M1 Globale Umweltprobleme

Die globalen Kernprobleme sind:
- Klimawandel,
- Verlust an Biodiversität (Artenvielfalt),
- Bodendegradation (Schädigung der Böden),
- Verknappung und Verschmutzung von Süßwasser,
- Übernutzung und Verschmutzung der Weltmeere,
- umweltbedingte Gefährdung der Welternährung,
- umweltbedingte Gefährdung der Weltgesundheit,
- Zunahme anthropogen verursachter Naturkatastrophen,
- Bevölkerungsentwicklung und -verteilung (Wachstum der Weltbevölkerung, Landflucht und Migrationsbewegungen),
- globale Entwicklungsdisparitäten zwischen Industrie- und Entwicklungsländern.

M2 Kernprobleme des globalen Wandels

Gruppe	Syndrom	Definition	Beispiele
Nutzungssyndrome (Syndrome als Folge einer unangepassten Nutzung von Naturressourcen als Produktionsfaktoren)	Sahel-Syndrom	landwirtschaftliche Übernutzung von Standorten in (land-)wirtschaftlichen Randbereichen	landwirtschaftliche Übernutzung der Savannen, **Brandrodungsfeldbau** mit nachfolgender Subsistenznutzung
	Raubbau-Syndrom	Raubbau an natürlichen Ökosystemen	Regenwaldzerstörung für Holzgewinnung und Palmölplantagen, Zerstörung von **Mangroven** für **Aquakulturen**, Überfischung der Meere
	Landflucht-Syndrom	Umweltdegradation durch Preisgabe traditioneller Landnutzungsformen	Aufgabe von (traditionellen/nachhaltigen) Bewässerungssystemen durch **Migration** der (meist jüngeren) Bevölkerung aus dem ländlichen Raum in die Städte
	Dust-Bowl-Syndrom	nicht nachhaltige industrielle Bewirtschaftung von Böden und Gewässern	Pestizidbelastung des Grundwassers, Übernutzung fossiler Grundwasserressourcen
	Katanga-Syndrom	Umweltdegradation großflächiger Ökosysteme durch Abbau nicht erneuerbarer Ressourcen	Vernichtung von Ökosystemen durch Tagebau, Umweltverschmutzung durch Ölförderung, Abfackeln von Erdgas, Bodenkontamination durch Leckagen in Pipelines
	Massentourismus-Syndrom	Erschließung und Schädigung von Naturräumen für Erholungszwecke	Zersiedlung in Küstenregionen, Verstärkung des Treibhauseffekts durch Flugreisen, Zerstörung der Vegetation durch Skipisten
	Verbrannte-Erde-Syndrom	Umweltzerstörung durch militärische Nutzung	bleibende Bodendegradation durch Verminung, Altlast auf Truppenübungsgeländen und Kasernen
Entwicklungssyndrome (Mensch-Umwelt-Probleme, die sich aus nicht nachhaltigen Entwicklungsprozessen ergeben)	Aralsee-Syndrom	Umweltschädigung durch zielgerichtete Naturraumgestaltung im Rahmen von Großprojekten	Verlandung des Aralsees, Dreischluchtenstaudamm
	Grüne-Revolution-Syndrom	Umweltdegradation durch Verbreitung standortfremder landwirtschaftlicher Produktionsverfahren	Belastung der Gewässer durch Pestizide und Nährstoffe, Versalzung durch Bewässerung
	Kleine-Tiger-Syndrom	Vernachlässigung ökologischer Standards im Zuge hochdynamischen Wirtschaftswachstums	fehlende Umweltschutzauflagen (südostasiatische Staaten, China)
	Favela-Syndrom	Umweltdegradation durch ungeregelte **Verstädterung**	Slums in Megastädten
	Suburbia-Syndrom	Landschaftsschädigungen durch geplante Expansion von Stadt- und Infrastruktur	**Zersiedelung** am Rand monozentrischer Großstädte und polyzentrischer Agglomerationen (Los Angeles, Ruhrgebiet)
	Havarie-Syndrom	einzelne anthropogene Umweltkatastrophen mit längerfristigen Auswirkungen	Atomreaktorunfälle, Tankerunglücke, Brände in Chemiefabriken
Entsorgungssyndrome (Umweltdegradation durch unangepasste zivilisatorische Entsorgung)	Hoher-Schornstein-Syndrom	Umweltdegradation durch weiträumige diffuse Verteilung von meist langlebigen Wirkstoffen	Verstärkung des Treibhauseffekts, Ausdünnung der stratosphärischen **Ozonschicht**, Waldsterben
	Müllkippen-Syndrom	Umweltverbrauch durch geregelte und ungeregelte Deponierung zivilisatorischer Abfälle	Abfalldeponien am Rande von Großstädten
	Altlasten-Syndrom	lokale Kontamination von Umweltschutzgütern an vorwiegend industriellen Produktionsstandorten	**Ballungsräume** mit großindustriellen Anlagen (Beispiele: Bitterfeld, Pittsburgh, Kattowitz, Manchester – Liverpool – Birmingham)

M3 Syndrome des globalen Wandels

1 *Ordnen Sie den Fotos (M1) Syndrome zu (M3).*

2 *Erklären Sie die Ziele des Syndromansatzes (Text).*

3 *Ordnen Sie dem Dust-Bowl-Syndrom typische Symptome zu (M3, M6).*

4 *Vergleichen Sie die Syndromgruppen Nutzungs-, Entwicklungs- und Entsorgungssyndrome (M3).*

Z1 *Ein Kritikpunkt am Syndromkonzept ist, dass die 16 Syndrome (M3) keinesfalls alle global relevanten Umweltprobleme abdecken. Bestimmen Sie in der Gruppe weitere mögliche Syndrome.*

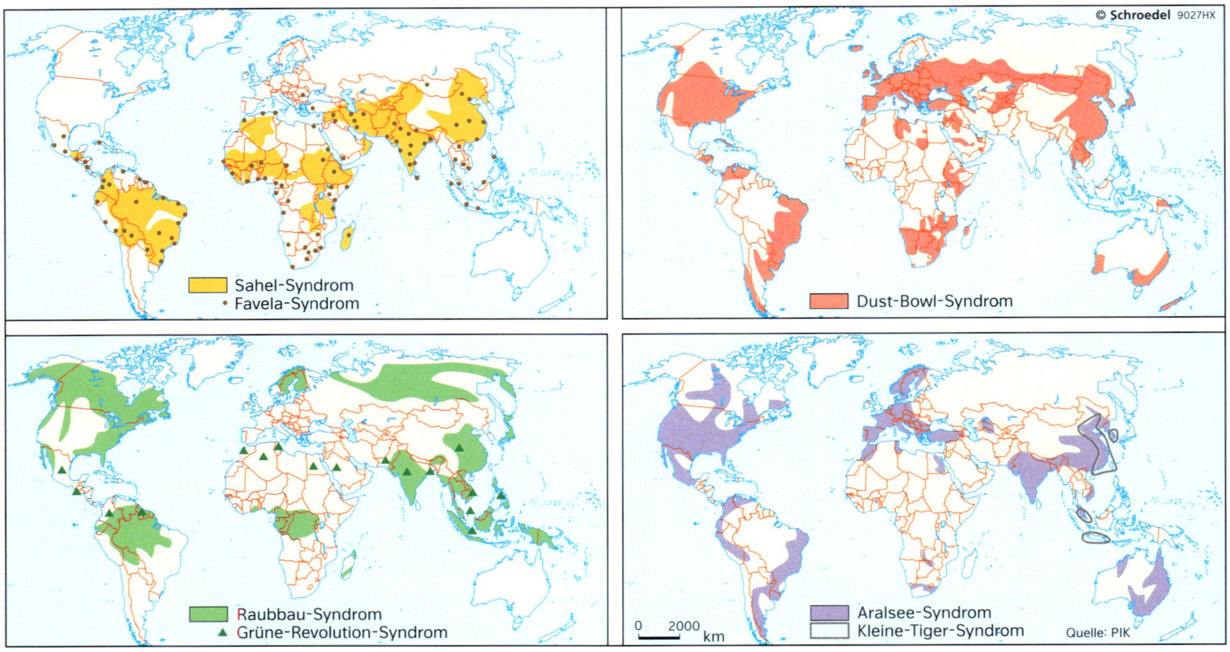

M4 Weltweite Verteilung ausgewählter Syndrome

© Schroedel 9031HX

Kernproblem / Syndrom	Klimawandel	Verlust an Biodiversität	Bodendegradation	Süßwasser-verknappung	Gefährdung der Weltgesundheit	Gefährdung der Welternährung	Bevölkerungs-entwicklung	Anthropogene Naturkatastrophen	Übernutzung und Verschmutzung der Weltmeere	Globale Entwick-lungsdisparitäten
Sahel-Syndrom		■	■	■		■	■	■		■
Raubbau-Syndrom	■	■	■	■				■	■	■
Landflucht-Syndrom		■	■			■	■	■		■
Dust-Bowl-Syndrom	■	■	■	■		■		■		
Katanga-Syndrom		■	■	■						
Massentourismus-Syndrom		■	■	■				■		
Verbrannte-Erde-Syndrom		■	■		■	■	■			■
Aralsee-Syndrom	■	■	■	■			■	■		■
Grüne-Revolution-Syndrom		■	■	■	■	■	■			■
Kleine-Tiger-Syndrom	■	■	■	■	■		■			■
Favela-Syndrom	■		■	■	■		■			■
Suburbia-Syndrom	■	■	■	■						
Havarie-Syndrom		■	■		■					
Hoher-Schornstein-Syndrom	■	■	■		■	■		■		
Müllkippen-Syndrom		■	■		■					
Altlasten-Syndrom		■	■		■				■	

M5 Zuordnung von Kernproblemen des globalen Wandels zu Syndromen

1 *„Jedes Syndrom ist ein Querschnittsphänomen, das verschiedene Kernprobleme des globalen Wandels in sich vereinigt“ (M5). Erklären Sie diese Aussage an einem selbst gewählten Syndrom.*

100800-173-05 www.diercke.de
100800-220-01 www.diercke.de

Wirtschaft

- Intensivierung der Landwirtschaft
- zunehmender Protektionismus
- Tertiärisierung
- Steigerung der Arbeitsproduktivität
- Ausweitung landwirtschaftlich genutzter Flächen
- Steigerung der Ressourcenproduktivität
- zunehmender Tourismus
- zunehmender Verbrauch von Energie und Rohstoffen
- internationale Verschuldung
- Rückgang der traditionellen Landwirtschaft
- Ausbreitung der Geldwirtschaft
- Zunahme der Welthandelsströme
- Industrialisierung
- Steigerung der Nahrungsmittelproduktion
- Globalisierung der Märkte
- Ausbau technischer Großprojekte
- Zentralisierung wirtschaftspolitischer Strategien
- Ausbau der Verkehrswege
- Zunahme umweltverträglicher Wirtschaftsweisen
- wachsendes Verkehrsaufkommen

Technik/Wissenschaft

- Intensivierung von Ausbildung und Qualifikation
- wachsendes Technologierisiko
- Wissens- und Technologietransfer
- medizinischer Fortschritt
- Automatisierung, Mechanisierung
- Verbesserung des technischen Umweltschutzes
- Entwicklung neuer Werkstoffe, stoffliche Substitution
- Entwicklung regenerativer Energie und Rohstoffe
- Fortschritt in der Informationstechnologie
- Fortschritt in der Bio- und Gentechnologie

Gesellschaft, Organisation

- Zunahme der sozialen und ökonomischen Disparitäten
- Zunahme ethnischer und nationaler Konflikte
- Politikversagen
- Zunahme der internationalen Abkommen und Institutionen
- Verarmung: Hunger
- soziale und ökonomische Ausgrenzung
- Individualisierung
- Rückgang traditioneller gesellschaftlicher Strukturen
- Bedeutungszunahme der NRO (NGO)
- Institutionalisierung von Sozialleistungen
- Zunahme der strukturellen Arbeitslosigkeit
- Verstärkung des nationalen Umweltschutzes
- Demokratisierung

psychosoziale Sphäre

- wachsendes Umweltbewusstsein
- Anspruchssteigerung
- Erhöhung der Mobilitätsbereitschaft
- Emanzipation der Frau
- zunehmendes Interesse an Mitwirkung in Vereinen
- Sensibilisierung für globale Probleme
- Ausbreitung westlicher Konsum- und Lebensstile

Atmosphäre

- Troposphärenverschmutzung
- Reduktion stratosphärischen Ozons
- zunehmende lokale Luftverschmutzung
- verstärkter Treibhauseffekt
- globaler und regionaler Klimawandel

Biosphäre

- Konversion natürlicher Ökosysteme
- zunehmende Übernutzung biologischer Ressourcen
- Schädigung von Ökosystemstruktur und -funktion
- Resistenzbildung
- Fragmentierung natürlicher Ökosysteme
- Gen- und Artenverluste
- Verstärkung von biosphärischen Quellen
- Verlust von biosphärischen Senken z. B. zur Abfallentsorgung

Bevölkerung

- Zersiedelung
- internationale Migration
- Urbanisierung
- Landflucht
- zunehmende Gesundheitsschäden durch Umweltbelastung
- Bevölkerungswachstum

Hydrosphäre

- Meeresspiegelanstieg
- Süßwasserverknappung
- Veränderung der Eiskappen und Gletscher
- Veränderung des Grundwasserspiegels
- Ausweitung der Bewässerung
- veränderte Frachten von partikulären und gelösten Stoffen
- Veränderung der Wasserqualität (Pathogene, Nährstoffe, Toxine)
- Veränderung der lokalen Wasserbilanz
- Änderung ozeanischer Strömungen

Pedosphäre

- Fertilitätsverlust (Humus, Nährstoffe)
- Versalzung, Alkalisierung
- Erosion, Veränderungen der Oberflächengestalt
- Überdüngung
- Versiegelung
- Versauerung, Kontamination
- Verdichtung
- zunehmende Deposition (Eintrag von Stoffen aus der Luft in den Boden) und Akkumulation von Abfällen

© Schroedel 8753HX_1

M6 Symptome des globalen Wandels

Arbeiten mit dem Syndromkonzept – Beispiel: Alpen

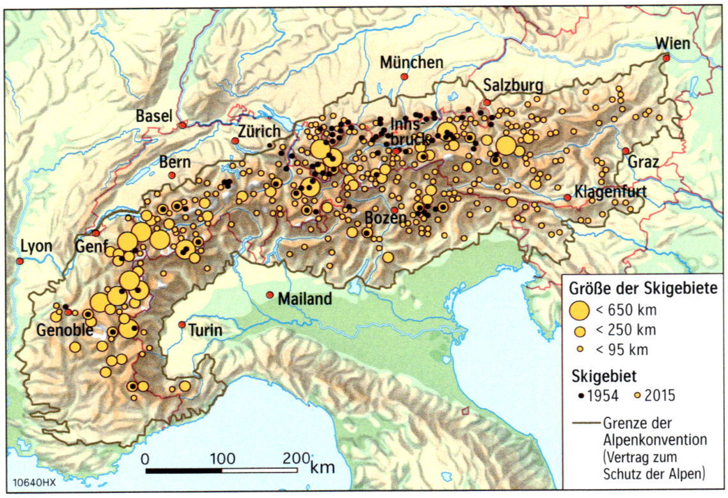

M1 Erschließung der Alpen durch Skigebiete

Die Alpenregion gilt als das weltweit größte Skigebiet der Welt und ist einer der Touristenmagnete in Europa. Der Fremdenverkehr hat aber in den Alpen umfassende struktur- und naturräumlichen Veränderungen verursacht, deren Auswirkungen einerseits als „Segen", andererseits als „Fluch" für Mensch und Umwelt in der Region wahrgenommen werden können.
Ausgehend vom Syndromkonzept des Wissenschaftlicher Beirats der Bundesregierung Globale Umweltveränderungen kann zumindest ein Teil der Nutzung durch den Tourismus der Alpen dem Massentourismus-Syndrom zugeordnet werden. Im Zuge der touristischen Erschließung des zentral gelegenen europäischen Hochgebirges wurde der Naturraum in einigen Tourismuszentren nachhaltig verändert und geschädigt.

Die stetige Zunahme touristischer Aktivitäten in aller Welt hat in den letzten Jahrzehnten in erheblichem Maße auch zur Degradation von Böden geführt. Brennpunkte sind dabei neben Küstengebieten vor allem alpine Regionen. So erschließen etwa in den Alpen Skilifte und Wanderwege bislang unberührte Gegenden, was die Ausdehnung der flächenintensiven Formen sportlicher Aktivitäten ermöglichte. Folgen sind die Zerstörung oder Beeinträchtigung der Pflanzendecke und der Baumvegetation, was in Verbindung mit starker mechanischer Belastung und anderen Eingriffen in den Naturhaushalt (Planierung, Geländekorrekturen, Schneekanonen) vor allem zu Bodenerosion durch Wasser und Wind führt. Inzwischen sind manche Regionen derart geschädigt, dass die Wohnansiedlungen dort ganzjährig der Gefahr von Erdrutschen bzw. Lawinen ausgesetzt sind. [...] Die starke, oft saisonal unterschiedliche Belastung der Tourismusgebiete bringt besondere Probleme bei der Abwasserbehandlung mit sich, [...] auch wird das steigende Abfallaufkommen zunehmend zum Problem. [...] Zudem induziert diese Form des Tourismus eine starke Zunahme des örtlichen Verkehrs; die Folge sind zunehmende Luftbelastung und ein weiterer Ausbau von Straßen. [...]

Des Weiteren kommt es durch die touristische Erschließung in den betroffenen Gebieten oft zu einem Mangel an Süßwasser (hoher Wasserbedarf der Touristen), das in den Tourismusgebieten oftmals ohnehin knapp ist. [...]

Verursacht wird das wachsende Tourismusaufkommen unmittelbar durch steigende Einkommen in den Industrieländern bei gleichzeitig sinkenden Arbeitszeiten, d.h. durch mehr Freizeit. Die sinkenden relativen Preise in diesem Sektor sind Folge und Ursache zugleich. Ein weiterer Faktor ist die leichte Erreichbarkeit von fast allen Reisezielen, nicht nur im Sinn der technischen Erreichbarkeit durch den Ausbau der Infrastruktur [...]. Für viele Regionen ist der Tourismus inzwischen ein Haupterwerbszweig, was Konkurrenz und oft einen zerstörerischen Wettlauf im Angebot (z.B. Technisierung der Skipisten und Lifte) zur Folge hat. Ein weiteres Problem auf psychologischer Ebene besteht darin, dass trotz steigenden Umweltbewusstseins der Zusammenhang zwischen Urlaubsaktivitäten und Umweltbelastung nicht erkannt oder aber negiert wird.

Auswirkungen auf die Biosphäre sind die Schädigung bzw. der Verlust von empfindlichen Berg- und Küstensystemen [...] Eine Konsequnz daraus ist der Verlust an bioligischer Vielfalt.

(nach: Wissenschaftlicher Beirat der Bundesregierung, Welt im Wandel: Gefährdung der Böden, 1994, gekürzt)

M2 Das Massentourismus-Syndrom

100800-116-01 www.diercke.de
100800-117-04 www.diercke.de

1. Materialauswertung
Aus dem Text M2 lassen sich z. B. eine ganze Reihe von Zusammenhängen zum Massentourismus-Syndrom der Alpen ausfindig machen. Wichtige Schlüsselbegriffe (Syndromkern) sind hierzu z. B.:
a. Degradation von Böden,
b. Konversion (Umwandlung) von Ökosystemen,
c. zunehmender Tourismus.

2. Symptomauswahl
Diese Schlüsselbegriffe passen u. a. zu folgenden Symptomen:
A. Bodenerosion, Versiegelung,
B. Verlust biologischer Artenvielfalt,
C. Ausbau der Verkehrswege, wachsendes Verkehrsaufkommen.

3. Festlegen des Syndromkerns
Folgende Wechselwirkungen lassen sich kennzeichnen (dick umrandete Symptome oder dicke Wirkungspfeile):
1. zunehmende Übernutzung der Vegetation führt zu
2. Erosion, Veränderung der Oberflächengestalt und
3. die Gefahr von Lawinen steigt.

4. Erweiterung des Beziehungsgeflechts
Hat man das Beziehungsgeflecht des Syndromkerns erstellt, können weitere Wechselwirkungen ergänzt werden.

5. Entwurf von Lösungsstrategien

M3 Arbeitsschritte zur Erstellung eines Wirkungsgefüges nach Syndromkonzept: Beispiel Alpen

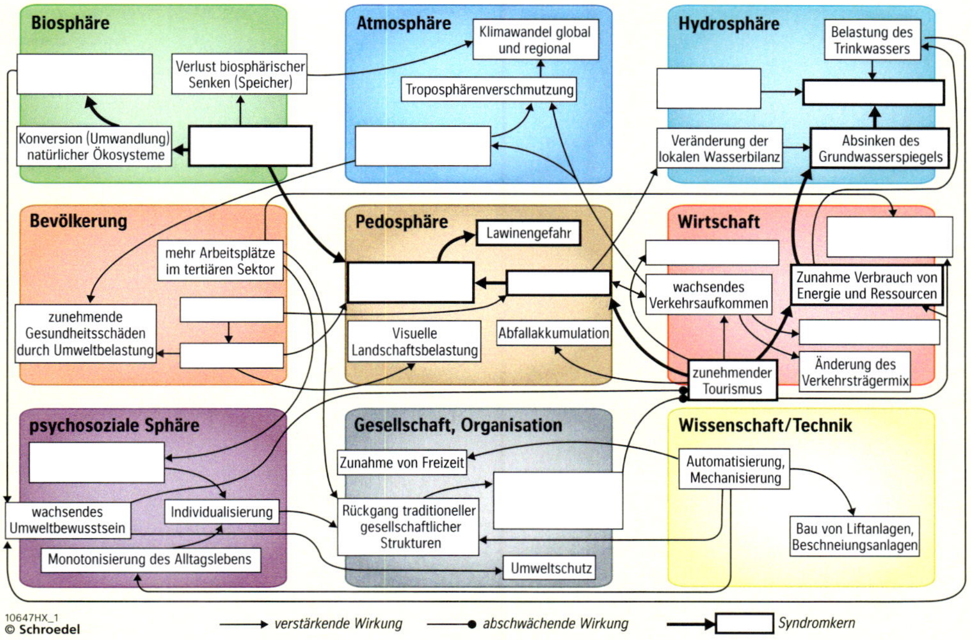

M4 Unvollständiges Schüler-Wirkungsgefüge des Massentourismus-Syndroms in den Alpen

Fehlende Symptome in M4:
- *Anspruchssteigerung durch mehr Wohlstand*
- *Verlust biologischer Vielfalt*
- *zunehmende Übernutzung der Vegetation*
- *Zunahme der sozialen und ökologischen Disparitäten*
- *Wirtschaftswachstum*
- *Abschmelzen der Gletscher*
- *zunehmende lokale Luftverschmutzung*
- *Erosion, morphologische Änderungen*
- *Ausbau der Verkehrswege*
- *Rückgang traditioneller Landwirtschaft*
- *Versiegelung*
- *Süßwasserverknappung*
- *Urbanisierung*
- *Zersiedelung*

1 *a) Erstellen Sie das Syndromkonzept zu den Alpen (M4, S. 10 – 15 und 20 / 21).*
b) Vergleichen Sie M4 mit Wirkungsgefügen des Massentourismus-Syndroms aus dem Internet.

2 *Nehmen Sie mithilfe der Abb. S. 9 M4 Stellung zur Nachhaltigkeit des Skitourismus in Sölden.*

www.wbgu.de/hauptgutachten/hg-1996-forschung/

M1 Der Sahel – Landschaft und Landschaftsnutzung

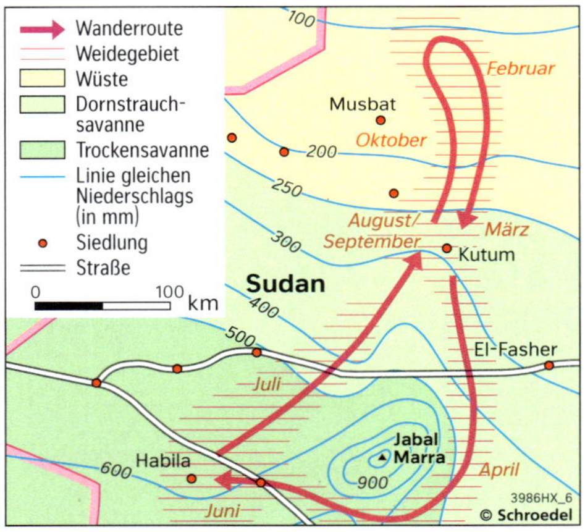

M2 Wanderroute einer Nomadenfamilie

Herausforderung nachhaltiger Raumnutzung: Klima

Dürregefährdung im Sahel

Die Sahelzone ist ein von West nach Ost verlaufender Landstreifen in Nordafrika. Sahel kommt aus dem Arabischen und bedeutet Ufer – das lebensrettende Ufer für die Karawanen der Sahara. Die Sahelzone ist für den Menschen ein risikoreicher Naturraum. Die Bevölkerung hat sich aber an die trockenen klimatischen Bedingungen und die geringe Bodenfruchtbarkeit angepasst. Die Viehhaltung wird in **Nomadenwirtschaft** betrieben. In den Dörfern bauen Bauern Hirse und Gemüse an. Dieses Gleichgewicht ist aber gestört.

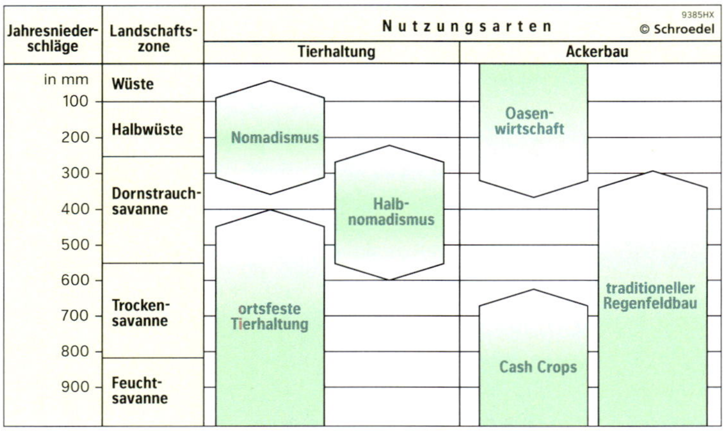

M3 Traditionelle landwirtschaftliche Nutzung in Wüsten- und Savannengebieten

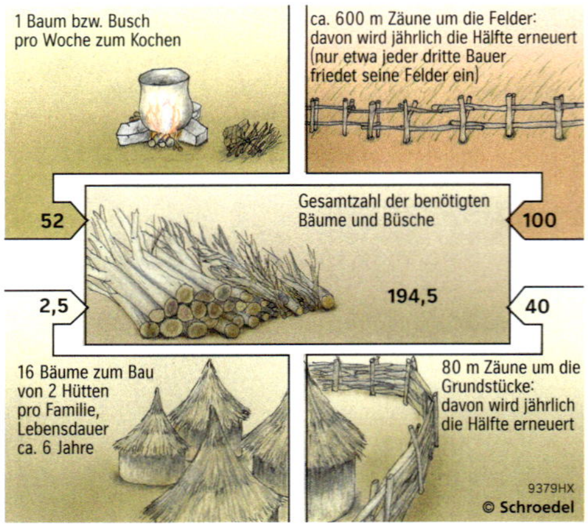

M4 Jährlicher Holzverbrauch einer Hackbauernfamilie im Sahel

100800-148-04 www.diercke.de
100800-149-05 www.diercke.de

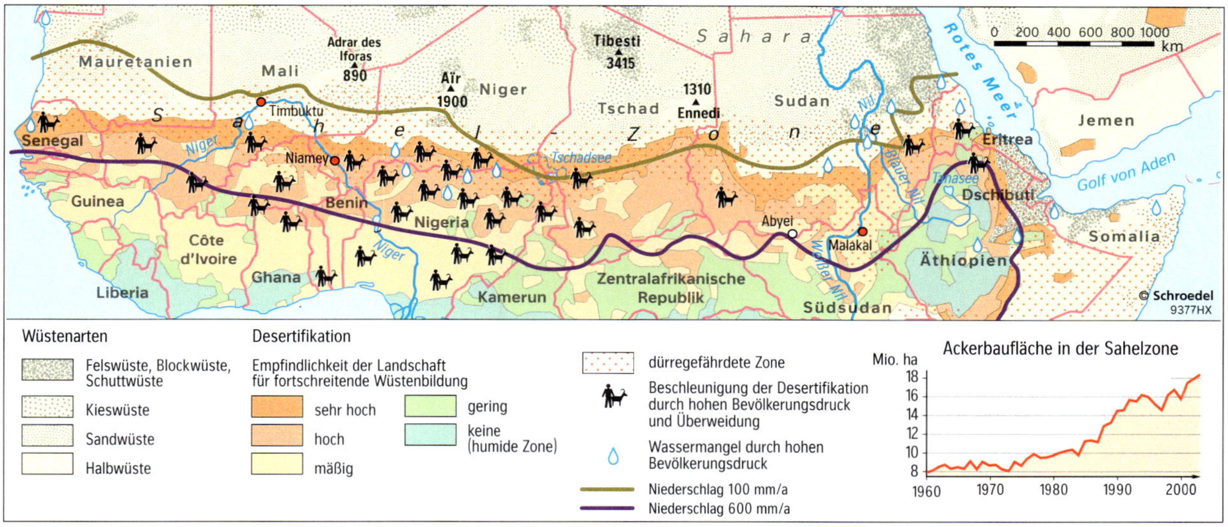

M5 Natürliche Voraussetzungen, Landschaftsnutzung und Gefährdung der Sahelzone

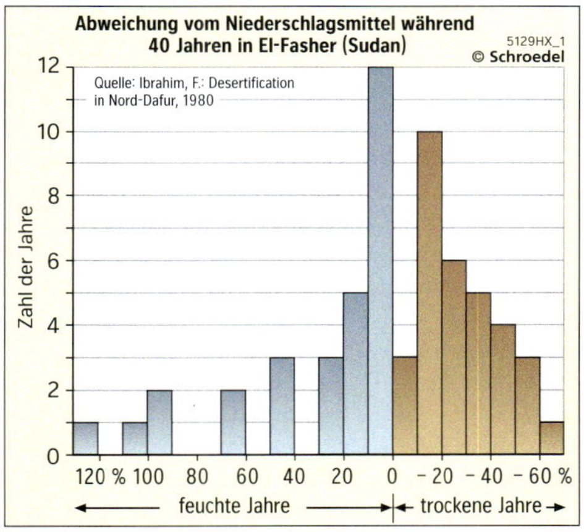

M6 Dürregefährdung im Sahel

M8 Sesshafte Hackbauern im Sahel

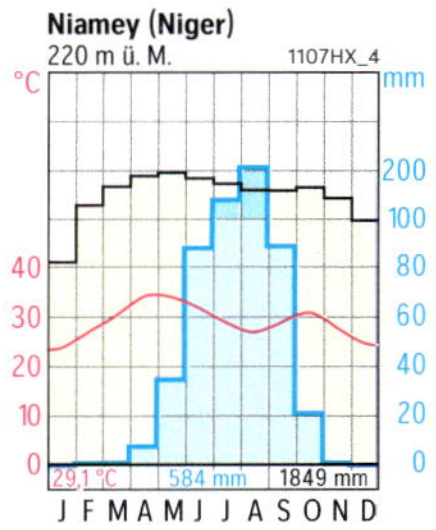

M9 Klima im Sahel

Phase mit überdurchschnittlichen Niederschlägen	Phase mit unterdurchschnittlichen Niederschlägen
• Vergrößerung der Herden, • Vordringen des Hirseanbaus über die **agronomische Trockengrenze** hinaus, • Zunahme der Sesshaftigkeit der nomadisch lebenden Bevölkerung, • mehrere Ernten möglich, • Anlegen von Reserven für **Dürrejahre**	• Nutzungskonflikte durch die nach Süden, in regenreichere Gebiete ausweichenden Nomaden, • alternative Einkommensmöglichkeiten werden gesucht (z. B. Abholzung von Bäumen zur Herstellung von Holzkohle), • stärkere Konzentration auf die schon vorhandenen Tiefbrunnen (dadurch sinkt dort der Grundwasserspiegel), • Migration und Flucht, • Nahrungsmitteldefizit und Hungerkatastrophen (u. a. auch durch die gering ausgebaute Infrastruktur und den Devisenmangel der Länder bezüglich Hilfslieferungen)

M7 Einfluss der Niederschlagsmengen auf die Landnutzung im Sahel

Agronomische Trockengrenze:
Bis zu dieser Grenze ist Ackerbau ohne künstliche Bewässerung möglich.

M10 Nach einem starken Niederschlag im Sahel

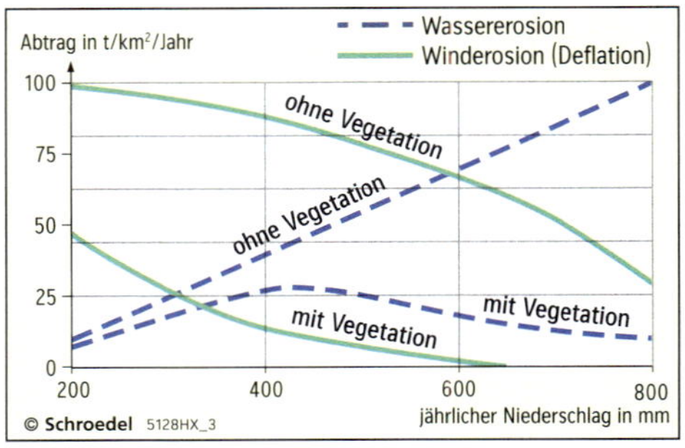

M13 Wind- und Wassererosion

Erosion:

Abtragung von Boden und Gestein durch die natürlichen Kräfte Wind (äolisch), Wasser (fluviatil) und Eis (glazial)

Bodendegradation:

Verschlechterung des Bodens durch landwirtschaftliche Übernutzung oder durch natürliche Einflüsse. Bodendegradation führt zur Veränderung der Struktur und der Zusammensetzung des Bodens (z.B. abnehmende Fruchtbarkeit).

Desertifikation:

Ausdehnung wüstenhafter Bedingungen am Rand von Trockengebieten nach Vegetationszerstörung durch Bodendegradation infolge Übernutzung durch den Menschen, aber auch möglicherweise durch den Klimawandel befördert.

Das hohe Bevölkerungswachstum in den Sahelstaaten zwang die Menschen des Raumes zur Produktion von immer mehr Nahrungsmitteln. Die dafür notwendigen Felder wurden deshalb näher an der agronomischen Trockengrenze angelegt. Begünstigt wurde diese Entwicklung durch eine Reihe von Jahren mit überdurchschnittlich hohen Niederschlägen, aber auch dadurch, dass auf den vergleichsweise günstigeren Ackerflächen südlich zunehmend landwirtschaftliche Exportgüter wie Baumwolle und Erdnüsse angebaut wurden.

Teilweise wurde auf die Einhaltung von Brachezeiten, in denen sich die Böden regenerieren konnten, verzichtet. Nach wenigen Jahren mussten deshalb diese Flächen aufgegeben werden. Die Böden waren ohne die Vegetation der Sonne schutzlos ausgesetzt und trockneten schneller und tiefer aus. Winderosion und in der Regenzeit Wassererosion führten zum Bodenabtrag und zur kompletten Verwüstung der Gebiete. Eine Regeneration der natürlichen Vegetation ist nahezu unmöglich.

Die Sahelstaaten gehören zu den ärmsten Ländern der Welt. In den ländlichen Regionen ist Holz bis heute wichtigster Energierohstoff und wichtigstes Baumaterial. Im Umkreis vieler Dörfer ist die erosionshemmende Baum- und Strauchvegetation deshalb abgeholzt.

Mit **entwicklungspolitischen Maßnahmen** wurden in den Sahelstaaten immer mehr Tiefbrunnen gegraben, die Wasser zur freien Verfügung stellten. Dies führte unter anderem zu einer Vergrößerung der Herden auf den Weideflächen um diese Wasserstellen. Mit fatalen Folgen, denn die großen Herden fraßen die Vegetation weitgehend kahl. Durch den Viehtritt verdichtet sich der Boden und vergrößert so den Oberflächenabfluss und damit die Erosion, gleichzeitig sank die Grundwasserneubildung.

Zudem treiben aufgrund der knappen Weideflächen die Nomaden häufig ihre Viehherden auf die Äcker der Bauern und lassen die Hirsefelder kahl fressen. Andererseits haben aber auch die Bauern ihre Felder auf die Weideflächen der Nomaden ausgedehnt.
Und immer häufiger übernehmen Lohnarbeiter die Viehhaltung. Traditionelle Regeln der nomadischen Weidewirtschaft gehen dadurch verloren und führen zur Übernutzung der Flächen.

Dagegen setzen sich moderne, standortgerechte Landnutzungsmethoden aufgrund fehlender Bildungs- und Ausbildungsmöglichkeiten der Landbevölkerung, fehlender Investitionsmittel der Bauern sowie fehlender bzw. einer verfehlten nationalen Agrarpolitik nur partiell durch.

M11 Ursachen der Desertifikation im Sahel

	1960	1980	2000	2015
Bevölkerung (in Mio.)	3,3	5,9	11,2	14,0
Gesamtfruchtbarkeitsrate (TFR)	7,1	7,7	7,7	7,5
Lebenserwartung (in Jahren)	41,0	44,0	53,0	62,0
Kindersterblichkeit (in ‰)	321,0	320,0	227,0	100,0
Urbanisierungsgrad (in %)	5,8	1,0	16,0	18,0

(Quelle: gapminder.com)

M12 Bevölkerungsdaten des Niger

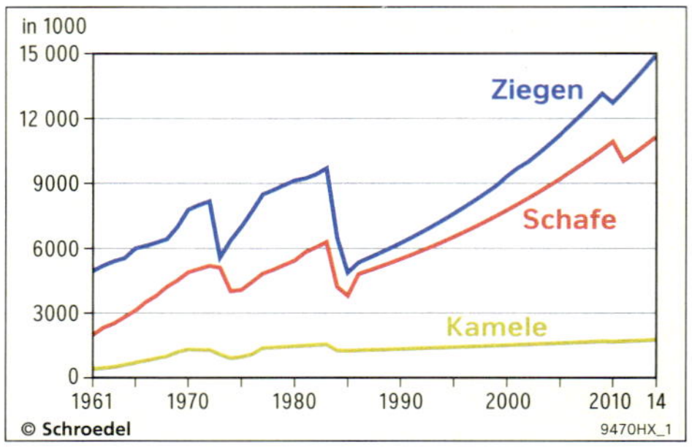

M14 Tierbestand im Niger

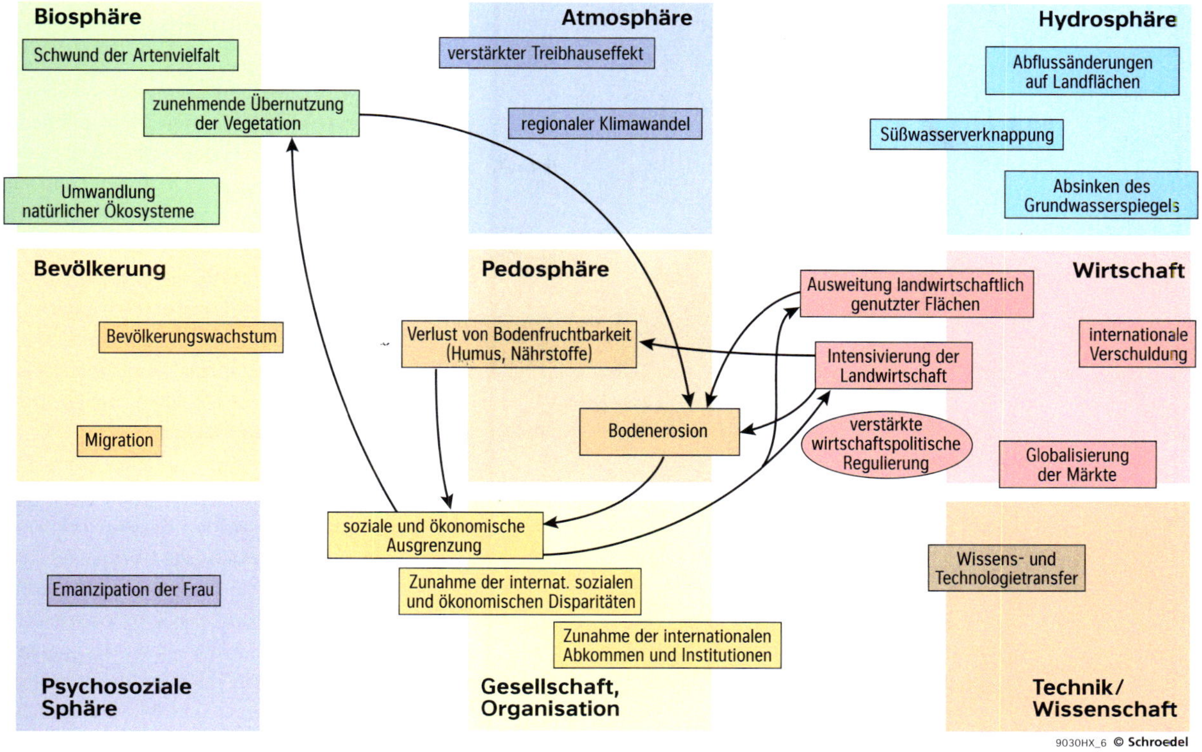

M15 Wirkungsgefüge des Sahel-Syndroms (Syndromkern) und weitere Symptome

Der Bau von Trockenmauern ist eine Möglichkeit, gegen die Degradation vorzugehen. Die Mauern werden nach Möglichkeit hangparallel errichtet. Dank der Mauern wird das Auswaschen des humusreichen Oberbodens reduziert. Denn es können sich keine großen Sturzbäche bilden, da das ablaufende Regenwasser an den Mauern abgebremst wird. Zusätzlich wirkt eine Trockenmauer wie ein Staudamm. Das mitgeschwemmte Material sammelt sich vor der Mauer.
Die Trockenmauern bestehen aus losen und aufgeschichteten Steinen. Die Hohlräume zwischen den Steinen werden nicht mit Mörtel oder Zement gefüllt, damit das Regenwasser durch die kleinen Spalten ablaufen kann und sich keine Pfützen bei zu viel Regen bilden. Zudem bieten die Fugen und Ritzen einen Lebensraum für kleine Tiere und Pflanzen.

(nach: Praxis Geographie, 06 / 2009, C. Olehowski, M. Haspel)

M16 Trockenmauern als Erosionsschutz

1 *Beschreiben Sie die Landschaft der Sahelzone und deren Nutzung (M1, M8).*
2 *Stellen Sie die natürlichen Bedingungen der landwirtschaftlichen Nutzung dar (M5, M6, M9).*
3 *Erklären Sie die Anpassung der traditionellen Landnutzung im Sahel (M2 – M4).*
4 *Erläutern Sie die fortschreitende Desertifikation im Sahel (M7, M10 – M14).*
5 *Erläutern Sie die Wirkungspfeile des Sahel-Syndroms und bestimmen Sie weitere (M15).*
6 *Erklären Sie die Maßnahme zum Erhalt der landwirtschaftlichen Nutzfläche (M16).*
Z1 *„Armut ist die entscheidende Ursache der Probleme im Sahel." Beurteilen Sie die Aussage.*

M1 Mumbai – Indien im August

Die letzten Wochen vor dem Ausbruch des Sommermonsuns sind unerträglich infolge der zunehmenden Bewölkung und Windstille. Sehnsüchtig blickt alles nach dem südlichen Himmel, an dem sich die Wolkentürme aufbauen. [...] Der Durchbruch des Monsuns wird begleitet von heftigen elektrischen Entladungen und Wolkenbrüchen. [...] Riesige Wasserfluten stürmen die Berge herab, die Flüsse schwellen in einer Nacht um mehrere Meter an; aber das vordem so kahle Land begrünt sich in wenigen Tagen. Wo kurz vorher dürre Steppe geherrscht, steht weithin das Wasser über den Fluren, aus denen sich bald smaragdgrüne Reisfelder entwickeln. [...] Die Temperaturen gehen mit dem Beginn der Regen zurück, die Luftfeuchtigkeit steigt auf 80 – 95 %, aber der die Regen begleitende Wind macht die Arbeit erträglicher als einen Monat vorher.

(Quelle: Vorderindien und Ceylon. Eine Landeskunde, 1965, S. 28 f., N. Krebs)

M2 Monsunbeginn in Indien

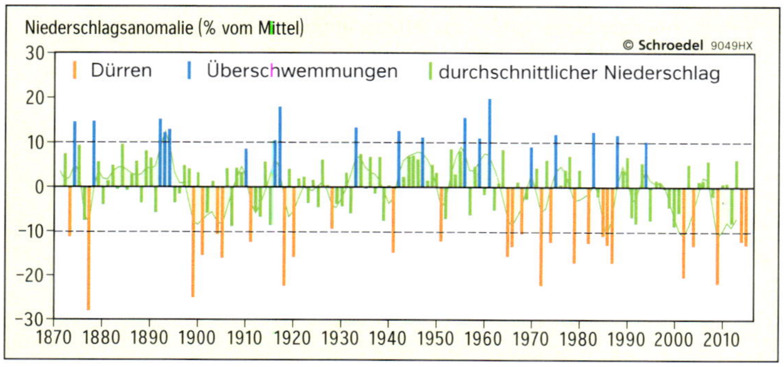

M3 Indien: Abweichungen der Niederschlagsmengen vom Mittel 1870 bis 2015

Der Monsun – Herausforderung für Indien

So konstant der jährliche Sommermonsun auch ist, der jedes Jahr heiß erwartete Monsunregen ist keineswegs ein Wetterphänomen „mit Uhrwerk“. Sein Eintreffen ist mal später, mal früher und auch die Ergiebigkeit der Niederschläge ist von Jahr zu Jahr ganz unterschiedlich. Setzt der Regen zu früh ein, können die noch unbestellten Felder nach Regenbeginn nicht mehr bearbeitet werden – die Ernte fällt aus. Beginnt der Monsun indes zu spät und die Bauern haben ihre Äcker schon bestellt, trocknen Boden und das enthaltene Saatgut aus – auch hier sind Ernteausfälle die Folge.

Unabhängig von der Monsunlänge variiert die Niederschlagsmenge von Jahr zu Jahr. Sind die Abweichungen von den durchschnittlichen Niederschlägen größer, können Dürren und Überschwemmungen sowie in beiden Fällen Missernten die Folge sein. Im einen Fall wird das Wasser für den Regen- beziehungsweise Bewässerungsfeldbau knapp, im anderen Fall steht das Wasser zu lange auf den Feldern, sodass die Saat verfault.

Vor allem bei fehlenden Niederschlägen kam es in der Vergangenheit zu Hungersnöten. Erschwerend für die Landwirtschaft ist zudem, dass der Monsunregen nicht als Dauerregen, sondern als kurzphasiger, intensiver Starkregen fällt. Auf Äckern führen Intensivregen zu erhöhter Erosion und zu Bodenverlust. Die landwirtschaftliche Nutzung ist dann in den Folgejahren nicht mehr möglich, im schlimmsten Fall kann es sogar zur Desertifikation kommen.

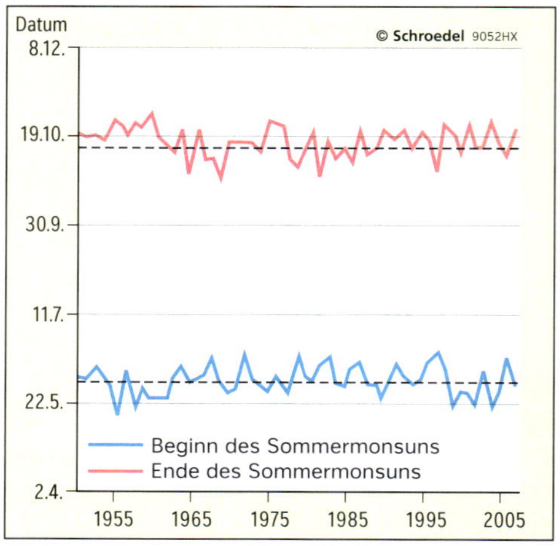

M4 Monsunbeginn und Monsunende in Kerala 1951 bis 2007 (Durchschnittswert: 3.6. / 15.10.)

100800-164-04 www.diercke.de

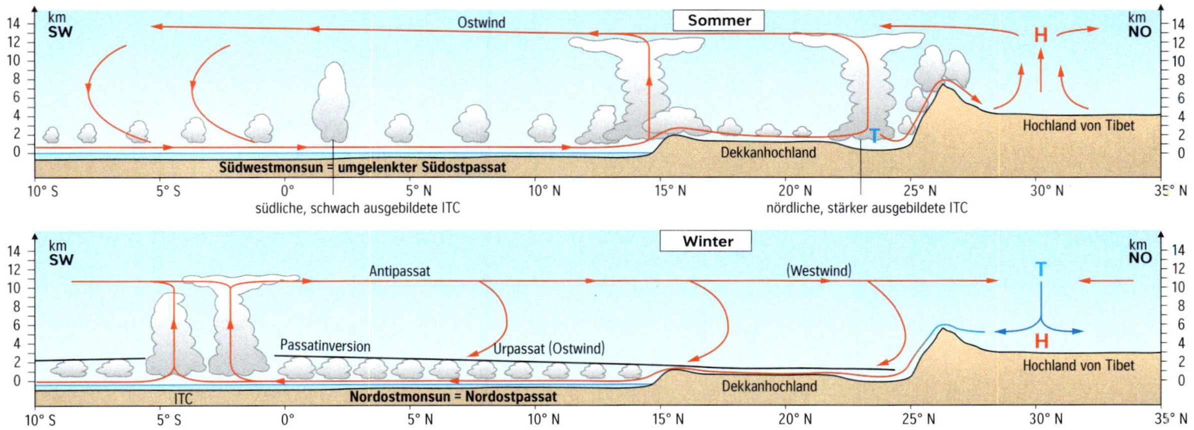

© Schroedel 330HX_3

M5 Tropische Monsunzirkulation in Südasien

In Indien wird das Klima wesentlich durch den jahreszeitlichen Wandel von Luftströmungen bestimmt. Dabei strömen im Sommer warmfeuchte **Luftmassen** vom Indischen Ozean auf den Subkontinent und bilden den **Sommermonsun**, den man umgangssprachlich als „den Monsun“ bezeichnet. Nur der Sommermonsun (auch Südwestmonsun genannt) bringt ergiebige Regenfälle. Während des Winters wehen trocken-kühle Luftmassen vom Himalaya nach Süden (**Wintermonsun**). Die Zeit des Frühjahrs, mit großer Hitze bei geringen Winden, wird allgemein als **Vormonsun** bezeichnet.

Der Sommermonsun

Der indische Monsun ist eine spezielle Form der **Passatzirkulation**, bei der sich die **innertropische Konvergenzzone** (ITC) im Sommer weit nach Norden verschiebt. Ursache für diese Abweichung von der normalen jahreszeitlichen Verschiebung ist die starke Aufheizung der großen Landmasse Südasiens und insbesondere auch des Tibetischen Hochlandes. Am Boden bildet sich dadurch ein stabiles Hitzetief, das große Mengen Luft in sich hineinsaugt und dessen Luftdruck noch geringer ist als in der **äquatorialen Tiefdruckrinne**. Aus dem Äquatorialbereich wird so ein Teil der ITC nach Norden zum Hitzetief gesogen, ein anderer Teil verbleibt im Bereich des Äquators. So wird aus dem **Südostpassat** der Südhalbkugel, der über den Äquator kommend in Richtung Osten umbricht, der Südwestmonsun der Nordhalbkugel.
Über dem Indischen Ozean nehmen dann die Luftmassen große Mengen Wasserdampf auf, den sie aus mächtigen Wolken v. a. über dem Festland oft sintflutartig abregnen. Diese Niederschläge verstärken sich nochmals an den Rändern der Gebirge (Steigungsregen).

Der Wintermonsun

Mit dem Ende des Sommermonsuns ändert sich die vorherrschende Windrichtung um annähernd 180°. Die ITC verschiebt sich in den Wintermonaten nach Süden, überschreitet allerdings nur geringfügig den Äquator. Indien liegt jetzt im Bereich des **Nordostpassats**, der Wintermonsun wird daher auch Nordostmonsun genannt.
Wenn sich über Sibirien und Zentralasien die Landmassen stark abkühlen, bildet sich dort ein Kältehochdruckgebiet heraus, aus dem die Luft über den Himalaya nach Indien ausströmt. Bei diesem Absinkvorgang erwärmt sie sich. Indien liegt demnach im Bereich absinkender, trocken-warmer Luftmassen, die nur über dem Golf von Bengalen Feuchtigkeit aufnehmen. Die Folge ist, dass die Wintermonate in weiten Teilen Indiens durch Niederschlagsarmut (Trockenzeit) geprägt sind.

M6 Entstehung der Monsunwinde des indischen Subkontinents

***Monsune** sind zwar jahreszeitlich wechselnde Winde, sie wehen aber recht regelmäßig. Arabische Seefahrer nutzten sie deshalb gern für ihre Fahrten unter Segel. Sie prägten auch das Wort „Monsun“, das dem arabischen „mausim“ (Jahreszeit) entlehnt ist.*

1 *Beschreiben Sie das Foto „Mumbai – Indien im August“ (M1).*

2 *Charakterisieren Sie die langjährige Veränderung des Wetters in Indien (M3, M4).*

3 *„Der Monsun ist Segen und Fluch zugleich.“ Erläutern Sie die Aussage (M2, Text).*

4 *Verantwortlich für den Monsun ist der unterschiedliche Wärmehaushalt von Land und Meer. Erklären Sie diese Aussage anhand des Modells zur Monsunzirkulation (M5) sowie mithilfe des Textes M6.*

100800-246-03 www.diercke.de

100800-247-04 www.diercke.de

Experteninterview

Arbeitsthema für das Interview:

„Einfluss des globalen Klimawandels auf den Monsun“

Ein Gespräch mit einem Experten oder einer Expertin ist ein Weg, aktuelle Erkenntnisse und spannende Einblicke für eine Hausarbeit, einen Vortrag, eine Posterausstellung oder einen Artikel in der Schülerzeitung zu bekommen. Im Idealfall sitzt uns ein Gesprächspartner gegenüber, der ein Thema nicht nur inhaltlich durchdrungen hat, sondern aus erster Hand anschaulich aus „fernen Regionen“ berichtet, wie es Bücher, Fernsehen und Internet nicht leisten können.

1. Expertensuche

- Man findet Experten häufig an Universitäten, die auf den Gebieten der Geographie, Meteorologie oder in anderen passenden Disziplinen forschen. Auf den Homepages der (geographischen) Institute sind oft ihre Spezialgebiete aufgeführt.
- Experten gibt es aber auch bei wissenschaftlichen und öffentlichen Institutionen, Behörden und **Nichtregierungsorganisationen**.
- Wer freundlich und interessiert anfragt, bekommt in den meisten Fällen eine positive Antwort.
- In manchen Fällen kann es sinnvoll sein, den Kontakt über eine Pressestelle herzustellen.

2. Gesprächsvorbereitung

- Für das Gespräch sollte ein Gesprächsleitfaden vorbereitet werden, damit am Ende auch wichtige Fragen geklärt werden. Daher sollten zunächst Fragen gesammelt, dann reduziert und schließlich auf eine logische Abfolge hin überprüft werden.
- Tipp: Nicht zu viele Fragen oder Entscheidungsfragen (Antwort mit Ja oder Nein) stellen.

3. Gesprächsdurchführung und -auswertung

- Das Gespräch kann persönlich, am Telefon oder auch per E-Mail durchgeführt werden.
- Wenn die Ergebnisse aus dem Gespräch oder gar das ganze Gespräch im Wortlaut später veröffentlicht werden (z. B. in der Schülerzeitung oder auf einer Posterausstellung), sollte dem Gesprächspartner das Interview vor dem Druck noch einmal vorgelegt werden.

M1 Schülerinterview mit **Rixa Schwarz**, Referentin für Klima und Sicherheit bei Germanwatch (www.germanwatch.org) und Programmkoordinatorin Klimawandel am Centre for Environment Education India (Zentrum für Umweltbildung, www.ceeindia.org)

Eine ganze Nation, die sehnsüchtig auf Regen wartet. Trifft diese Vorstellung von Indien vor dem Sommermonsun zu?
Rixa Schwarz: Man kann den Monsun als Lebensader Indiens bezeichnen, denn ein Großteil der indischen Landwirtschaft hängt von ihm ab. Nicht nur die indischen Bauern verfolgen gespannt, wann die ersten dunklen Wolken an der Südwestküste den lang ersehnten Regen bringen, um ihre Aussaat entsprechend zu planen. Auch im Finanzministerium in Delhi hofft man auf die richtige Menge Regen zur richtigen Zeit, um möglichst hohe Erntegewinne für die Versorgung der Bevölkerung und für den Export sicher zu wählen. Damit ist der Monsunregen weit mehr als die gewünschte Abkühlung im heißen indischen Sommer.

Was weiß man inzwischen über den Einfluss des Klimawandels auf den Monsun?
Der Klimawandel ist neben der starken Luftverschmutzung über Nord- und Nordwestindien einer der ausschlaggebenden Faktoren, der das sehr sensible System des indischen Sommermonsuns verändert. Aufgrund der besonderen Komplexität des Monsunsystems sind sichere Zukunftsszenarien allerdings schwierig. Jüngste Forschungsergebnisse zeigen, dass der Monsun keine sprunghaften Veränderungen machen wird. Dennoch ist zu erwarten, dass sich immer stärkere Dürreperioden und regenreichere Jahren mit Starkregen und Überflutungen abwechseln werden und die Anpassung daran über die Jahre immer herausfordernder werden wird.

Wie hat sich das in den letzten Jahren gezeigt?
In den vergangenen Jahren erlebte Indien eine Abschwächung des Monsuns. 2012 beispielsweise lagen die Regenfälle im Punjab, Indiens Kornkammer, nur bei etwa 70 Prozent der normalen Regenmenge. Auch 2015 blieb die Regenmenge weit hinter dem Durchschnittswert zurück. Der Regen fiel aber auch für Monsunverhältnisse verstärkt in unwetterartigen Niederschlägen, die vermehrt Verkehrsunfälle und andere Unglücke wie Erdrutsche verursachten, bei denen viele Menschen starben. Besonders die Folgen eines schwachen Monsuns sind vielfältig. In den vergangenen Jahren las man in den Zeitungen regelmäßig in den Sommermonaten von drohenden Engpässen in der Nahrungsmittelversorgung, über Preiserhöhungen einzelner Grundnahrungsmittel wie Weizen, Linsen oder Reis oder auch von Exporteinschränkungen. In längeren Dürreperioden kann sich die Wasserknappheit auch auf die Stromversorgung auswirken. Wenn Wasserkraft nicht mehr die gewohnte Stromleistung liefern kann und die Hitze im indischen Sommer den Stromverbrauch durch den

100800-248-03 www.diercke.de

erhöhten Einsatz von Klimaanlagen ansteigen lässt, kann es zu Stromausfällen kommen.

Wie wirken sich diese Änderungen im Monsun auf den Einzelnen, zum Beispiel den indischen Landwirt, aus?
Bereits heute leiden die Menschen in Indien unter den verstärkten Schwankungen der Monsunregenfälle, obwohl der Klimawandel seine Auswirkungen auf den Monsun noch nicht in vollem Ausmaß zeigt. Unter den am stärksten Betroffenen sind die Ärmsten der Bevölkerung wie Obdachlose und Slumbewohner in den Städten oder Landlose und Familien von Kleinbauern auf dem Land.
Kleinbauern machen mit 93 Millionen Höfen den Großteil der indischen Landwirte aus. Sie leben von Subsistenzwirtschaft, versorgen sich und ihre Familien auf höchstens zwei Hektar Landfläche also ausschließlich selbst, ohne Zugang zu moderner Infrastruktur wie Bewässerung zu haben. Ein pünktlicher Monsun mit nicht zu starken Regenfällen, der Getreide und Gemüse wachsen lässt, ist essenziell für ihre Versorgung. Kleinbauern sind die Ersten, die bei Dürren von Hungersnöten betroffen sind, da sie kein oder kaum Geld besitzen, um Nahrungsmittel zu erwerben.
Fällt der Niederschlag wiederum in zu heftigen Starkregen, kann zumindest ein Teil der Ernten weggeschwemmt oder zerstört werden, was die Versorgung der Familien ebenso gefährdet. Ein schwankender Monsun kann daher leicht eine riesige Anzahl Familien in die Verschuldung stürzen, die bereits heute mehrere Tausend indische Bauern jährlich in den Suizid treibt. Nichtregierungsorganisationen (NRO) wie das CEE versuchen, die Kleinbauern für ihre Selbstversorgung auch unter Einfluss des Klimawandels zu rüsten.

Hat die indische Regierung schon auf den Klimawandel reagiert?
Die indische Regierung hat 2008 ihren Nationalen Aktionsplan zum Klimawandel vorgestellt, der neben Klimaschutzmaßnahmen auch Pläne zur Anpassung an den Klimawandel vorsieht. Zusammen mit einer Vielzahl anderer Gesetze und Richtlinien wie der nationalen Mission zur nachhaltigen Landwirtschaft versucht sich Indien gegen heutige und zukünftige Auswirkungen des Klimawandels zu wappnen. Diese Policies greifen gemeinsam mit Initiativen zum Katastrophenmanagement, zur Arbeitsplatzbeschaffung für die ländliche Bevölkerung und zum Bodenschutz für eine resilientere Landwirtschaft.

M2 Indischer Bauer in der Nähe von Patiala (Punjab)

Wie kann sich die Landwirtschaft denn auf die Veränderungen einstellen?
Traditionell beherrscht Indien eine Reihe von Maßnahmen zum Wassermanagement und versucht nun, traditionelles Wissen mit moderner Technologie zu verknüpfen, um die Techniken zu optimieren.
Viele NRO sind in Dörfern, aber auch in armen Stadtgebieten aktiv, um die ärmeren Bevölkerungsschichten in ihren Bemühungen zu unterstützen. Gemeinsam mit Landwirten versuchen sie beispielsweise, die Regengüsse während des Monsuns beim schnellen Abfließen aufzuhalten, das Wasser im Boden zu speichern und Bodenerosion zu mindern, indem sie kleinere Wälle und größere Dämme in die hügeligen Landschaften bauen. Diese einfache, aber effektive Praxis wird im Wüstenstaat Rajasthan ebenso wie im zentralindischen Maharashtra und Mudhya Pradesh genutzt. Auch auf Dächern wird Wasser nach alter Tradition wieder zunehmend aufgefangen und im Haushalt oder zur Bewässerung in der Landwirtschaft genutzt. Bewässerungssysteme wie die Tröpfchenbewässerung werden effektiver gestaltet.
Meteorologische Informationen erreichen Landwirte immer zuverlässiger, sodass sie Saat und Ernte entsprechend der Vorhersagen planen können. Gerade Reis, der in gefluteten Feldern angebaut wird, ist stark vom richtigen Timing abhängig. Die Wahl der Reissorte oder auch anderer Getreidesorten entsprechend der Monsunprognosen kann für den Ernteertrag entscheidend sein. In vielen Regionen Indiens werden regelmäßig lokale Radiosendungen eigens für Anpassungsmethoden und stärkere Resilienz gegenüber dem Klimawandel gesendet.

1 *a) Analysieren Sie das Interview M1.*
b) Stellen Sie die Auswirkungen des Klimawandels auf den Monsun und die Landwirtschaft Indiens dar.
c) Beurteilen Sie die vorgesehenen Maßnahmen für eine nachhaltige Raumnutzung.

Z1 *Führen Sie an Ihrem Schulort ein Experteninterview zu den Auswirkungen des globalen Klimawandels durch.*

M1 Karikatur

Herausforderung nachhaltiger Raumnutzung: Demographie

Tragfähigkeit:
Potenzial, das die Existenz einer bestimmten Anzahl von Menschen in einem gegebenen Raum ermöglicht

Wie viele Menschen trägt die Erde?

Mehr als ein Vierteljahrtausend ist es her, seit der preußische Gelehrte Johann Peter Süßmilch im Jahr 1741 die Zahl der Menschen errechnete, die maximal ernährt werden könnten: dreizehn Milliarden. Damals wurde die Zahl belächelt, mittlerweile nähert sich die Weltbevölkerung der Achtmilliardenschwelle – und sie wächst weiter. Die Fragestellung wurde seither erweitert: Wie viele Menschen kann die Erde aus ökologischer, ökonomischer und sozialer Sicht tragen? Unter Berücksichtigung der nutzbaren Fläche der Erde kam Ballod im Jahr 1912 auf 8,361 Mrd. Menschen, die bei vegetarischer Ernährungsweise auf unterstem sozialen Niveau existieren könnten. Optimisten äußersten sich sogar noch großzügiger: So stufte Baade im Jahr 1960 die Zahl bei 30 bis 38 Mrd. ein. Voraussetzungen waren die Erweiterung der landwirtschaftlichen Nutzfläche, die Steigerung der Erträge und die Nutzung des Ernährungspotenzials der Weltmeere.
Die UN-Konferenz für Umwelt und Entwicklung markierte 1992 in Rio de Janeiro einen Wendepunkt in der Bewusstseinsbildung: Eine weiter anwachsende Bevölkerung kann die bisherigen Lebensweisen auf Dauer nicht beibehalten. Damals verpflichtete sich die große Mehrheit der Staaten zu einer langfristig angelegten Politik nach dem Prinzip der Nachhaltigkeit (vgl. S. 8 / 9).

TRAGFÄHIGKEIT

regionale Tragfähigkeit: Verhältnis von regionaler Lebensqualität, überregionalen Chancen und dem Aufwand eines Standortwechsels
→ bei Überschreitung droht überregionale Migration

ökologische Tragfähigkeit: Verhältnis von Nutzung / Verbrauch und der zukünftig notwendigen Menge und Qualität der Ressourcen
→ bei Überschreitung droht eine allgemeine existenzielle Bedrohung

agrare Tragfähigkeit: Verhältnis von Nahrungsmittelbedarf und der gegenwärtigen bzw. maximal möglichen Agrarproduktion
→ bei Überschreitung droht Hunger

ökonomische Tragfähigkeit: Verhältnis von Erwerbsmöglichkeiten und der Anzahl der Erwerbspersonen
→ bei Überschreitung droht Arbeitslosigkeit

soziale Tragfähigkeit: Verhältnis der Menschen, die am gesellschaftlichen Reichtum teilhaben, und denen, die davon nicht partizipieren
→ bei Überschreitung droht sozialer Ausschluss, soziale Verwerfungen

M2 Formen der Tragfähigkeit nach W. Weiss

100800-276-02 www.diercke.de
100800-276-03 www.diercke.de

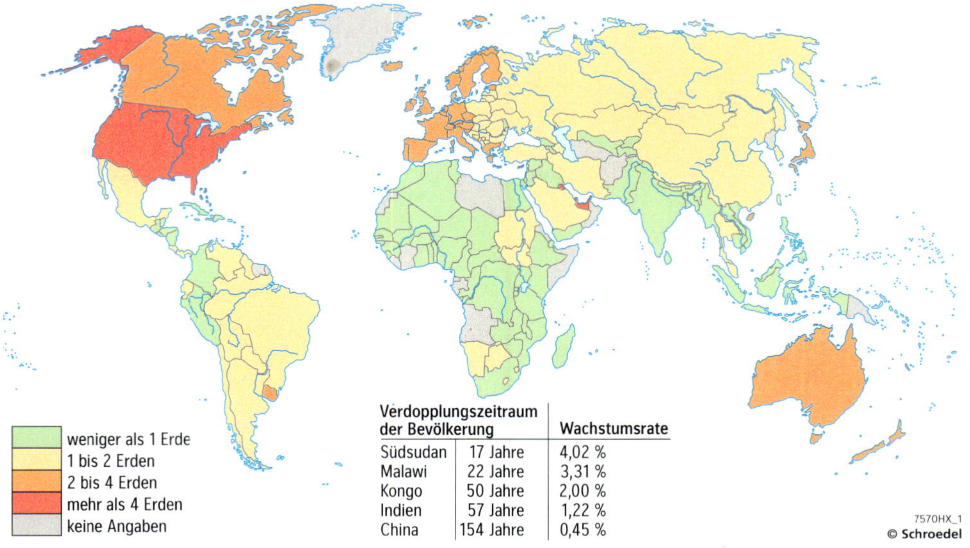

Verdopplungszeitraum der Bevölkerung		Wachstumsrate
Südsudan	17 Jahre	4,02 %
Malawi	22 Jahre	3,31 %
Kongo	50 Jahre	2,00 %
Indien	57 Jahre	1,22 %
China	154 Jahre	0,45 %

M3 Ökologischer Fußabdruck und Verdopplungszeiträume der Bevölkerung von Staaten

Der ökologische Fußabdruck ist ein Modell, das ökologische Übernutzungen und ungerechte Verteilungen aufzeigt. Er bietet auch Anhaltspunkte für Einzelne oder Institutionen, ihren Fußabdruck zu verringern.
Der ökologische Fußabdruck gibt den Naturverbrauch einer Person, einer Stadt oder eines Landes als Flächenwert an. Diese umfasst die für einen Menschen, eine Bevölkerung oder eine Aktivität notwendige biologisch produktive Land- und Wasserfläche (z. B. Ackerland, Wald, Fischgründe), um alle konsumierten Ressourcen zu produzieren sowie die Abfälle zu entsorgen. Für die Berechnung des ökologischen Fußabdrucks eines Landes sind Tausende Daten und Rechenoperationen nötig. Diese werden aus verschiedenen Datenbanken zusammengetragen.
Das Global Footprint Network berechnete für 2012 (Living Planet Report 2016) einen globalen Fußabdruck von 2,8 Hektar – d. h., jeder Erdenbürger benötigte 2,8 ha produktiver Fläche. Demgegenüber stand aber nur eine weltweite biologische Produktivität von 1,8 ha pro Kopf.

M4 Der ökologische Fußabdruck

Jahr	Earth Overshoot Day
1975	1. Dezember
1985	5. November
1995	5. Oktober
2005	26. August
2017	2. August

Quelle: www.overshootday.org

M5 Erdüberlastungstage im Vergleich

Earth Overshoot Day:
Ab diesem Tag sind alle natürlichen Ressourcen, die der Menschheit für ein Jahr zur Verfügung stehen (weil sie reproduzierbar sind) aufgebraucht.

	Einwohner in Millionen	ökologischer Fußabdruck in ha pro Einwohner	biologisch produktive Fläche in ha
Brasilien	198,6	2,9	9,6
USA	313,9	7,3	3,9
VR China	1350,7	2,1	0,9
Indien	1236,7	0,9	0,5
Katar	1,4	11,7	2,1
Deutschland	80,1	4,6	2,0

M6 Daten ausgewählter Länder (2014)

1 *Beschreiben Sie die Karikatur (M1) und fassen Sie deren wesentliche Aussagen zusammen.*
2 *Erläutern Sie verschiedene Formen der Tragfähigkeit (M2).*
3 *Erläutern Sie die Entwicklung des ökologischen Fußabdrucks seit den 1970er-Jahren (M4, M5).*
4 *Erörtern Sie die Länderdaten zum ökologischen Fußabdruck (M3, M6, Atlas).*
5 *„Ökologisch gesehen lebt die Menschheit weit über ihre Verhältnisse." Nehmen Sie Stellung zu dieser Aussage.*
Z1 *Bestimmen Sie Ihren persönlichen ökologischen Fußabdruck (www.mein-fussabdruck.at).*

M1 Karikatur

Zur Welternährungslage – wie werden die vielen Menschen derzeit ernährt?

Internetlinks zur Welternährung:

www.fao.org

www.bmel.de

(Suche: Welternährung verstehen)

Als die Vereinten Nationen (UN) Anfang des neuen Jahrtausends die **Millenniumsentwicklungsziele** formulierten, hatten sie auch die Hoffnung, den Hunger, ständiger Begleiter der Menschheitsgeschichte, bis 2015 zu halbieren. Das Ergebnis zur Nahrungsmittelversorgung war aber auch 2015 noch immer insgesamt ernüchternd (M2). Zwar hungern relativ gesehen weniger Menschen, doch die Zahl an hungernden Menschen ist immer noch hoch. Und das, obwohl sich gleichzeitig die Nahrungsmittelproduktion seit den 1970er-Jahren mehr als verdoppelt hat. Es gibt nach Aussage der Vereinten Nationen genug Nahrungsmittel, um theoretisch trotz der anwachsenden Weltbevölkerungszahl alle Menschen zu ernähren. Aber unter anderem aufgrund der ungleichen Verteilung von Armut existiert ein gravierendes Verteilungsproblem der Nahrungsmittel.

- Hunger ist eines der wesentlichen Gesundheitsrisikos weltweit: Es sterben jährlich mehr Menschen an Hunger als an Aids, Malaria und Tuberkulose zusammen.
- Unterernährung trägt jährlich zum Tod von rund drei Millionen Kindern (< 5 Jahre) bei.
- In vielen Ländern, besonders in Afrika, Asien und Lateinamerika, gehen 66 Millionen Vorschulkinder hungrig in die Schule.
- Mangelernährte Mütter bringen oft unterernährte Kinder zur Welt. Diese haben ein deutlich höheres Risiko, vor ihrem fünften Geburtstag zu sterben.
- Fast 17 Millionen untergewichtige Kinder werden jährlich geboren. Geistige und körperliche Beeinträchtigungen durch nicht ausreichende Ernährung können in den ersten drei Lebensjahren die Folge sein.
- Es kostet laut WFP (World Food Programms der UN) 20 Cent am Tag, um einem Kind alle wichtigen Vitamine und Nährstoffe zu geben, die es braucht, um gesund aufzuwachsen.

M3 Fakten zur Ernährungslage

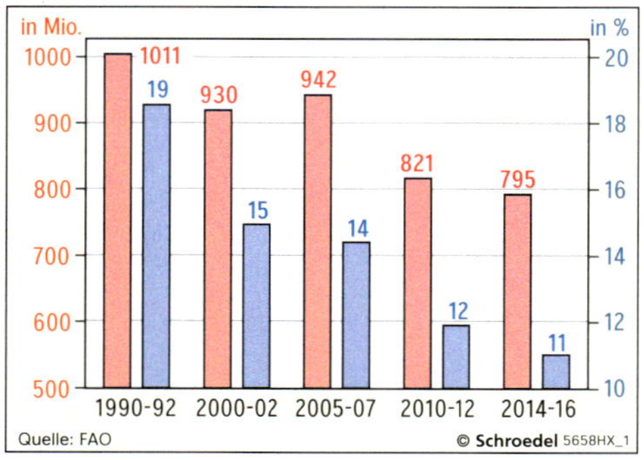

M2 Unterernährung weltweit

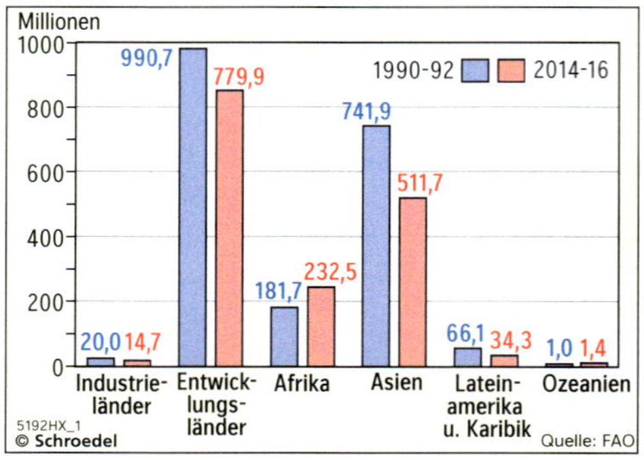

M4 Anzahl unterernährter Menschen je Region

100800-262-01 www.diercke.de
100800-275-05 www.diercke.de

Etwa 30 Prozent der Landoberfläche unseres Planeten werden für die Erzeugung von Nahrungsmitteln genutzt. Die Landwirtschaft ist der wichtigste Wirtschaftszweig der Welt. Sie bildet die Existenzgrundlage von mehr als einem Drittel der Menschheit und beeinflusst die soziale Struktur ländlicher Räume. Viele Gesellschaften besitzen eine eigene Agrar- und Ernährungskultur. Sie trägt zum Wohlstand / zur Verarmung einer Gesellschaft erheblich bei.

Die Landwirtschaft produziert zudem mehr als Nahrungsmittel und Rohstoffe. Diese Multifunktionalität wurde von Politik und Wirtschaft, aber auch von Agrarunternehmen und Landwirten selbst, in der jüngeren Vergangenheit oft ignoriert und vernachlässigt. Heute wird sie aber vor allem in Hinblick auf die Ökologie grundsätzlich anerkannt. Der Weltagrarbericht betont diese enorme Verantwortung der Landwirtschaft für die Umwelt auch deshalb, weil der Mensch in den vergangenen fünfzig Jahren allzu einseitig auf Effizienz- und Produktionssteigerung fixiert war.

(nach: Zukunftsstiftung Landwirtschaft: Wege aus der Hungerkrise – Weltagrarbericht 2015, www.misereor.de)

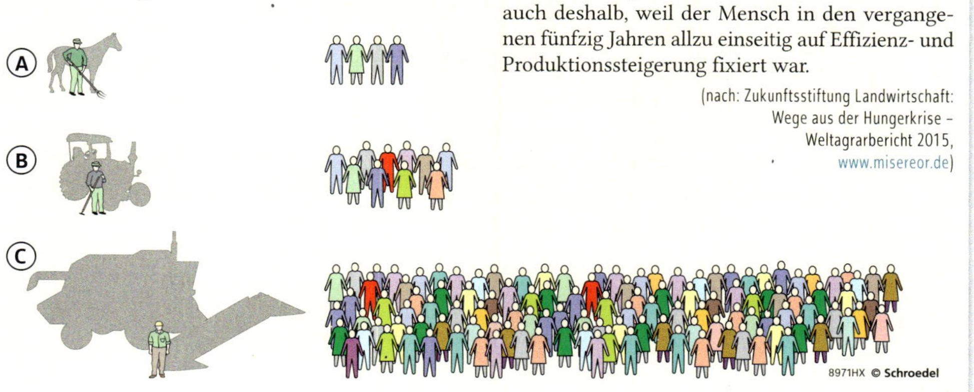

M5 Bedeutungs- und Produktivitätswandel sowie Funktionalität der Landwirtschaft

Erklärung zu M5:

A) Vor der industriellen Revolution ernährte ein Bauer vier Menschen.

B) 1950 ernährte der Bauer bereits zehn Menschen.

C) Heute ist ein einzelner Landwirt in den Industrieländern in der Lage, 129 Menschen zu ernähren.

Optimierte Bewässerung, Dünger, Pflanzenschutzmittel, moderne Maschinen und die intensivierte Tierhaltung haben einen entscheidenden Beitrag zur Produktivitätssteigerung geleistet.

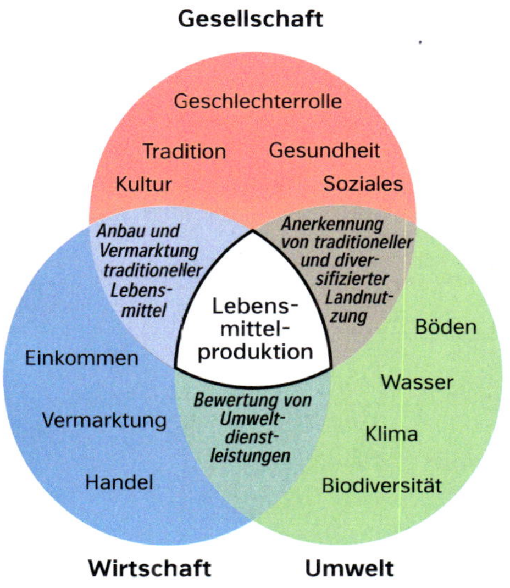

Quelle: Synthese, S. 19

8972HX_1 © Schroedel

M6 Multifunktionalität der Landwirtschaft

Kleinbauern besitzen etwa 85 Prozent der landwirtschaftlichen Betriebe weltweit. In den Entwicklungsländern sind sie für einen Großteil der Nahrungsmittelproduktion verantwortlich. Und vor allem dort bewirtschaften sie den Großteil der Landwirtschaftsfläche.
Die Bauern verfügen über ein großes Know-how in Bezug auf lokal angepasste Anbausysteme. Den Kleinbauern fehlen jedoch oft Mittel und Wege, um ausreichend Nahrungsmittel anzubauen. Und in vielen Staaten sind die Zugangs- und Besitzverhältnisse für Land und Wasser ungesichert. Rechtlich abgesicherter Grundbesitz fördert aber die Bereitschaft zu Investitionen in neue Bewirtschaftungsformen. So ist zu beobachten, dass einige Kleinbauern aus Unkenntnis oder Armut mit unsachgemäßen Anbaumethoden die natürlichen Ressourcen beeinträchtigen. Um wettbewerbsfähig zu sein, ist es deshalb erforderlich, dass Besitzverhältnisse geklärt und finanzielle Unterstützung gewährt werden.

M7 Das Potenzial der Kleinbauern

1 *Beschreiben Sie die Karikatur (M1) und erklären Sie deren Aussagen (M2, M4).*

2 *Analysieren Sie die Bedeutung der Ernährungssicherung von Kindern im Kleinkindalter und Müttern (M3).*

3 *Begründen Sie die sich verstärkende Bedeutung der Landwirtschaft durch ihre Multifunktionalität (M5 – M7).*

4 *Beurteilen Sie die Ernährungssituation in Ihrem Lebensumfeld hinsichtlich der Tragfähigkeit.*

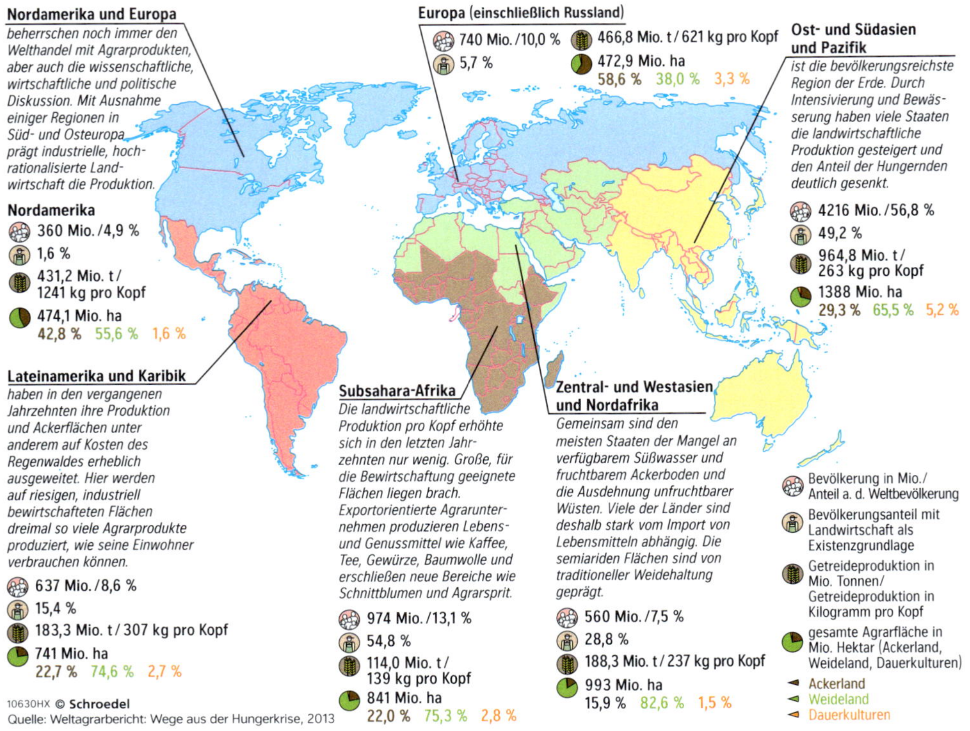

M1 Die Agrarregionen der Erde

Nahrungsmittel für alle, überall und auch in Zukunft?

Naturraumpotenzial:
Leistungsvermögen des Naturraumes u. a. für bestimmte Nutzungen durch den Menschen. Grundlage dafür sind Substanzen, Strukturen und energetische Prozesse in diesem Raum.

Es besteht weitgehend Konsens darüber, dass das vorhandene Naturraumpotenzial der Erde ausreichen würde, um die wachsende Weltbevölkerung mit Nahrung zu versorgen. Doch dies ist nicht in allen Regionen gleichermaßen möglich, denn die natürlichen Ressourcen wie Wasser und fruchtbarer Boden stehen nicht unbegrenzt zur Verfügung. Zudem beeinflussen die Naturfaktoren wie Temperatur (z. B. Kälte), Feuchtigkeit (Trockenheit, Nässe), Bodenbeschaffenheit sowie Relief die geographischen Anbaugrenzen von Kulturpflanzen und damit die Landwirtschaft in einem Raum. Doch auch der Entwicklungsstand eines Landes hat auf dessen Nahrungsmittelproduktion einen großen Einfluss.

Die Erweiterung der landwirtschaftlichen Nutzflächen ist deshalb in den meisten Gebieten der Erde nicht möglich. Und zusätzlich gehen weltweit jedes Jahr zwischen fünf und sieben Millionen Hektar Ackerland unter anderem durch Bodenerosion sowie neue Wirtschafts-, Siedlungs- oder Verkehrsflächen verloren.

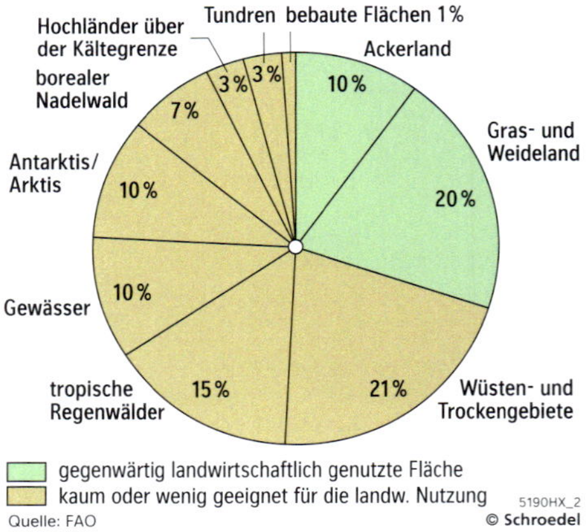

M2 Agrarische Potenziale der Erde

Kulturpflanzen sind vom Menschen angebaute Pflanzen. Gegenüber ihren wild wachsenden Stammarten besitzen sie besondere Eigenschaften für eine Nutzung. Es existieren ca. 4800 Arten.

M3 Was sind Kulturpflanzen?

100800-262-01 www.diercke.de

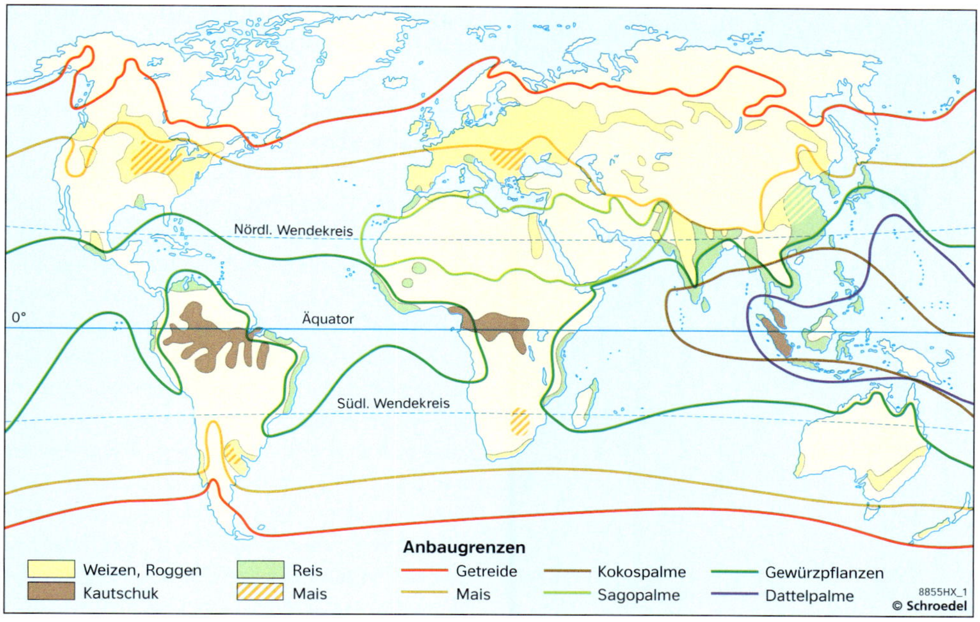

M4 Anbauregionen wichtiger Kulturpflanzen auf der Erde

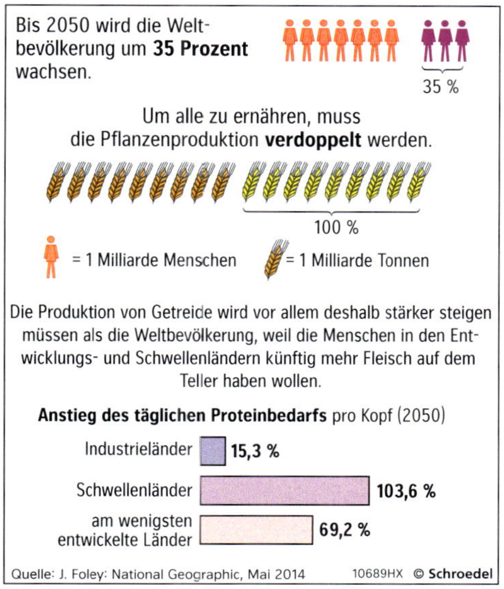

M5 Weltbevölkerung und Ernährungsbedarf

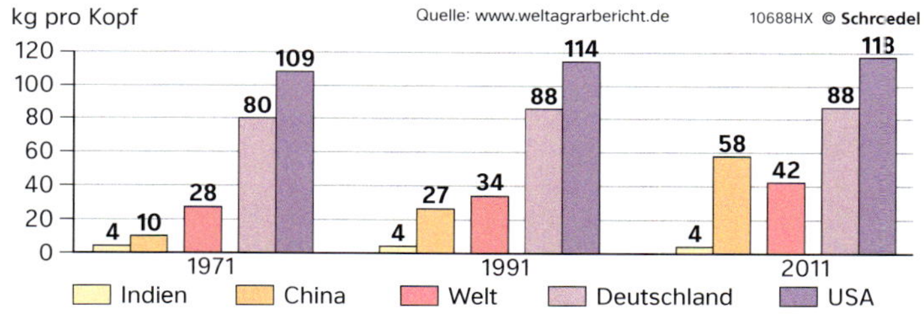

M6 Fleischkonsum im Vergleich

Pflanze	Wachstumsdauer (in Tagen)	Keimtemperatur (in °C)	Frosthärte (in °C)
Winterweizen	300	4–6	–20
Sommerweizen	175	6–8	n. v.
Winterroggen	295	4–6	–25
Reis	120–180	10–12	n. v.
Mais	110	7–9	n. v.

unterschiedliche Quellen; n. v. – nicht vorhanden

M7 Kulturpflanzen im Vergleich

1 *Bestimmen Sie die Hauptanbaugebiete der Kulturpflanzen Mais, Weizen und Reis (M3–M5).*

2 *Analysieren Sie die Tragfähigkeit der Erde zur Absicherung der Ernährung (M1, M2).*

3 *Analysieren Sie den globalen Nahrungsmittelbedarf.*

4 *„Zu gut für die Tonne“ ist eine Initiative des Bundesministeriums für Ernährung und Landwirtschaft gegen die Verschwendung von Lebensmitteln.*
a) Erheben Sie die Menge an Nahrungsmitteln, die Ihre Familie in einer Woche ungenutzt entsorgt.
b) Recherchieren Sie das Konzept des Berliner Restaurants „Restlos Glücklich“ und erstellen Sie eine Präsentation (www.restlos-gluecklich.berlin).

Ägypten ist „ein Geschenk des Nils". (Herodot, griechischer Geschichtsschreiber und Geograph, (490 / 480 – 424 v. Chr.)

Bevölkerungsentwicklung Ägyptens:

Jahr	*Bevölkerung*
1951	*21 140 315*
1960	*26 711 185*
1970	*34 423 373*
1980	*42 845 646*
1990	*55 716 605*
2000	*67 723 891*
2010	*81 241 719*
2016	*92 519 544*

(Quelle: DESA, UN-Sekretariat)

M1 Der untere Nil im Satellitenbild

Ägypten – Bevölkerungsentwicklung und landwirtschaftliche Tragfähigkeit

Wasser bedeutet Leben. Der Fluss Nil ist seit dem Altertum die Lebensader Ägyptens inmitten der Wüste Sahara. Der Wasserzufluss hat bis zum Beginn des vorangegangenen Jahrhunderts das Leben, die Kultur und den Feldbau in der Flussoase bestimmt. Die Zeit der herbstlichen Nilschwelle (Landüberflutung, Nili) war nicht nur Wachstums- und Erntezeit, sondern auch die Zeit der Feste und Rituale. Die Winterzeit (Shitwi) ließ die Winterfrüchte wie Weizen gedeihen, während der Anbau in der Sommerzeit (Seifi) durch die Hitze und den niedrigen Wasserstand erschwert war. Seit 1971 sorgt der Assuan- bzw. As-Sadd al-Ali-Staudamm für eine gleichmäßige Wasserzufuhr zur Bewässerung. Aufgrund der Bevölkerungsentwicklung stellt sich trotzdem die Frage der landwirtschaftlichen Tragfähigkeit.

Bevölkerungsstruktur:

Alter	*Anteil*
0 – 14	*33,2 %*
15 – 24	*19,2 %*
25 – 54	*37,5 %*
55 – 64	*5,9 %*
> 65	*4,2 %*

(Quelle: Deutsche Stiftung Weltbevölkerung)

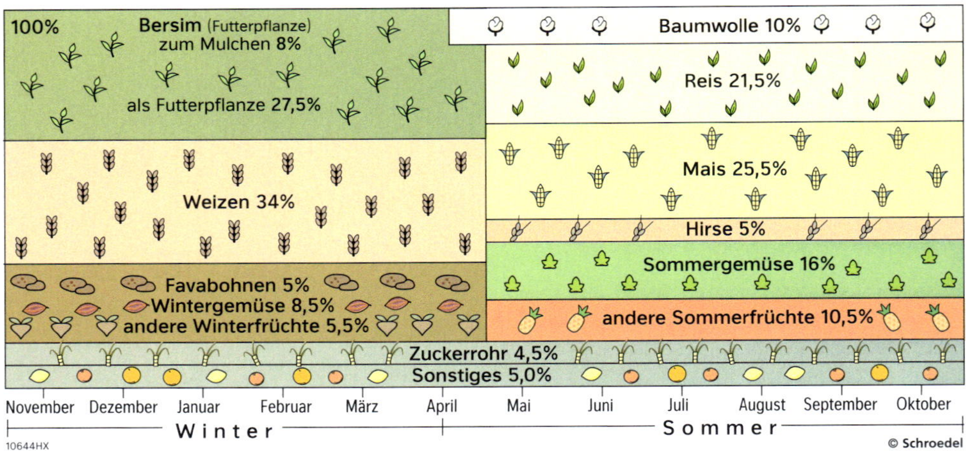

M2 Das landwirtschaftliche Anbaumuster im Norden Ägyptens (idealisiert, ca. 1,9 Ernten / Jahr / Fläche)

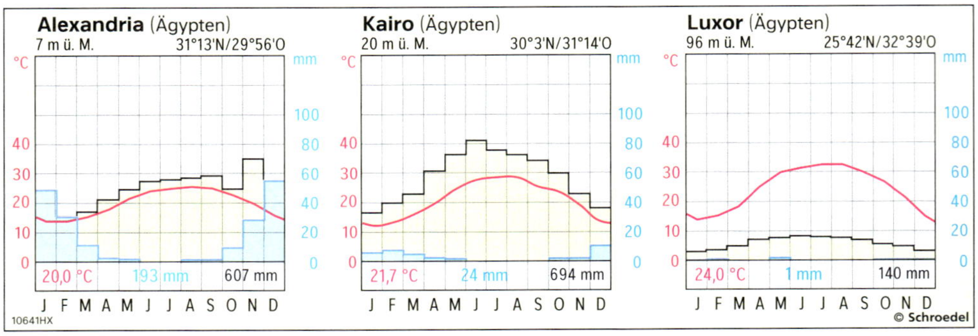

M3 Das Klima in Ägypten (Nord-Süd-Strecke)

100800–149–05 www.diercke.de

100800–152–01 www.diercke.de

Der Nil ist nicht nur einer der längsten Flüsse der Welt, er ist zurzeit auch der am heftigsten umstrittene. Ägypten widersetzte sich bisher den meisten Vorschlägen zur Neuordnung der Wasserentnahme durch die Anrainerstaaten und pocht dabei auf einen Kolonialvertrag aus dem Jahre 1929, der Ägypten das meiste Wasser zugesteht: 74 Milliarden Kubikmeter Wasser fordern Ägypten (55,5 Mrd.) und Sudan (18,5 Mrd.) zusammen. Alles andere, so ließen die Ägypter noch im Mai 2010 wissen, als sich die flussaufwärts gelegenen Anrainerstaaten gegen Ägypten auflehnten, sei ein „Kriegsgrund". Die ägyptische Landwirtschaft hängt zu mehr als 97 Prozent am Tropf des Flusses, für den Norden Sudans beträgt dieser Wert mehr als 60 Prozent, da es im Süden des Landes bislang kaum eine nennenswerte Landwirtschaft gibt. Wer den Nil kontrolliert, kontrolliert Ägypten und den Norden Sudans und damit zwei Staaten. [...]

Heute aber sind die Voraussetzungen grundsätzlich anders, weil mit der Unabhängigkeit von Südsudan ein neuer Spieler aufgetaucht ist. Das Land verfügt kaum über Infrastruktur, ist dabei so groß wie Frankreich und braucht vor allem eines: Strom. Zu dessen Gewinnung eignet sich am besten der Nil, und überall im Land werden inzwischen Machbarkeitsstudien für Wasserkraftwerke erstellt. Die ägyptische Regierung scheint sich bewusst zu sein, dass sie künftig ihren Anspruch auf den Großteil des Nilwassers nicht mehr aufrechterhalten kann, und hat über ihre Staatsbank inzwischen Hunderte Millionen Dollar in Südsudan investiert, um im Falle einer Verknappung des Wassers zumindest Lebensmittel aus dem Sudan importieren zu können. Allerdings müssen die Regime in Kairo und in Khartum mittlerweile feststellen, dass sie regelrecht umstellt sind. Äthiopien, Uganda und vor allem Südsudan sind verlässliche Stützen amerikanischer Außenpolitik. Wenn man so will, kontrolliert Washington nunmehr den Nil und hat damit ein Druckmittel, gegen das auch Ägypten kaum etwas auszurichten vermag.

(nach: Am Tropf des Nils, FAZ, 02 / 2011, S. 3, T. Scheen)

M4 Der Kampf um das Nilwasser

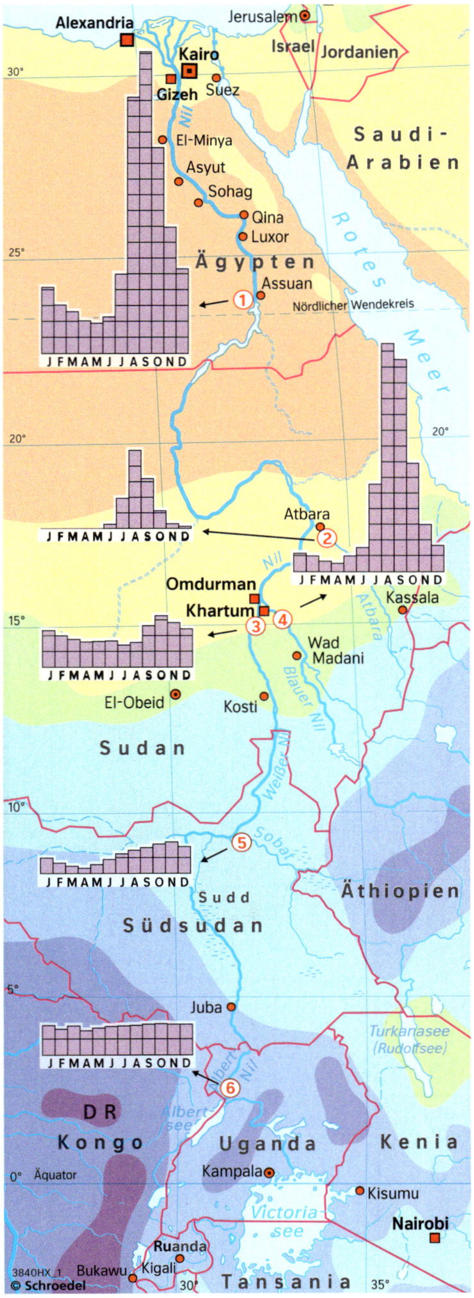

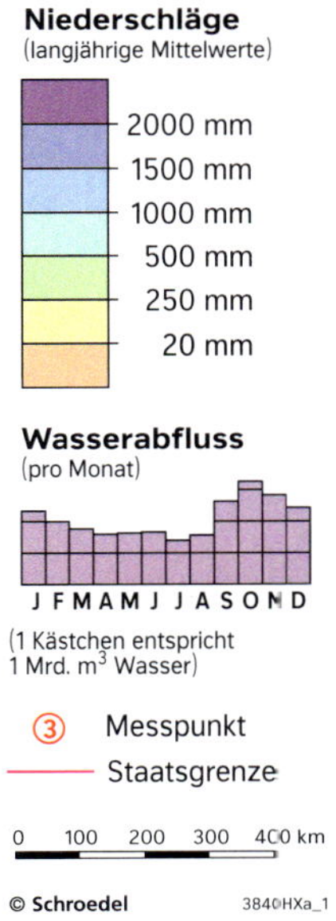

M5 Der Nil – ein Fremdlingsfluss

Fremdlingsfluss:
Fluss, der in einem niederschlagsreichen Quellgebiet entspringt und anschließend ein Trockengebiet durchfließt

1 *Analysieren Sie die Bevölkerungsentwicklung Ägyptens (linker Seitenrand).*

Z1 *Berechnen Sie die voraussichtliche Bevölkerung Ägyptens im Jahr 2050 (linker Seitenrand).*

2 *Stellen Sie die Möglichkeiten der landwirtschaftlichen Nutzung dar (M3, M5).*

3 *Erklären Sie das landwirtschaftliche Anbaumuster (M2).*

4 *Beurteilen Sie auf Basis der Bevölkerungsentwicklung die Tragfähigkeit Ägyptens (M2, M5).*

5 *Erörtern Sie die Konflikte der Nil-Anrainerstaaten (M4).*

6 *Entwickeln Sie Strategien, die Tragfähigkeit zu erhöhen.*

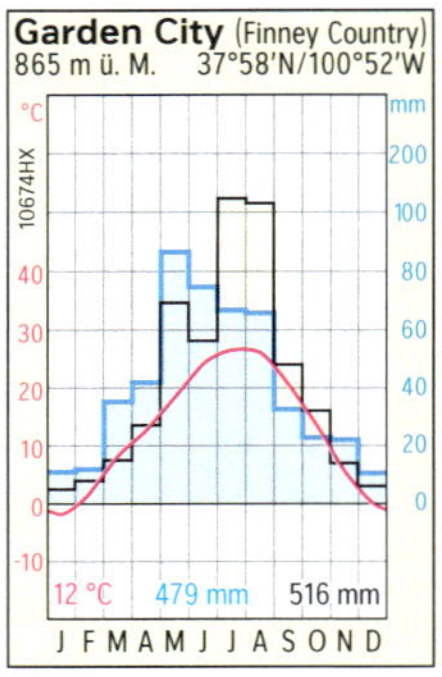

M1 Klimadiagramm Garden City

M2 Bewässertes Maisfeld durch Kreisberegnungsanlage in West-Kansas (USA)

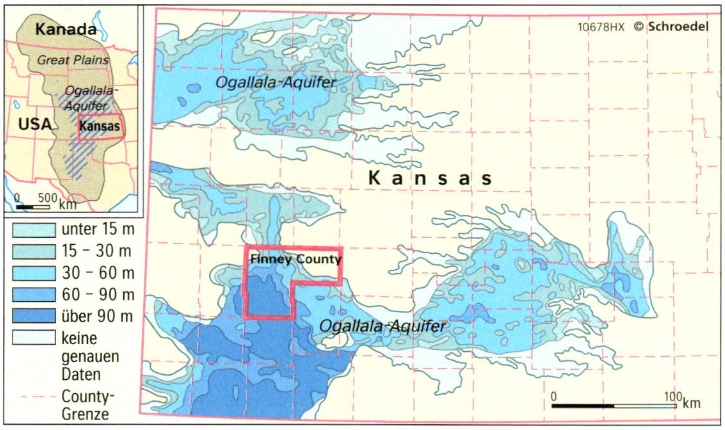

M3 Lage und Ausdehnung des Ogallala-Aquifers

Tragfähigkeit am Beispiel Wasser

Unter den Great Plains liegt das größte Grundwasservorkommen (Aquifer) der USA (rund vier Billionen Kubikmeter Wasser). Es entstand vor etwa 10 Millionen Jahren unter feuchteren klimatischen Bedingungen als heute. Das Reservoir ist allerdings nicht überall gleich mächtig.
In den 1930er-Jahren gab es im Bereich des Ogallala-Grundwasserspeichers etwa 600 oberflächennahe Brunnen zur Förderung des Grundwassers. Bis Ende der 1970er-Jahre entstand darüber das größte landwirtschaftliche Bewässerungsgebiet der USA. Aus rund 200 000 Brunnen wurden etwa 27 km³ Grundwasser pro Jahr gefördert.

Jahr	Körnermais		bewässertes Farmland (in ha)	Rindviehbestand
	Anbaufläche (in ha)	Erntemenge (in t)		
1954	203	372	22 169	35 322
1964	2000	12 861	41 987	55 478
1974	22 600	180 962	61 018	122 554
1982	26 787	282 325	83 891	148 106
1987	20 403	213 831	74 536	193 533
1992	28 121	380 110	90 955	204 369
1997	41 565	569 949	93 218	278 105
2002	31 433	402 356	80 344	300 121
2007	36 916	519 522	72 559	264 133
2012	37 448	410 824	75 566	212 712

(Quelle: W. Klohn, H. W. Windhorst: Die Landwirtschaft der USA, VMG, Heft 1, 2005 / 2011)

M4 Finney County im Südwesten des Bundesstaates Kansas: Entwicklungen in der Landwirtschaft

100800-220-01 www.diercke.de

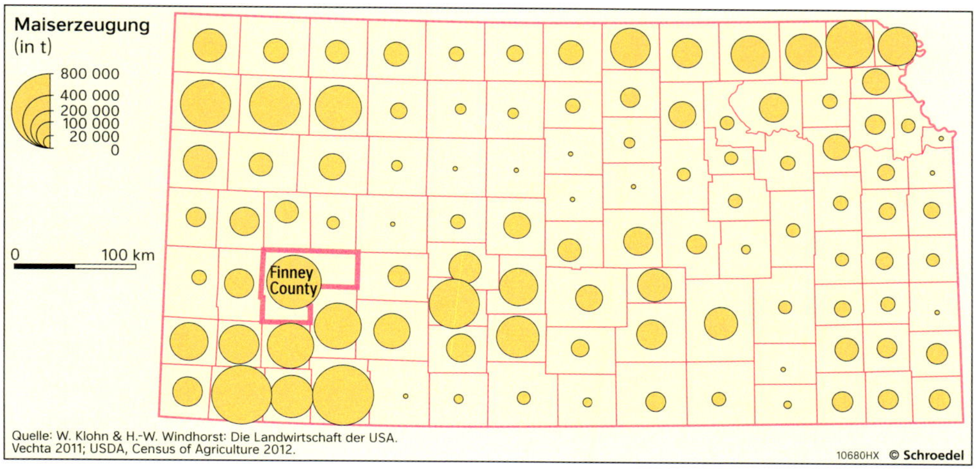

M5 Maiserzeugung in Kansas

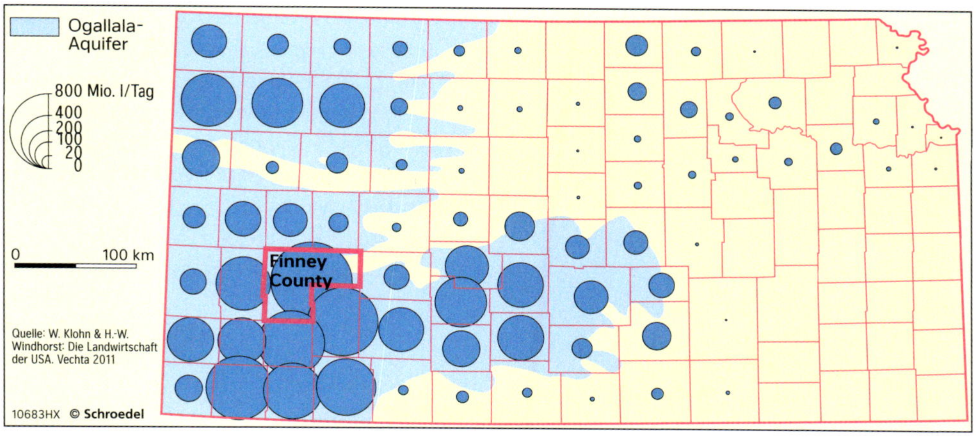

M6 Grundwasserentnahme zu Bewässerungszwecken in Kansas

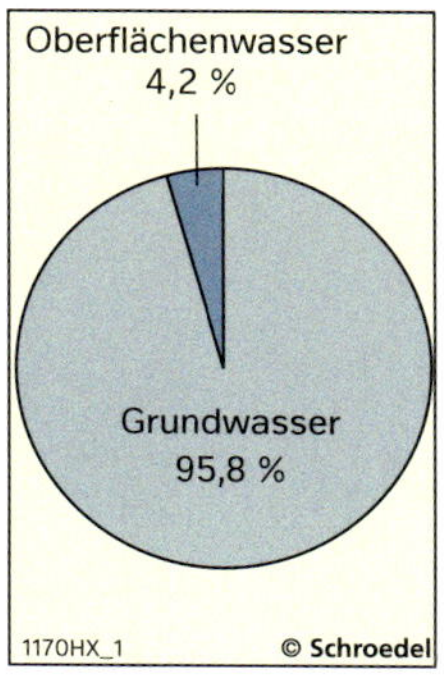

M8 Kansas – Herkunft des Bewässerungswassers

Die ersten Brunnen trockneten in den Great Plains um 1970 aus, dort, wo der Aquifer weniger mächtig war. Mehr als ein Viertel seiner Wassermenge hat er in einigen Bundesstaaten bereits verloren und der Grundwasserspiegel ist in manchen Bereichen bereits um 30 m gesunken. Dadurch entstehen uns Farmern immer höhere Kosten, da das Wasser aus immer größeren Tiefen gefördert werden muss. Doch von unserem Mais hängt auch die Fleischversorgung in den USA ab. Um die weitere Ausbeutung des Aquifers zu verlangsamen, wurden mittlerweile Maßnahmen ergriffen. Grundwasser gehört in Kansas der Allgemeinheit und unterliegt der staatlichen Kontrolle. Ein Farmer darf bis zu 2466 m³ Wasser pro Jahr auf einer Fläche von 4000 m² nutzen. Dazu muss er sich eine Genehmigung vom Landwirtschaftsministerium einholen, die nur dann erteilt wird, wenn das Grundwasser sinnvoll und sparsam eingesetzt wird sowie die Rechte anderer Nutzer nicht eingeschränkt werden.

M7 Ein Farmer berichtet

1 *Beschreiben Sie die Lage der Great Plains und die klimatischen Bedingungen dort (M1, Atlas).*

2 *Erläutern Sie die Entwicklung der Landwirtschaft im Finney County (M2 – M4).*

3 *Analysieren Sie die Zusammenhänge zwischen Bewässerung und Maiserträgen in Kansas vor dem Hintergrund der klimatischen Bedingungen (M1, M5, M6, M8).*

4 *Beurteilen Sie die Maßnahmen des Bundesstaates Kansas, den Wasserverbrauch einzudämmen (M7).*

100800-220-03 www.diercke.de

seltene Erden:

Etwa 200 Minerale, die Oxide (früher Erden genannt) der Selten-erd-Metalle (Elemente) enthalten.

Die Bezeichnung „seltene Erden" ist eigentlich missverständlich, denn sie stammt noch aus der Zeit der Entdeckung dieser Elemente. Sie beruht auf der Tatsache, dass sie zuerst in seltenen Mineralien gefunden und aus diesen in Form ihrer Oxide (früher Erden) isoliert wurden. Einige [...] kommen in der Erdkruste häufiger vor als Blei, Molybdän oder Arsen. Thulium, das seltenste Element der seltenen Erden, ist immer noch nicht so selten wie Gold oder Platin. Die Ähnlichkeit der chemischen Eigenschaften und das bereits erwähnte gemeinsame Vorkommen in der Natur macht die Trennung der Seltenerd-Metalle aufwendig und kostenintensiv. [...] Die charakteristischen Eigenschaften eines jeden Elements der seltenen Erden sind unterschiedlich [...]. So ist beispielsweise Gadolinium das einzige Element der seltenen Erde, das ferromagnetisch ist oder Lanthan, das als Supraleiter bei sehr niedrigen Temperaturen jeglichen Widerstand gegenüber Stromfluss verliert. Diese Merkmale verleihen jedem Element eine wirtschaftliche Bedeutung z. B. bei der Herstellung von Metalllegierungen, Spezialgläsern und Supraleitern.

(nach: www.rohstoff-welt.de, Stand: 07 / 2017)

M1 Seltene Erden sind gar nicht so selten

M4 Abbau seltener Erden

Nachhaltigkeit und technologischer Fortschritt am Beispiel seltener Erden?

Technischer Fortschritt ist oft eng verknüpft mit innovativen Materialien. Diese ziehen wiederum einen entsprechenden Rohstoffbedarf nach sich. So ist Silizium für die Halbleiter- und Solartechnologie unverzichtbar. Im Zusammenhang mit der Produktion regenerativer Energien, aber auch von Alltagsgegenständen wie dem Smartphone nehmen dagegen seltene Erden, u. a. für die Solar-, Brennstoff- oder Batterietechnologie, eine bedeutende Rolle ein. Doch ist die Nutzung dieser Rohstoffe nachhaltig?

In modernen Hybridautos finden sich mindestens acht seltene Erden.

- Cer
- Dysprosium
- Europium
- Lanthan
- Neodym
- Praseodym
- Terbium
- Ytterbium

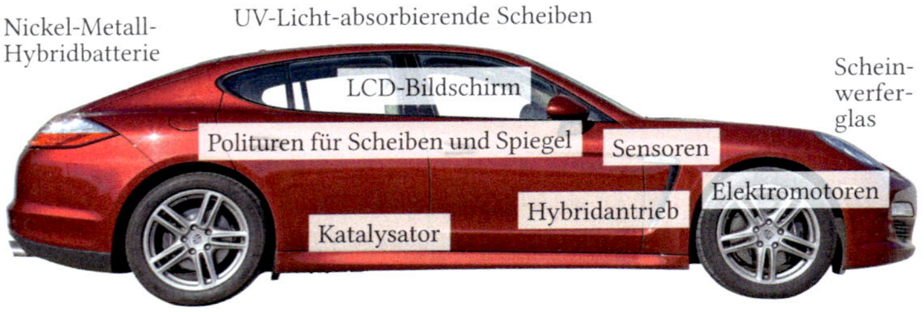

M2 Die seltenen Erden im Porsche Panamera

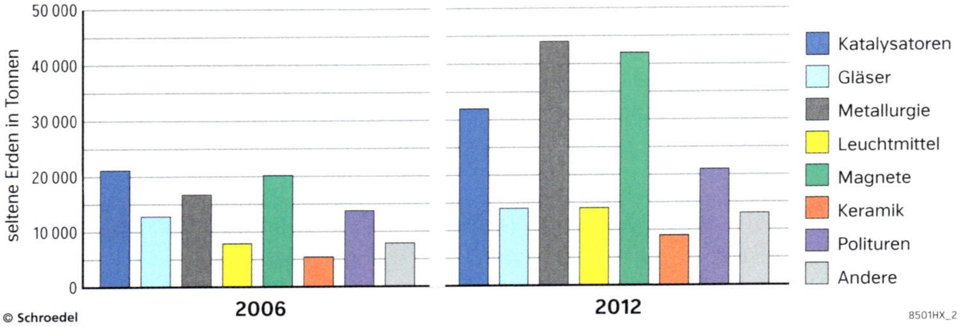

M3 Verwendung von seltenen Erden nach Einsatzbereichen

100800-265-03 www.diercke.de

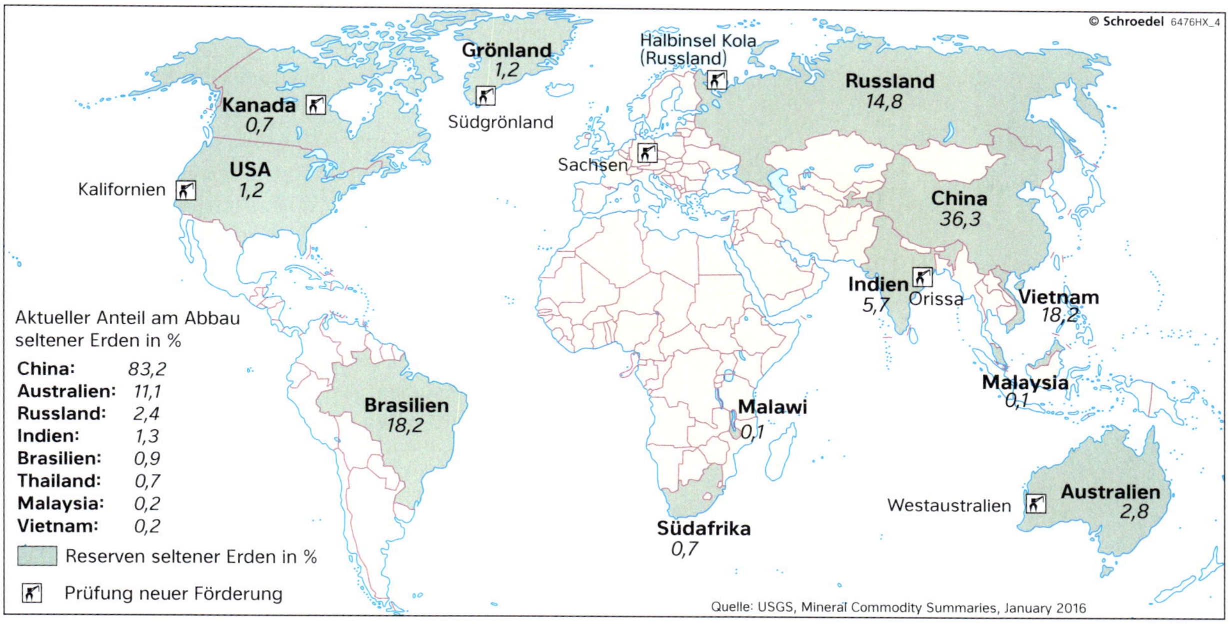

M5 Weltweite Vorkommen von seltenen Erden

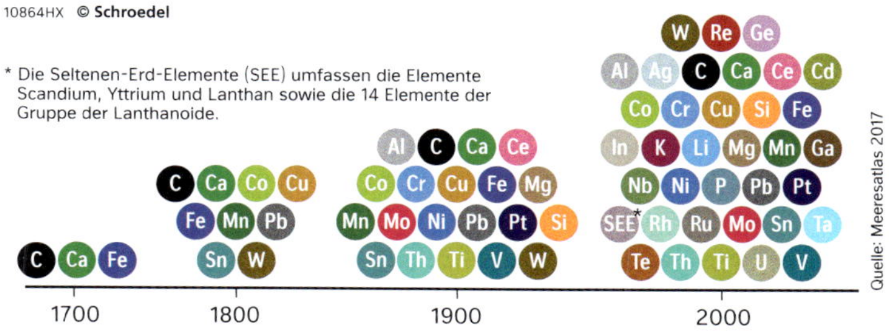

M7 Technologieentwicklung und Metallverbrauch

China hat in den vergangenen Jahren groß in die Förderung investiert, die Minen des Landes haben es wegen billigerer Arbeitskräfte und laxerer Umweltauflagen leichter als ihre Rivalen [...]. Und dann beschränkte das Land im Jahr 2010 auch noch den Export. Offiziell teilte die Regierung mit, sie wolle damit die Umwelt schützen. In Wirklichkeit [...] habe sie ausländische Unternehmen, die auf die Rohstoffe angewiesen sind, dazu bringen wollen, neue Fabriken in China zu eröffnen. Die Folge waren heftige Proteste im Westen. [...] Gleichzeitig arbeiteten mehrere Unternehmen [...] an der Wiederverwertung von seltenen Erden aus Batterien. Außerdem stellte sich heraus, dass seltene Erden nicht unersetzbar sind. Toyota erfand Elektro- und Hybridmotoren, die ganz ohne sie auskamen. Siemens arbeitet an Hochleistungsmagneten aus einem neuartigen Material [...] unter anderem für Windräder. Und weil sich LED als Leuchtmittel so schnell etabliert und mit viel weniger seltenen Erden auskommt, prognostiziert die US-Energiebehörde [...] einen Nachfragerückgang für seltene Erden in Leuchtstoffen bis 2030 um 65 Prozent. (nach: Sueddeutsche Zeitung, 07 / 2015, K. Werner)

M6 Kampf um seltene Erden und deren Zukunft

Der Verbrauch von Metallen und Mineralien für **erneuerbare Energien** ist immens. Das jedenfalls zeigen die französischen Wissenschaftler Olivier Vidal, Nicholas Arndt und Bruno Goffé von den Universitäten Grenoble und Aix-Marseille in einer aktuellen Studie mit dem Titel „Metals for a low-carbon society“. Das bedeutet übersetzt so viel wie „Metalle für eine kohlenstoffarme Gesellschaft“. Die wichtigste Aussage des Papiers: Rohstoffe, die zum Bau von Photovoltaik-, Wind-, und Wasserkraftanlagen benötigt werden, sind genauso endlich wie Gas, Öl oder Kohle. Das ist auf den ersten Blick wenig überraschend. Weiß man doch, dass Elemente wie Neodym, die in Solar- und Windanlagen stecken, im wahrsten Sinne des Wortes seltene Erden sind. (nach: WirtschaftsWoche, 11 / 2013, T. Bräutigam)

M8 Wann bauen wir das letzte Windrad?

1 *Erklären Sie den Begriff „seltene Erden“ (linker Seitenrand, M1).*

2 *Beschreiben Sie die Rolle einzelner Länder beim Abbau seltener Erden (M5, M6).*

Z1 *Recherchieren Sie die Verwendung seltener Erden in Ihrem Smartphone (Internet).*

3 *Begründen Sie die Bedeutung von seltenen Erden (M2, M3, M5, M7, M8).*

Herausforderung nachhaltiger Raumnutzung: Verstädterung

M1 São Paulo – Hochhäuser und Favelas

São Paulo – Megacity im Schwellenland

São Paulo ist die größte Stadt Brasiliens. Die Metropolregion ist auf einer Fläche von 80 mal 60 Kilometern beinahe geschlossen bebaut. Und die **Megacity** wächst immer weiter. Stadtplaner und Bewohner stehen vor großen Herausforderungen: Wohnungsnot, Verkehrschaos, Luftverschmutzung, Wassermangel, Kriminalität. Das moderne São Paulo lockt mit Arbeitsplätzen, moderner Infrastruktur, Bildungsmöglichkeiten und Kultur. Doch der Wunsch der Zuwanderer nach einem besseren Leben wird oft nicht erfüllt: Denn es kommen mehr Menschen in die Stadt, als Wohnungen und Arbeitsplätze vorhanden sind. Den Landflüchtlingen bleibt zunächst nichts anderes übrig, als in meist illegal erbauten Hütten in **Marginalsiedlungen** bzw. **Slums** (in Brasilien **Favelas** genannt) zu leben. Diese liegen oft an unattraktiven Standorten, z. B. an Müllhalden, in Vernässungszonen oder an Steilhängen. Arbeit finden die marginalisierten Bevölkerungsgruppen meist nur im **informellen Sektor**. Diese Arbeitsplätze entziehen sich der staatlichen Kontrolle, verfügen aber auch nicht über den staatlichen Schutz, z. B. Arbeitslosen-, Krankenversicherung. Häufig sind Armut und Reichtum in unmittelbarer Nachbarschaft anzutreffen. Da schützen Privatmilizen die von Mauern umgebenen Wohngebiete, die **Gated Communities** der Mittel- und Oberschicht. Bevölkerungswissenschaftler zweifeln die Regier- und Planbarkeit von Megastädten wie São Paulo an.

São Paulo:

Fläche: 1523 km²

Bevölkerungsdichte: 7858 Einw. / km²

Grande São Paulo (Metropolregion):

Fläche: 7947 km²

Bevölkerungsdichte: 2653 Einw. / km²

Jahr	Kernstadt	Agglomeration
1950	2,2	2,5
1960	3,8	4,9
1970	5,9	8,3
1980	8,3	12,7
1990	9,4	15,1
2000	9,8	18,0
2015	11,9	20,8

(Quelle: worldpopulationreview.com, 2016)

M2 São Paulos Bevölkerungsentwicklung (in Mio.)

Favela:

brasilianische Bezeichnung für Elendsviertel; in anderen Regionen sind die Begriffe Barriada (Kolumbien, Peru), Bidonville (französischer Sprachraum) oder Shanty Town (englischer Sprachraum) gebräuchlich

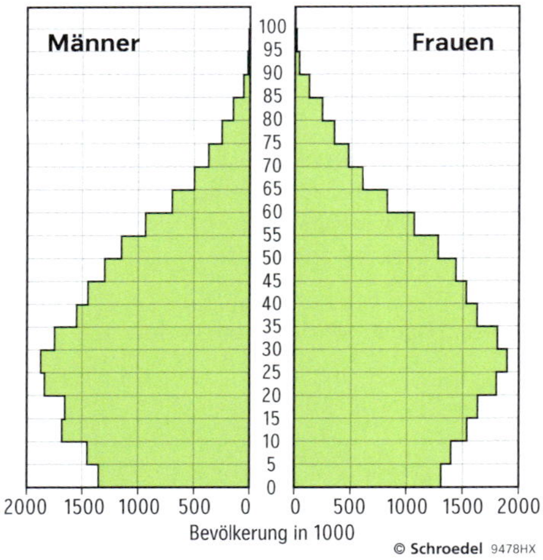

M3 Bevölkerungsstruktur São Paulos (2015)

Die einfachen Häuser bestehen aus Brettern und Wellblech. In neu entstehenden und illegalen Armenvierteln fehlen jegliche Strom- und Wasserversorgung, eine geregelte Müllentsorgung gibt es nicht. Abwässer gelangen unkontrolliert ins Grundwasser. Die Gefahr der Ausbreitung von Krankheiten und Seuchen ist deshalb groß. Da Arbeitsplätze fehlen bzw. weit entfernt der Favelas angeboten werden, müssen die meisten Bewohner Hilfsarbeiten und Gelegenheitsjobs ohne Arbeitsvertrag und Absicherung in den Favelas übernehmen. Die hohe Arbeitslosigkeit führt zu sozialen Spannungen und einer hohen Kriminalitätsrate. Einbrüche, Entführungen, Diebstähle und Morde sind an der Tagungsordnung. Der Staat kann häufig nur noch mit massivem Polizeieinsatz die Favelas kontrollieren.

M4 Problemfelder illegaler Favelas

100800-236-03 www.diercke.de

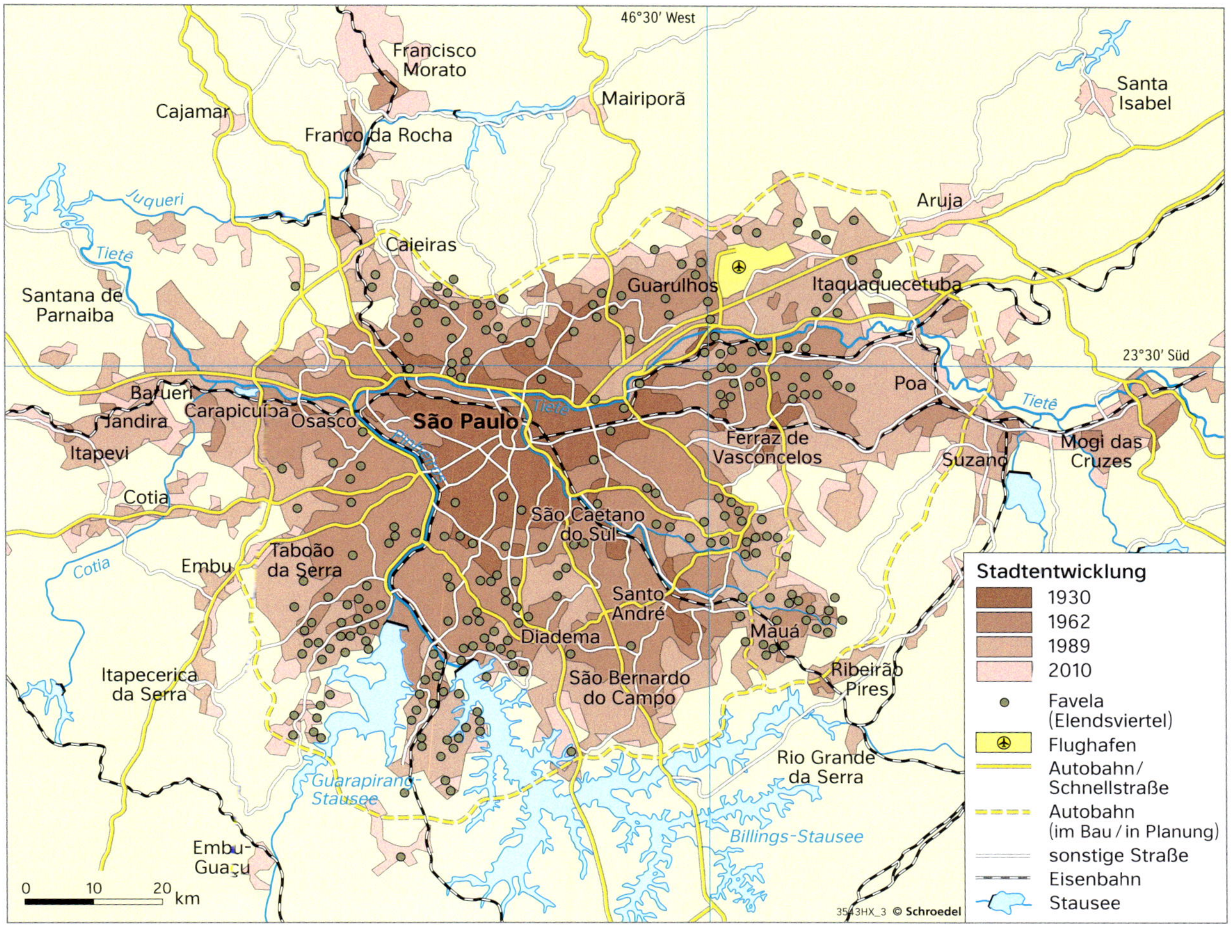

M5 Die Metropolregion „Grande São Paulo“

	Anzahl	Wohnungen	Einwohner	% aller Einwohner
anerkannte Favelas	1570	377 000	1 540 000	14
ungesetzliche Favelas	1230	485 000	1 780 000	16
sanierte Favelas	220	30 800	125 000	1
Armenviertel gesamt	3020	892 800	3 445 000	31

(Quelle: The Cities Alliance, Slum Upgrading Up Close: Experiences of Six Cities, 2008)

M6 Favelas in São Paulo

- 17,9 % des Bruttoinlandsprodukts Brasiliens stammen aus der Metropolregion São Paulo.
- 365 der größten brasilianischen Unternehmen haben ihren Sitz in der Metropolregion.
- 32 der 50 größten brasilianischen Finanzinstitutionen haben ihren Standort in São Paulo.
- Ca. 5500 Wolkenkratzer stehen in São Paulo.
- Die Stadt besitzt 54 größere Parks, 77 Einkaufszentren, 90 Museen, 12 000 Restaurants.
- São Paulo verfügt über die meisten Helikopter einer Stadt weltweit (ca. 700 registrierte).

M7 São Paulo in Zahlen

Marginalisierung:
wirtschaftliche, soziale und räumliche Ausgrenzung einer Bevölkerungsgruppe

Segregation:
räumliche Trennung aufgrund sozialer oder wirtschaftlicher Unterschiede

1 *Beschreiben Sie das Nebeneinander von Hochhäusern und Favelas in São Paulo (M1).*

2 *Erläutern Sie die Bevölkerungsentwicklung São Paulos (M2, M3, linker Seitenrand).*

Z1 *Stellen Sie in einem Wirkungsgefüge Probleme stark wachsender Städte in Entwicklungsländern am Beispiel São Paulos dar (M4 – M6).*

3 *Analysieren Sie die Entwicklung der Metropolregion São Paulo (M5).*

4 *Beurteilen Sie basierend auf der Bevölkerungsentwicklung die Tragfähigkeit São Paulos (M2, M5 – M7).*

100800-277-04
www.diercke.de

M1 Häusermeer der City von São Paulo

„Einst waren die Städte wie Babylon, Rom oder Jerusalem das Symbol einer ganzen Welt. Heute ist die ganze Welt im Begriff, eine Stadt zu werden.“

(L. Mumford, US-amerikanischer Wissenschaftler)

1950 gab es mit New York und Tokio erst zwei Städte, die als **Megacities** über zehn Millionen Einwohner hatten.
Ihre in der Regel monozentrische Struktur grenzt Megacities von **Agglomerationsräumen** ab. Agglomerationsräume, wie z.B. das Ruhrgebiet, weisen ebenso großflächig urbanen Charakter auf, jedoch besitzen sie mehrere Zentren.
Mit dem Wachstum der Städte ändert sich meist auch ihre Bedeutung. Städte, die innerhalb eines nationalen Siedlungssystems gegenüber der zweit- oder drittgrößten Stadt eine um ein Vielfaches höhere Einwohnerzahl besitzen, werden als **Primatstädte** (Primate Cities) bezeichnet.
Städte, die eine globale Primacy (ausgeprägte Dominanz) besitzen, sind sogenannte **Global Cities** (z.B. New York, Tokio, London). In ihnen konzentrieren sich die Zentralen transnationaler Unternehmen und internationaler Organisationen. Hier bündeln sich die größten Verkehrs-, Finanz- und Informationsströme.

M2 Grundbegriffe der Verstädterung

Verstädterung auf der Erde – ein Problem für die Tragfähigkeit?

Etwa zeitgleich mit dem Anstieg der Weltbevölkerung setzte Mitte des 20. Jahrhunderts auch das globale Städtewachstum ein. Um das Jahr 2000 lebten erstmals mehr Menschen in Städten als auf dem Land und schon bald werden zwei von drei Menschen „Städter“ sein.
Die hohen städtischen Wachstumsraten in Asien und Afrika zeigen, dass die **Verstädterung** heute v.a. in den Entwicklungs- und Schwellenländern stattfindet. Gegenwärtig leben dort 2,3 Milliarden Menschen – doppelt so viele wie in den städtischen Ballungsräumen der Industrieländer. Prognosen zeigen, dass es im Jahr 2030 3,9 Milliarden Menschen sein werden. Mehr als die Hälfte von ihnen ist dann unter 18 Jahren. Weltweit werden Städte die maßgeblichen Lebens- und Wirtschaftsräume im „urbanen Millennium“ sein.

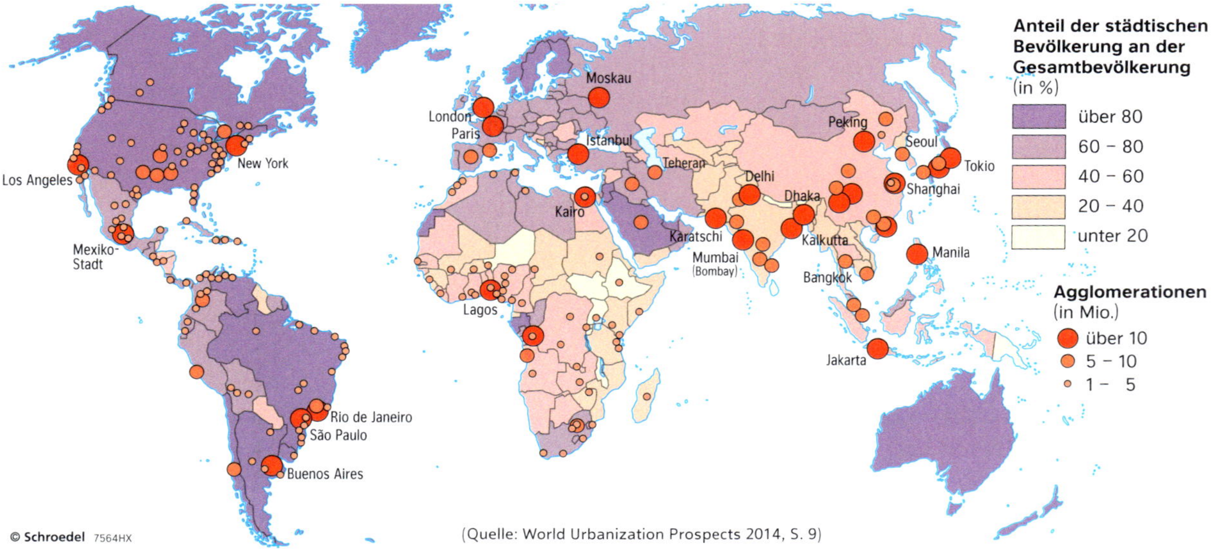

M3 Städtische Agglomerationen (Auswahl) und Verstädterungsgrad (2014)

M4 Teilweise verlassenes Dorf in Brasilien

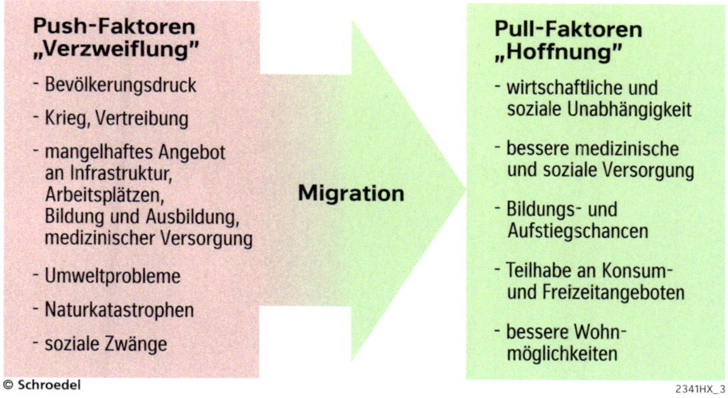

M6 Push- und Pull-Faktoren

In der zunehmenden Verstädterung liegt nicht nur ein Risiko, sondern auch eine große Chance. So ist es beispielsweise viel einfacher und kostengünstiger, die Menschen in den Städten mit der lebensnotwendigen Infrastruktur wie Strom, Wasser und sanitären Einrichtungen zu versorgen. Auch der Zugang zur modernen Kommunikation lässt sich einfacher realisieren. Die Wirtschaft profitiert von großen Städten, da viele Unternehmen räumlich nahe zusammenliegen. Zudem steht ihr eine Vielzahl von Arbeitskräften aus allen Bereichen zur Verfügung und auch die Nachfrage ist vielfältiger. Zwar wirken Städte manchmal dreckig und verschmutzt. Aber der sogenannte ökologische Fußabdruck, der die zum Überleben benötigten Ressourcen eines Menschen abbildet, muss in dichten Ballungsräumen nicht schlechter sein. Die ökologischen und ökonomischen Kosten für hundert Menschen sind teilweise in einer Stadt erheblich geringer als in dünn besiedelten Gebieten. Und: Städte sind Multiplikatoren für gesellschaftlichen Wandel. Als kulturelles Zentrum treiben sie meist die Modernisierung der ganzen Gesellschaft voran. Natürlich soll das nicht heißen, dass nun alle Menschen in die Städte ziehen sollten.

(Quelle: Magazin zur Entwicklungspolitik, Nr. 68, 09 / 2008)

M5 Interview mit Annette Bähring, Gesellschaft für internationale Zusammenarbeit (GIZ)

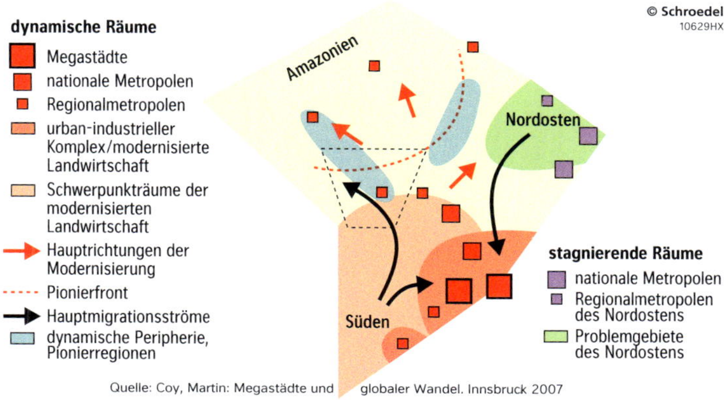

M7 Modell der Raumstrukturen Brasiliens

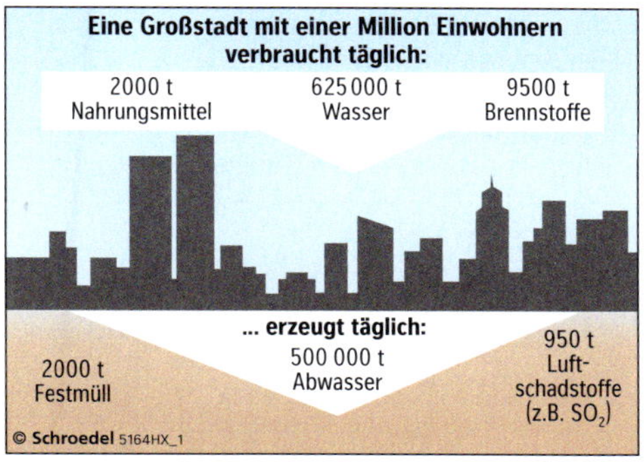

M8 Großstadt – Input und Output

1 *Vergleichen Sie die Fotos M1 und M4.*

2 *Stellen Sie die Strukturen und Entwicklungen der Verstädterung auf der Erde dar (M2, M3).*

Z1 *Erläutern Sie die Motive für die Wanderung in die Großstädte (M6).*

3 *Stellen Sie am Beispiel Brasiliens die räumlichen Disparitäten in Entwicklungs- bzw. Schwellenländern dar (M1, M4, M7).*

4 *Beurteilen Sie die Chancen und die Risiken der zunehmenden Verstädterung (M5, M7, M8).*

Herausforderung nachhaltiger Raumnutzung: Übernutzung von Ressourcen

M1 Ölpalmplantage und Palmölfabrik in Indonesien

Ölpalmenanbau in Indonesien – Übernutzung des tropischen Regenwaldes

Die bis zu 30 m hohe Ölpalme (eine nahe Verwandte der Kokospalme) bildet im Jahr 12 bis 18, bis zu 50 kg schwere Fruchtstände aus, die aus etwa 1500 pflaumengroßen Einzelfrüchten bestehen. Aus dem faserigen Fruchtfleisch der Steinfrucht wird das Palmöl gewonnen, aus dem Samen das Palmkernöl. Fruchtfleisch und Samen bestehen beide zu 50 Prozent aus Öl. Die relativ schädlingsresistente Ölpalme, die ein feuchtwarmes Klima (optimal 24 – 27 °C) benötigt, trägt erst ab dem dritten Jahr Früchte (Rückgang der Produktion nach ca. 20 Jahren). Für gute Erträge ist eine Düngung notwendig.

M2 Steckbrief Ölpalme

Palmöl:
- Speiseöl, Margarine, Frittierfett, Back- und Süßwaren, Eiscreme, Fertiggerichte, Kaffeeweißer, Kartoffelchips;
- Kerzen, Seifen, Waschmittel, Kosmetikprodukte, Tinte, Kerzen, Polituren, Eisenverzinnung, Futtermittel;
- Energieerzeugung (Brennstoff, Biodieselproduktion)

Palmkernöl:
- Speiseöl, Koch- und Bratfett, Margarine, Süßwaren;
- Seifen, Salbengrundlagen, Wasch- und Reinigungsmittel, Kosmetikprodukte

M3 Verwendung von Palmöl und Palmkernöl

Das aus den Früchten der tropische Nutzpflanze gewonnene Palmöl sowie das Palmkernöl haben sich in den vergangenen Jahrzehnten zu einer „Allzweckwaffen“ nicht nur in der Nahrungsmittelindustrie entwickelt. Die ursprünglich in Westafrika beheimatete Ölpalme ist heute die wichtigste Öl liefernde Pflanze weltweit. Zu einem Ölpalmenboom kam es insbesondere in Indonesien. Während die einen von einem „Ölrausch“ sprechen, kritisieren andere die „Ölpest“.

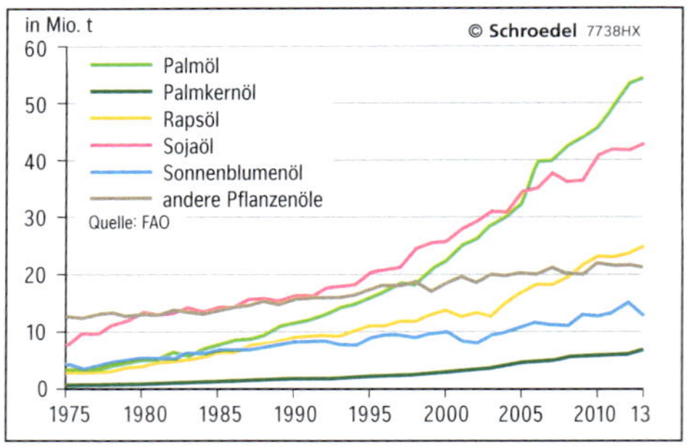

M4 Globale Produktion von Pflanzenölen

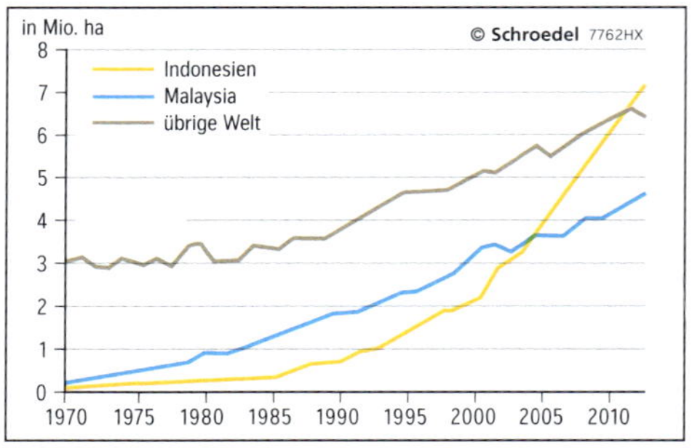

M5 Anbauflächen der Ölpalme

100800–193–04
www.diercke.de

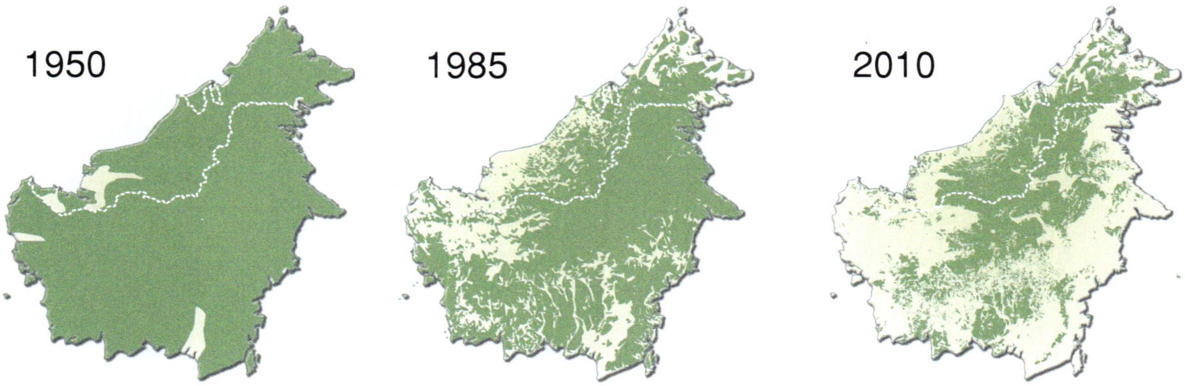

M6 Entwicklung der Regenwaldbedeckung auf der Insel Borneo (Indonesien, Malaysia)

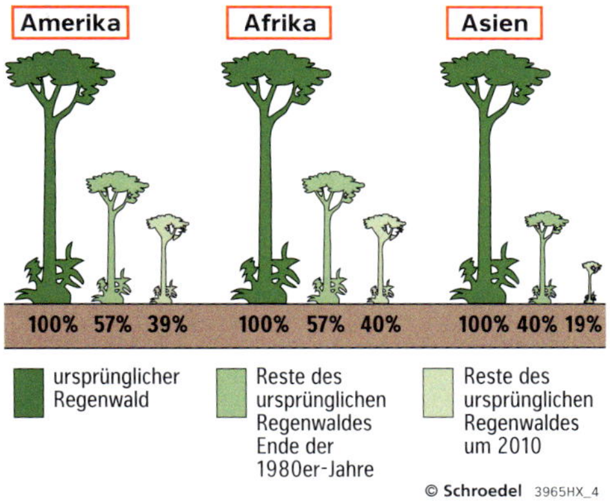

M7 Entwicklung der Fläche des Regenwaldes

M8 Erosion im Regenwald

Kokos	Soja	Sonnenblume	Raps	Ölpalme
0,52	0,77	0,86	1,33	3,69

M9 Ölerträge ausgewählter Ölpflanzen (in t/ha)

Auch wenn in der Vergangenheit Plantagen für Ölpalmen nicht nur durch Entwaldung, sondern auch durch die Umwidmung von anderen Plantagenflächen (z. B. Kautschuk, Kokos, Kakao) oder Brachland angelegt wurden, ist die Palmölindustrie – mit ihrer überwiegend monokulturellen Plantagenwirtschaft – eine der Ursachen für die weltweite Abnahme von Naturwaldflächen und Biodiversität.
Eine weitere Ursache sind Waldbrände, die durch Brandrodung für die Plantagenanlage ausgelöst werden können.
Hinzu kommt eine erhöhte Luftbelastung durch die **Emissionen**, die bei der **Brandrodung** freigesetzt werden. [...] Weiterhin kann es zu starken Emissionen klimawirksamer Gase kommen, insbesondere bei einer Neuanlage von Plantagen auf trockengelegten **Torfböden**. Die oft meterdicken Torfschichten schwelen bei einem Brand unterirdisch und setzen dabei **Treibhausgase** in großer Menge frei.

(Quelle: Geographische Rundschau, Globale Wertschöpfungsketten: eine Frage der Nachhaltigkeit, 04 / 2010, S. 45, J. von Geibler, K. Bienge)

M10 Ökologischen Folgen des Ölpalmenanbaus

Entwaldung:

Die weltweite Waldfläche hat seit 1990 von 4128 Mio. Hektar auf 3999 Mio. Hektar (2015) abgenommen. Die entwaldete Fläche von 129 Mio. Hektar entspricht etwa der dreieinhalbfachen Größe Deutschlands und besteht zu einem überwiegenden Anteil aus tropischem Regenwald. (FAO-Report 2015)

Auch bei der selektiven Entnahme (wenige Stämme pro Hektar) kommt es durch Straßen und Fällschneisen oft zu einer großflächigen Schädigung des Waldes. Zudem werden diese Flächen nicht selten von nachrückenden Siedlern genutzt.

1 *Beschreiben Sie das Foto der Ölpalmplantage und der Palmölfabrik (M1).*
2 *Stellen Sie die Entwicklung in der Produktion des Palmöls dar (M2, M4, M5, M9).*
3 *Erläutern Sie die Verwendung von Palmöl und Palmkernöl (M3).*
4 *Erläutern Sie die Zerstörung des Regenwaldes und deren Folgen (M6 – M8).*
5 *Beurteilen Sie die Palmölproduktion unter dem Gesichtspunkt der Nachhaltigkeit (M5 – M8, M10).*

100800-197-02 www.diercke.de

Kartenanalyse – Beispiel: Übernutzung des Regenwaldes

Die Analyse von Karten ist eine der wichtigsten geographischen Fertigkeiten, denn mithilfe von Karten können verschiedene Themen raumbezogen dargestellt werden, zum Beispiel die Ursachen der Regenwaldzerstörung.
Einige Karten enthalten dabei nur Informationen zu einem Thema (M1), andere zeigen statische Inhalte oder bilden Merkmale von Entwicklungen in komplexer Form ab (M4). Häufig werden auch unterschiedliche Themen in einer Karte dargestellt.

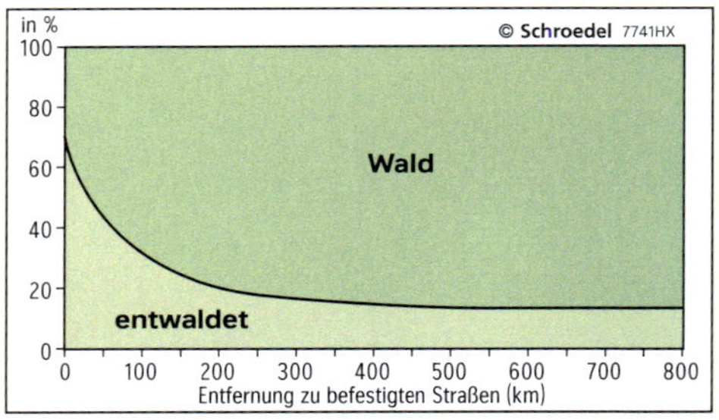

M2 Abhängigkeit der Entwaldung vom Abstand zu Straßen

Flächensignaturen (A): bilden meist die Basis einer Karte; stellen die räumliche, flächenhafte Verbreitung eines Inhalts, z. B. Fläche des Regenwaldes (dunkelgrün) dar

Punktsignaturen, Symbole (B): geometrische Formen und Symbole verdeutlichen insbesondere generalisierte Inhalte bzw. punktuelle Verortungen, z. B. Rohstoffe, landwirtschaftliche Produkte oder Städte

Kartentitel (C): gibt an, welches Thema für welchen Raum gezeigt wird

Liniensignaturen (D): verdeutlichen v. a. linienhafte Objekte und Bewegungsrichtungen (z. B. Eisenbahnstrecken, Vorstoßrichtungen oder Exportkorridore)

Schraffuren (E): zum Markieren besonderer Flächen, z. B. Entwaldung

Legende (F): textliche Erklärung der verwendeten Symbole, Signaturen und Farben in einer Karte

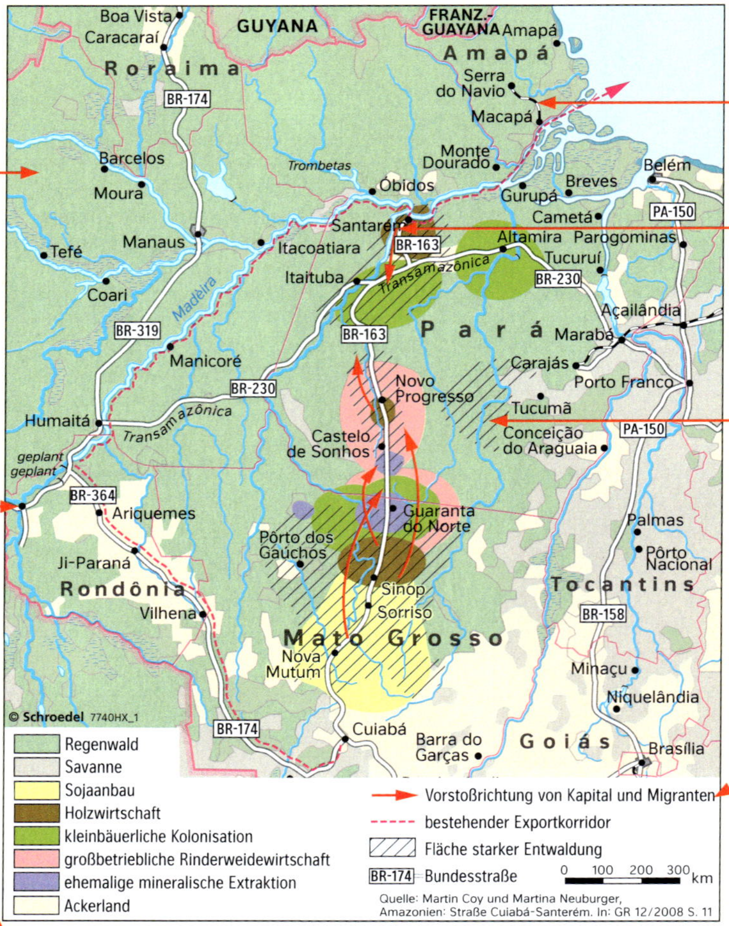

M1 Einfluss der brasilianischen Bundesstraße BR-163 auf die sich explosiv ausweitende Abholzung des tropischen Regenwaldes in Amazonien

100800-237-04 www.diercke.de
100800-237-05 www.diercke.de

1. Orientieren
- Bestimmen Sie das Thema der Karte (M1 C).
- Ordnen Sie den dargestellten Raumausschnitt in eine größere Raumeinheit ein.
- Geben Sie den Inhalt der Legende wieder, indem Sie ermitteln, was die Signaturen bzw. Symbole (B) aufzeigen.

2. Beschreiben
- Beschreiben Sie, was die Karte darstellt. Achten Sie dabei v.a. auf die **räumliche Verteilung** und die **Häufigkeit** der Signaturen bzw. sichtbare **Entwicklungsprozesse**.
- Überprüfen Sie, inwiefern in bestimmten Teilräumen einzelne Erscheinungen konzentriert sind oder fehlen.
- Beachten Sie dabei: Welche Fragestellung bzw. welches Thema prägt die Karte und in welchem Kontext steht sie.

3. Erklären
- Erklären Sie Ursachen für die in der Karte dargestellten Erscheinungen und deren räumliche Verteilung. Wenden Sie ihr Vorwissen zum Thema an oder recherchieren Sie passende Quellen.

4. Beurteilen
- Beurteilen Sie abschließend den Informationsgehalt und den Aussagewert der Karte.
- Berücksichtigen Sie Datenquelle, Aktualität, verwendete Symbole, Farben sowie Signaturen.

M3 Arbeitsschritte

Orientieren und Beschreiben
- Ausschnitt der brasilianischen Bundesstraße BR-163 im Amazonasgebiet (Brasilien)
- Flächensignatur (z.B. tropischer Regenwald, Landwirtschaft, Holzwirtschaft, kleinbäuerliche Kolonisation und ehemalige mineralische Extraktion) an der Bundestraße BR-163
- Vorstoßrichtung von Kapital und Migranten
- Exportkorridore
- Flächen starker Entwaldung mit Schraffur

Erklären und Beurteilen
- großer Einflussbereich ...
- bis an die Transamazonica im Norden
- BR-163 erschließt zentrales Tiefland Amazoniens
- je näher an der Straße, desto größer die prozentuale Entwaldung (M2)
- Im Süden der Bundesstraße finden sich ...
- überwiegend kleinbäuerliche Kolonisation
- nebengelagerte großbetriebliche Rinderweidewirtschaft
- Vorstoßrichtung von ... und ...
- Flächen starker Entwaldung, Holzwirtschaft sowie mineralische Extraktion
- Insgesamt wird der Einflussbereich ...
- Fernstraßen als Rückgrat
- Modernisierungskorridor
- Ansiedlung von Wirtschaft
- Korridor der Zerstörung
- **Monokulturen**
- Plantagen
- Weiden
- Ernährung der Bevölkerung

M5 Hilfen zur Analyse der Karte M1

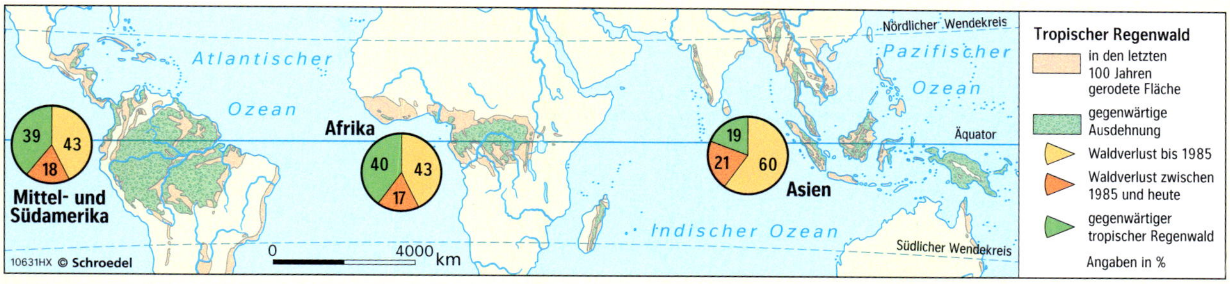

M4 Der Rückgang der tropischen Regenwälder

1 *Analysieren Sie die Karte M1 mithilfe der Arbeitsschritte (M3) sowie der Lösungshilfe (M5).*
2 *Nehmen Sie Stellung zur Aussage „Die Straßen geben die Stoßrichtung für die Entwaldung vor".*
3 *Analysieren Sie die Karte M4.*

M1 Entwaldung in Rondônia, Nordwest-Brasilien (Satellitenbilder)

Ölpalmenanbau in Amazonien – Übernutzung des tropischen Regenwaldes

Steckbrief Amazonien:

- *Fläche: > 7 Mio. km² (15-mal so groß wie Deutschland)*
- *Staaten mit Anteil an Amazonien: Bolivien, Brasilien, Ecuador, Französisch-Guyana, Guyana, Kolumbien, Peru, Suriname, Venezuela*

Steckbrief Brasilien:

- *Fläche: 8 547 404 km²*
- *Einwohner: 202 Mio. (24 je km²)*
- *Hauptstadt: Brasilia*
- *Amtssprache: Portugiesisch*
- *Beschäftigte in Landwirtschaft: 15 % Industrie: 22 % Dienstleistungen: 63 %*
- *Export (2014) Rohstoffe: 29 % Nahrungsmittel: 23 % Erdöl: 9 %*

(Quelle: FW 2016)

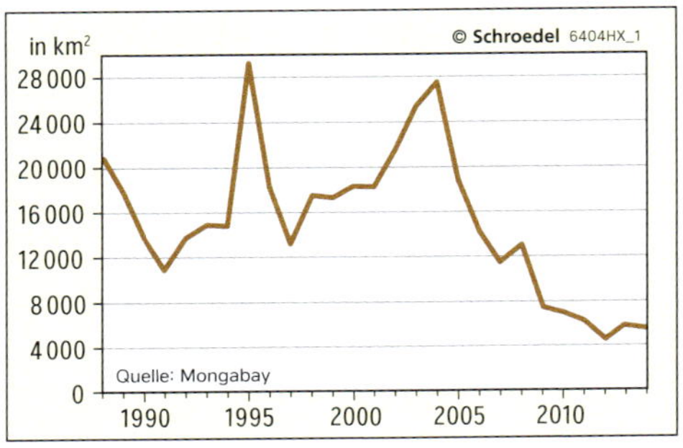

M2 Rodungen in Amazonien

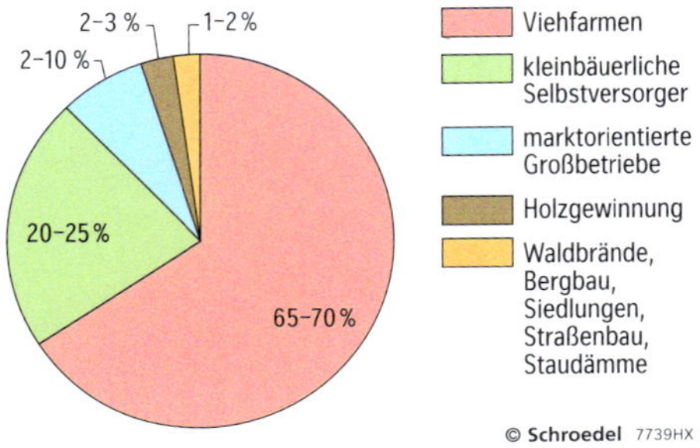

M3 Verursacher der Abholzung in Amazonien

Der Raum Amazonien umfasst das Tiefland des Amazonas. Es ist das größte zusammenhängende Regenwaldgebiet der Erde. Seine Erschließung begann mit der Ankunft der europäischen Eroberer im 15. und 16. Jahrhundert.
In Brasilien wird seit den 1960er-Jahren eine staatlich geplante Erschließungspolitik vorangetrieben. In verschiedenen Phasen förderte diese Politik die Agrarkolonisation, die Rinderweidewirtschaft sowie diverse Bergbau- und Energiegroßprojekte. Meist geben dabei Straßen die Stoßrichtung für die Siedler in den angrenzenden Regenwald vor.
Zwar hat die Geschwindigkeit der Zerstörung des Regenwaldes in den letzten Jahrzehnten abgenommen, doch noch immer schrumpft dessen Fläche um etwa ein Prozent pro Jahr. Mindestens 60 Prozent der ursprünglichen Bestände sind mittlerweile verschwunden. Der Grad der Zerstörung reicht von allmählicher Degradierung bis zum vollständigen Kahlschlag.

Als erstes und wichtigstes Merkmal muss der Artenreichtum genannt werden. So sind z.B. im Amazonasbecken auf wenigen Hektar mehr Pflanzen- und Insektenarten gefunden worden, als bisher in der gesamten europäischen Fauna und Flora bekannt sind. [...] Viele Wissenschaftler gehen davon aus, dass etwa die Hälfte aller Pflanzen- und Tierarten in der immerfeuchten tropischen Regenwaldzone lebt. Viele davon sind noch gar nicht erfasst und beschrieben.

(Quelle: Die geoökologischen Zonen der Erde, K. Müller-Hohenstein, F.-D. Miotke, 1997)

M4 Zur Biodiversität im tropischen Regenwald

Viele Indianer wollen die Ausbeutung ihrer Naturschätze nicht mehr hinnehmen. Im brasilianischen Bundesstaat Mato Grosso do Sul haben sie rund 80 Farmen besetzt. Sie berufen sich darauf, dass ihnen das Land zugesprochen, aber bislang nicht übergeben wurde. Sie organisieren sich per Facebook, stürmten die Ländereien. Die Farmer wollen von der Regierung entschädigt werden, das ist bislang nicht geschehen. Viele haben sich bewaffnet. [...] 564 Indigene wurden in den vergangenen zehn Jahren in Brasilien ermordet [...].

(Quelle: SpiegelOnline, 12 / 2013, K. Graça Peters)

M5 Quellentext zu Konflikten

100800-237-04 www.diercke.de
100800-237-05 www.diercke.de

M6 Weidende Rinder in Mato Grosso, Brasilien

M8 Illegales Sägewerk im Nordosten des brasilianischen Bundesstaates Pará

Hier war er der Boss, hier hatte er mehr zu sagen als der Bürgermeister. So beschreiben die Bewohner von Novo Progresso den reichsten Mann des Ortes, Ezequiel Castanha. Nicht wenige bedauern, dass er nun hinter Gittern sitzt, er schuf ja Arbeitsplätze und machte Land urbar. Allerdings illegal, weshalb Castanha vor wenigen Tagen von der brasilianischen Bundespolizei festgenommen wurde. [...] Beschuldigt wird Castanha [...] verschiedener Verbrechen: illegale Rodungen, Bandenbildung, Geldwäsche. Er und seine Komplizen sollen allein im Jahr 2014 eine Fläche von mehr als 15 000 Fußballfeldern Regenwald zerstört und illegal verkauft haben. [...] Wenn Castanhas Leute entlang der BR-163 eine Landbesetzung abgeschlossen hatten, fällten sie die wertvollen Bäume und verkauften sie. Die restliche Vegetation brannten sie nieder oder ließen sie von Bulldozern einebnen. Dabei machten sie auch vor Indianergebieten nicht halt, die in Brasilien zumindest auf dem Papier strengen Schutz genießen. War das Land einmal „gesäubert", wie man in Brasilien sagt, wurde es verkauft, zumeist als Weidefläche an Viehhalter. Die Rinderzucht ist der größte Wirtschaftszweig rund um Novo Progresso, 3,5 Millionen Rinder grasen hier. [...] Für einen gefälschten Landtitel sollen Castanha und seine Kumpane umgerechnet bis zu sieben Millionen Euro kassiert haben [...]. Nun drohen Castanha bis zu 46 Jahre Haft. [...] Was nun jedoch als großer Erfolg für den Schutz des Regenwaldes erscheinen mag, kann nur ein Anfang sein. Zu viele kleine und große Castanhas gibt es in Brasilien, sie sind meist gut mit der lokalen Politik vernetzt. Die größte Gefahr geht aber ohnehin nicht von den Grileiros aus, sondern vom brasilianischen Gesetzgeber selbst. Die neue Agrarministerin Kátia Abreu will Indianerreservate und Schutzgebiete weiter für die industrielle Nutzung öffnen. Insbesondere die Flächen für den Anbau von Soja sollen ausgeweitet werden. Auch immer neue Wasserkraftwerke werden im Amazonasbecken geplant, um den Energiehunger, insbesondere der Aluminiumindustrie, zu stillen. Es ist die legale Waldvernichtung, welche den Regenwald mindestens ebenso bedroht wie Männer wie Castanha.

(Quelle: Der Tagesspiegel, 03 / 2015, P. Lichterbeck)

M7 Illegale Waldrodungen in Amazonien

Sojaanbau:

Auf den abgebrannten Regenwaldarealen folgen heute auf die Viehzüchter häufig die Sojabauern. Brasilien ist mittlerweile weltweit größter Sojaexporteur. Der größte Teil des Sojas wird als Futtermittel verwendet.

1 *Vergleichen Sie die Satellitenbilder (M1).*

2 *Stellen Sie Gründe der Abholzung (M2) und daraus resultierende Nutzungskonflikte dar (M3 – M5).*

3 *„Letztlich ist der Massenkonsum in den Industrieländern die hauptsächliche Ursache für die Zerstörung der tropischen Regenwälder." Nehmen Sie zu dieser These Stellung.*

4 *Fassen Sie die ökologischen, ökonomischen und sozialen Folgen der Regenwaldzerstörung zusammen (M2 – M5).*

5 *Erörtern Sie die Missstände im brasilianischen Teil Amazoniens (M6 – M8).*

6 *Beurteilen Sie die Entwicklungspläne der brasilianischen Regierung (M6 – M8).*

7 *Entwickeln Sie Vorschläge zur Vermeidung von Übernutzung.*

Z1 *„Das Bevölkerungswachstum in den tropischen Entwicklungsländern ist eine der Ursachen für die Regenwaldzerstörung." Erklären Sie die Aussage (Text).*

M1 Agroforstwirtschaft mit Kakaobäumen

M4 Kakaoernte in Côte d'Ivoire

Immerfeuchte Tropen – Rückkehr zur nachhaltigen Nutzung

Kakaobaum:
immergrüne tropische Unterholzvegetation, ursprünglich aus Lateinamerika, bis zu 15 m hoch (als Plantagenpflanzung auf 4 m gestutzt) benötigt nährstoffreiche Böden, durchschnittliche Temperaturen von 24 bis 28 °C, hohe Luftfeuchtigkeit, gleichmäßig hohe Niederschlagssummen

extensive Landwirtschaft :
Auf großen Flächen betriebene landwirtschaftliche Bewirtschaftung, die nicht darauf ausgelegt ist, höchstmögliche Ertäge zu erzielen.

Der klassische Anbau des Kakaobaums erfolgte bis in die Mitte des vergangenen Jahrhunderts zumeist in mehrschichtigen Agroforstsystemen im Unterholz aufgelichteter Naturwälder. [...] Die daraus resultierenden biophysikalischen und chemischen Effekte vergrößern die Biomasse und führen zu einer gestiegenen Menge pflanzenverfügbarer Nährstoffe. Erst seit der zweiten Hälfte des 20. Jhs. wird infolge der Rodung großer Waldgebiete in Westafrika der Kakao in Massenproduktion in Form großflächiger Monokulturen und größerer Pflanzungen zumeist ohne Schatten spendenden Überstand angebaut. [...] Heute dominieren in Westafrika kleinbäuerliche Pflanzungen und Familienbetriebe den Großteil der Kakaoproduktion [...] [Es] werden durchschnittlich 1100 Kakaobäume je Hektar angepflanzt. [...]
Momentan eröffnet sich in Westafrika die Chance, die großflächig erforderliche Verjüngung der überalterten Kakaopflanzungen für die sukzessive Integration von Agroforstsystemen in die Kakaoproduktion zu nutzen und damit zur partiellen Wiederaufforstung tropischer Waldbestände beizutragen.

(Quelle: Geographische Rundschau, 09 / 2013, J.-P. Mund)

M2 Kakaoanbau in Westafrika

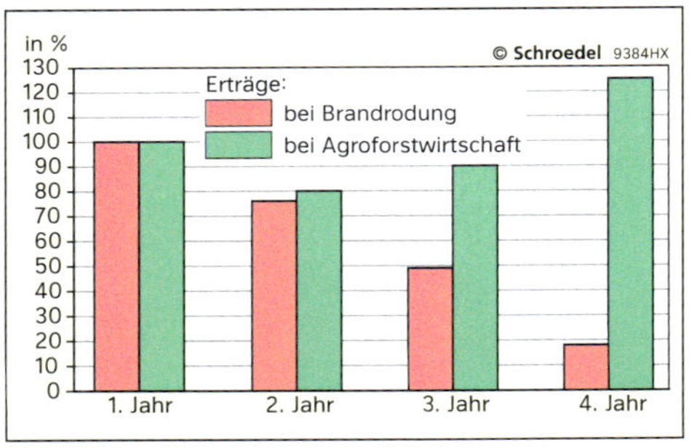

M3 Erträge auf Böden des Regenwaldes

Entwaldung und Übernutzung führen in vielen Regionen der immerfeuchten Tropen zu einer dauerhaften Schädigung der Böden. Die Lebensgrundlage gerade kleinbäuerlicher Familien ist dadurch erheblich bedroht. Die fortschreitende Zerstörung der Regenwälder aufzuhalten und den Menschen zugleich ein Auskommen zu ermöglichen ist eine große Herausforderung.

Zwar ist aufgrund des Bevölkerungsdrucks und der Verknappung der Waldreserven ein extensiver **Wanderfeldbau** heute keine Option, doch es gibt auch andere traditionelle Landnutzungsformen, die eine nachhaltige Bewirtschaftung in den inneren Tropen ermöglicht. So können bereits entwaldete Gebiete mit degradierten Böden bei Anwendung dieser Techniken (M7, M8) wieder genutzt werden. Auch kann die permanente Umwandlung von tropischen Waldgebieten in landwirtschaftliche Nutzflächen dadurch reduziert werden, dass der lukrative Anbau von Strauch- und Dauerkulturen in Primär- oder Sekundärwäldern geschieht, die nicht vollständig gerodet bzw. wieder aufgeforstet werden. Solches **Ecofarming**, das den Stockwerkaufbau des natürlichen Regenwaldes imitiert, um den Boden schonend zu nutzen und dessen Fruchtbarkeit zu erhalten, kann ohne größeren Kapitalaufwand umgesetzt werden, ist aber mit einem höheren Arbeitsaufwand verbunden. Ein weiterer Vorteil liegt darin, den Anbau von Grundnahrungsmitteln und Marktfrüchten zu kombinieren.

Beim Anbau bestimmter agrarischer Produkte (Kaffee, Kakao, Reis) auf Qualität statt Quantität zu setzen und **Bio-Standards** umzusetzen ist ein weiterer Ansatz nachhaltiger Nutzung. Kleinbauern haben so die Möglichkeit, höhere Preise zu erzielen.

100800-150-02 www.diercke.de

M5 Agroforstwirtschaft in Brasilien

M7 Anlage eines Waldgartens in Haiti

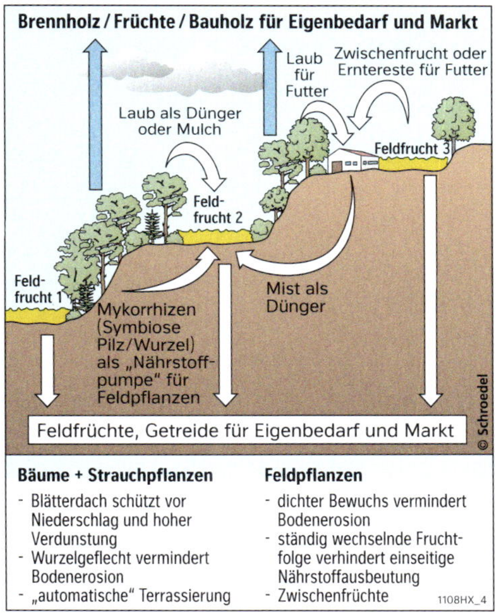

M6 Ecofarming im Hangmodell

Neue Entwicklungsprojekte zielen auf eine Existenzsicherung durch eine nachhaltige Landnutzung. Ein Beispiel für ein solches Projekt sind die **Waldgärten** in Haiti. Die einst grüne Insel wurde im Laufe der Jahrhunderte fast vollständig entwaldet. Zwar wird noch ein Drittel des Landes landwirtschaftlich genutzt, jedoch sind viele Ackerflächen durch Abholzung und Erosion bereits verloren gegangen und ganze Regionen drohen zu **verkarsten**. Der Boden kann kein Wasser mehr speichern und trotz ausreichender Niederschläge leidet Haiti unter Wasserknappheit. Zwei Drittel der Haitianer leben im ländlichen Raum auf der Grundlage einer kleinbäuerlichen Landwirtschaft, die v.a. für den Eigenbedarf produziert. Aufgrund der erschöpften und zerstörten natürlichen Lebensgrundlagen sind viele in ihrer wirtschaftlichen und sozialen Existenz bedroht.
Seit einigen Jahren steigen – mit Unterstützung haitianischer und europäischer Agrarexperten – immer mehr kleinbäuerliche Familien auf die jahrhundertealte nachhaltige Bewirtschaftungsform der Wald- oder Agroforstgärten um und geben ihre bisherigen Formen auf (Abbrennen der Vegetation zur Bodenvorbereitung, Weiden der Ziegen und Kühe in den abgeernteten Gärten und Berghängen). Mittlerweile profitieren 16000 Familien von diesem Konzept und haben sich zusammengeschlossen, um das Land zu sanieren und eine nachhaltige Landwirtschaft zu betreiben. Neben den traditionellen Kulturpflanzen für den Eigenbedarf werden so auch Früchte, Kaffee, Heilpflanzen, Holz, Viehfutter und Honig für den Verkauf produziert.

(nach: Raummodul Lateinamerika, Westermann, 2012, T. Girndt, W. Schoop, M. Mingenbach)

M8 Quellentext zu Waldgärten auf Haiti

Waldgarten:
Gärten mit Mischkulturen und Bäumen. Hierbei werden Hänge terrassiert, Steinwälle schützen zunächst die Setzlinge. Später verhindern Bäume, Sträucher und Hecken das Wegschwemmen der Böden. Bäume beschatten die Gärten und dienen als Windschutz.

1 *Beschreiben Sie die Fotos M4, M5 und M7.*
2 *Vergleichen Sie die agrarische Nutzung in Westafrika und auf Haiti (M2, M8).*
3 *Erläutern Sie die Agroforstwirtschaft und das Ecofarming (M3, M6 – M8).*
4 *Beurteilen Sie die Rückkehr zur nachhaltigen Nutzung in den immerfeuchten Tropen.*

Darstellungsmöglichkeiten komplexer Zusammenhänge

1 Mindmap (Gedankenkarte)

einprägsame Visualisierung von Ideen / Sachverhalten in hierarchisch strukturierter Form

Arbeitsschritte:

- Thema / Basisbegriff mittig platzieren,
- für die durch Materialauswertung / Brainstorming gefundenen Schlüsselbegriffe Hauptäste anlegen und beschriften,
- für die Unterbegriffe weitere Astverzweigungen ausdifferenzieren und beschriften

2 Conceptmap (Begriffsnetz)

komplexere Form der Visualisierung, bei der mehrere zentrale Begriffe und Unterbegriffe sowie deren Beziehungen untereinander (z. B. zeitlich, kausal) durch Pfeile verknüpft und durch Symbole, Verben oder kurze Sätze erläutert werden

Arbeitsschritte

- zentrale Begriffe auswählen und separat notieren,
- bekannte / mögliche Beziehungen darstellen,
- Vernetzungen erweitern bzw. verfeinern (es sind oft mehrere Entwürfe nötig)

3 Wirkungsgefüge (Wirkungsgeflecht)

grafische Darstellung der entscheidenden Elemente eines Problems oder eines Systems sowie deren Wechselwirkungen. Damit können zum Beispiel die Zusammenhänge, die Ursachen und die möglichen Folgen raumwirksamer Elemente und Prozesse verdeutlicht und so die Dynamik und die Komplexität von Raumstrukturen, Entwicklungen und Verflechtungen verdeutlicht werden.

Arbeitsschritte

- Materialien auswerten,
- wichtige Schlüsselbegriffe auflisten und nach Themenbereichen (Sach-, Problemfeldern) ordnen (auf Papierstreifen notieren oder farbig markieren und sortieren),
- zentrale Schlüsselbegriffe an exponierter Stelle platzieren,
- übrige Begriffe den Schlüsselbegriffen zuordnen,
- durch Pfeile Wirkungen, Verflechtungen beziehungsweise Rückkopplungen darstellen

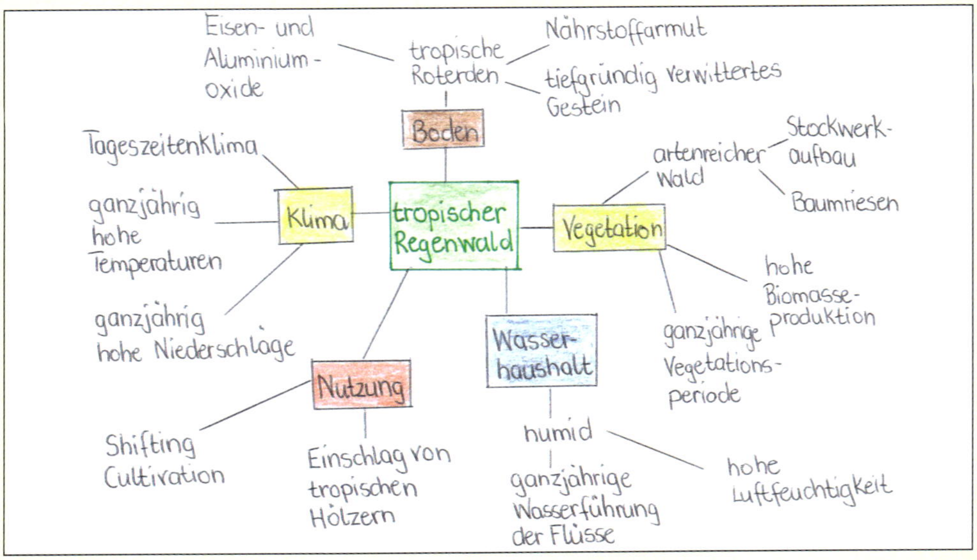

M1 Mindmap zum Thema „tropischer Regenwald"

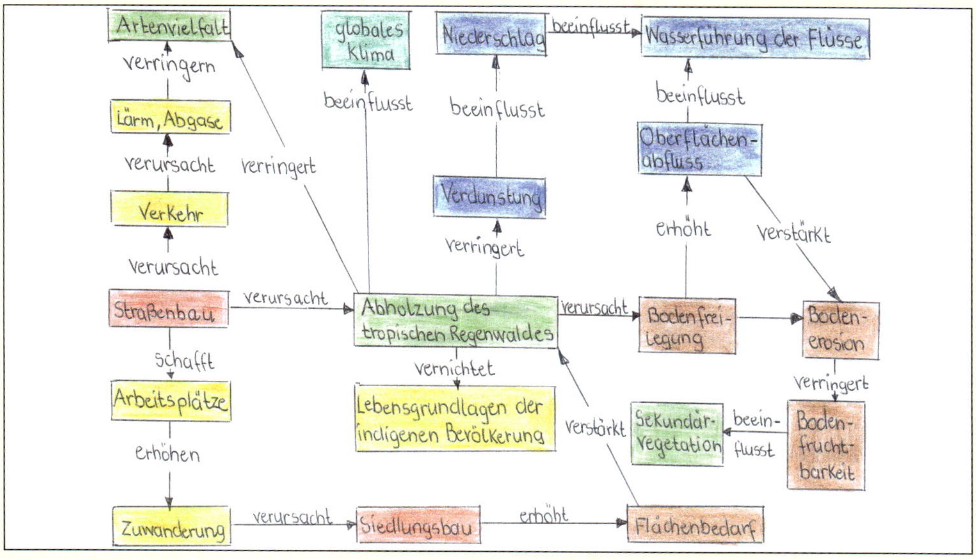

M2 Conceptmap zum Thema „Abholzung des tropischen Regenwaldes"

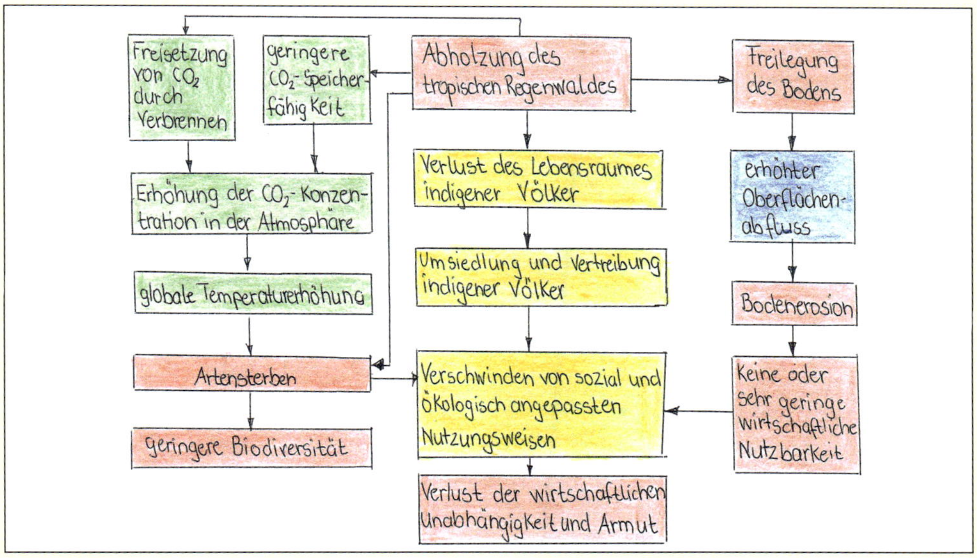

M3 Wirkungsgefüge zum Thema „Abholzung des tropischen Regenwaldes"

1 *Geben Sie die Zielsetzungen wieder, die mit den unterschiedlichen Darstellungen verfolgt werden.*

2 *Vergleichen Sie in den Darstellungen den jeweiligen Aussagewert zum tropischen Regenwald.*

3 *Beurteilen Sie die Eignung des Einsatzes der Darstellungen z. B. zur Auswertung, für Referate, für eine Präsentation.*

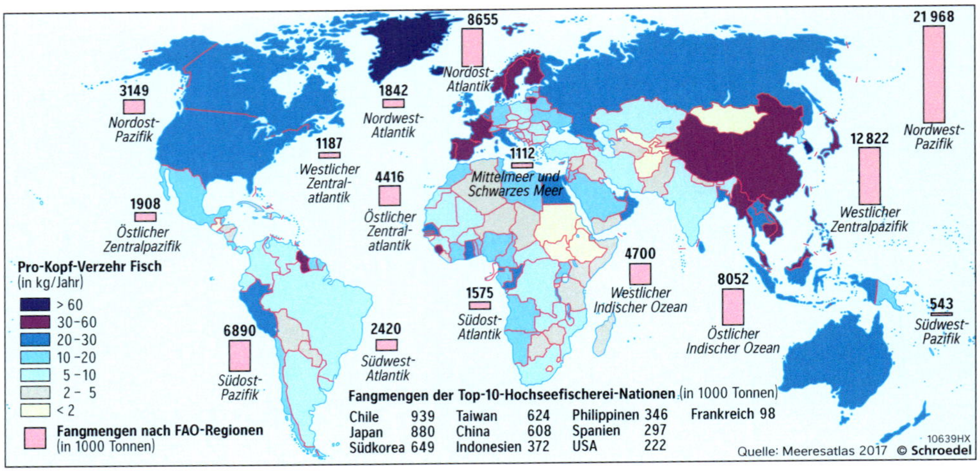

M1 Fischerei und Fischkonsum weltweit

Überfischung – die weltweite Jagd nach Fisch

Fisch hat aufgrund seiner Funktion als Proteinlieferant eine wichtige Rolle bei der menschlichen Ernährung. Und durch die wachsende Weltbevölkerung steigt auch die Nachfrage nach Fisch weiter an: Fast zwanzig Prozent des weltweit verzehrten tierischen Eiweißes werden heute über Fische geliefert. Große, technisch hochgerüstete Fangflotten kreuzen u. a. aus diesem Grund über die Meere, wodurch die Überfischung großer Teile der Weltmeere verursacht wird.

Die Überfischung quantitativ zu erfassen ist dabei nicht einfach: Die Fischbestände einzelner Fischarten lassen sich nicht zählen, sondern müssen anhand von Parametern, u. a. der jährlichen Fangmengen, kalkuliert werden. Nehmen diese ab, kann das ein Anzeichen für ein Schrumpfen des Bestandes sein. Ein Bestand kann sich zudem nur dann erhalten, wenn die nachwachsende Anzahl an Fischen die durch den Fang entnommene Fischmenge und die Zahl der auf natürliche Weise gestorbenen Tiere ausgleichen kann. Doch in weiten Teilen der Weltmeere werden mit technisch hochgerüsteten Fangflotten die Meere leer gefischt.

In den europäischen Gewässern bestimmt die **Europäische Union** (EU) im Rahmen ihrer Gemeinsamen Fischereipolitik (GFP), wie viel Fisch pro Jahr aus ihren Gewässern entnommen werden darf. Dennoch werden die festgelegten Fangmengen häufig überschritten. Eine Möglichkeit der Schonung überfischter Fischbestände ist die Aquakultur.

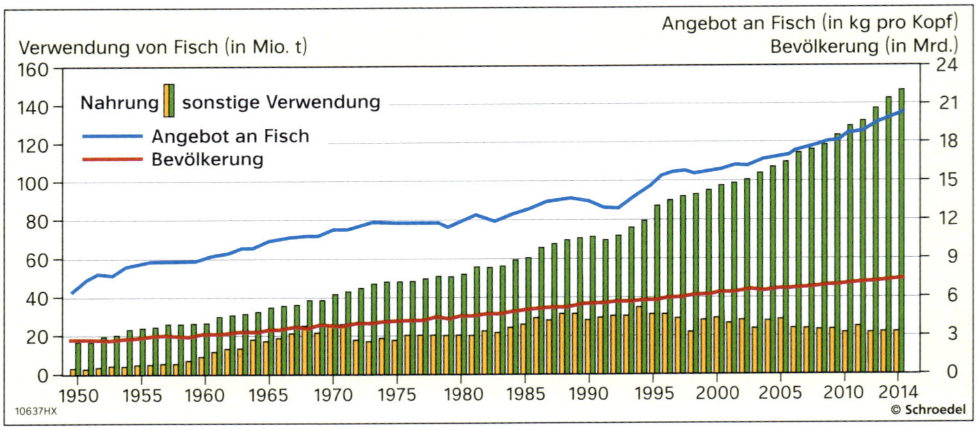

M2 Entwicklung des weltweiten Fischkonsums (1950–2014)

100800-263-03 www.diercke.de

Die illegale, unregulierte und undokumentierte Fischerei (kurz: IUU-Fischerei) ist ein großes Problem. Die schiere Größe der Meere stellt eine Herausforderung dar: Wie kontrolliert man, dass sich alle an die Regeln halten? Fische werden mit unerlaubtem Fanggerät, zu Sperrzeiten oder in Schutzgebieten gefangen. Oder es werden Fischarten gefangen, für die der Fischer keine Lizenz hat, oder mehr Fische, als ihm erlaubt ist. [...] Die Hauptmotivation für IUU-Fischerei ist der wirtschaftliche Nutzen. Ein Fischereifahrzeug, das illegal fischt, kann seine Gewinne maximieren, indem es seine Betriebskosten senkt, zum Beispiel im Hinblick auf Lizenzen und die damit einhergehenden Auflagen wie der Einhaltung des Steuer- und Arbeitsrechts. Den Preis für IUU-Fischerei zahlen die Fischer, die sich an die Gesetze halten.
Illegale Fischer sind oft in Fanggebieten mit schwachen nationalen oder internationalen Kontrollen unterwegs. So grassiert in den Gewässern von Entwicklungsländern und insbesondere der westafrikanischen Staaten die illegale Fischerei. Mindestens jeder dritte Fisch stammt hier aus illegalen Fängen. [...]

(Quelle: www.wwf.de, 02 / 2016)

M3 IUU – illegale Fischerei

Kritisch fielen dagegen die Reaktionen der Umweltorganisationen aus. Die EU-Minister missbrauchten das neue Rückwurfverbot „als Freifahrtschein, um die Quoten zu erhöhen." Ab 2017 müssen die Fischer den kompletten Fang an Land bringen – auch zu kleine oder ungewollte Fische. Damit sollen sie dazu angehalten werden, Beifang zu vermeiden. Das Rückwurfverbot werde jedoch nur mangelhaft umgesetzt [...].

(Quelle: HAZ, 12 / 2016, J. Binder und E. Gienke)

M4 Presseerklärung deutscher Umweltverbände

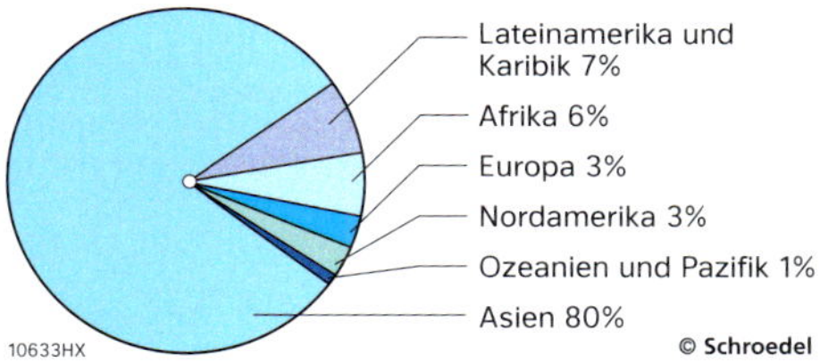

M5 Verteilung motorisierter Fangschiffe (2014)

Manche Fachleute gehen von jährlich 11 Millionen bis zu 26 Millionen Tonnen [illegaler, unregulierter und undokumentierter Fischerei] aus. Das entspricht immerhin 14 bzw. 33 % der Menge an Fischen und anderen Meerestieren, die im Jahr 2011 weltweit legal gefangen wurden. [...] Besonders kritisch ist die Situation vor Westafrika. In dieser Region hat die IUU-Fischerei einen Anteil von 40 Prozent am Gesamtfang. Das ist der höchste Wert weltweit. Für die in dieser Region ohnehin stark ausgebeuteten Fischbestände ist das geradezu katastrophal. [...]
Ähnlich ist die Situation in Teilen des Pazifiks. [...] Mit jährlich 1,5 Millionen Tonnen ist die Menge des illegal gefangenen Fischs hier entsprechend groß. Besonders betroffen ist die Arafurasee zwischen Australien und Indonesien. Die durch die IUU-Fischerei gefangene Fischmenge entspricht im Westpazifik 34 Prozent der dort gefangenen Fischmenge.
Ähnlich ist die Situation im Nordwestpazifik, insbesondere der westlichen Beringsee. IUU-Fischerei wird in dieser Gegend vor allem durch China und Russland betrieben. Sie liegt hier bei 33 Prozent. Die Angaben für den Südwestatlantik sind unsicher. Experten schätzen die IUU-Fischerei dort auf 32 Prozent.

(Quelle: www.worldoceanreview.com, Stand: 06 / 2017)

M6 Fakten zur illegalen Fischerei

Da Fischerei eine Tätigkeit ist, bei der gemeinsame natürliche Ressourcen genutzt werden, muss sie reguliert werden, um einen fairen Zugang, Nachhaltigkeit und Rentabilität für alle zu gewährleisten.

Darunter fallen:
- zulässige Gesamtfangmengen,
- Fanglizenzen,
- Verwaltung der Bootskapazitäten,
- Fischmindestgrößen und Mindestmaschenöffnungen,
- Form und Nutzung von Fanggeräten,
- Schongebiete oder Schonzeiten,
- Verringerung der Umweltauswirkungen.

(nach: Europäische Kommission, 2015)

M7 Maßnahmen der EU: die neue gemeinsame Fischereipolitik – Nachhaltigkeit in der Tiefe

Aquakultur:
meint die kontrollierte Aufzucht von aquatischen, also im Wasser lebenden Organismen, insbesondere Fischen, Muscheln, Krebsen und Algen.

Beifang:
bezeichnet in der Fischerei diejenigen Fische oder Meerestiere, die zwar mit dem Netz oder anderen Massenfanggeräten gefangen werden, nicht aber das eigentliche Fangziel des Fischens sind.

1 *Analysieren Sie die Karte M1: „Wer fängt den Fisch und wer isst ihn auf?"*
2 *Fassen Sie die Aussagen der Abbildung M2 zusammen.*
3 *Erklären Sie die Ursachen für die Überfischung (M3, M5, M6).*
4 *Beurteilen Sie die Chancen einer nachhaltigen Fischerei in der Europäischen Union (M4, M7).*

M1 Afrikanische Fischer in einem traditionellen Boot, der Piroge

„Es sind einfach zu viele Boote da draußen. Vor zehn Jahren bin ich über Tag hinausgefahren und hatte meinen Fang. Jetzt muss ich zwei Wochen lang aufs offene Meer hinausfahren und trotzdem fange ich weniger."

(Quelle: Greenpeace, Plündern um jeden Preis: EU-Fischfang vor Westafrika, 02 / 2012)

M2 Ismael Harouna Lebaye, ein Fischer aus Mauretanien, berichtet

Ocean-Grabbing: Fischfang vor Westafrika

Ocean-Grabbing: *umfasst unter anderem Initiativen und Aktionen, die die Ressourcen der Meere nicht nachhaltig ausbeuten sowie den (historischen) Zugang von Kleinfischern und / oder Bevölkerungsgruppen der Küstenregionen zum Meer behindern bzw. gänzlich unterbinden.*

Europas Verbraucher können Fisch im Überfluss erwerben. Menschen in anderen Räumen dagegen, wie zum Beispiel im Senegal, können den Bedarf ihrer Bevölkerung, zum Teil trotz Zugang zum Meer, nicht decken. Durch die Zahlung von riesigen Geldbeträgen erkaufen sich unter anderem europäische Fangflotten das Recht, an der Küste afrikanischer Staaten zu fischen und diese zum Teil regelrecht zu plündern. „Cash for Fish" heißt das fragwürdige Geschäft, Experten nennen es auch Ocean-Grabbing. Für die Einheimischen bleibt vom Gewinn nichts übrig.

Aber hier nur einen Schuldigen auszumachen scheint zu einfach. Zwar bedient sich die Europäische Union seit Jahren zum Beispiel an der westafrikanischen Küste und den dortigen Fischbeständen, doch auch China und andere aufstrebende Länder wie auch Industrieländer haben die westafrikanischen Küstenregionen zur Deckung ihres Fischbedarfs entdeckt.

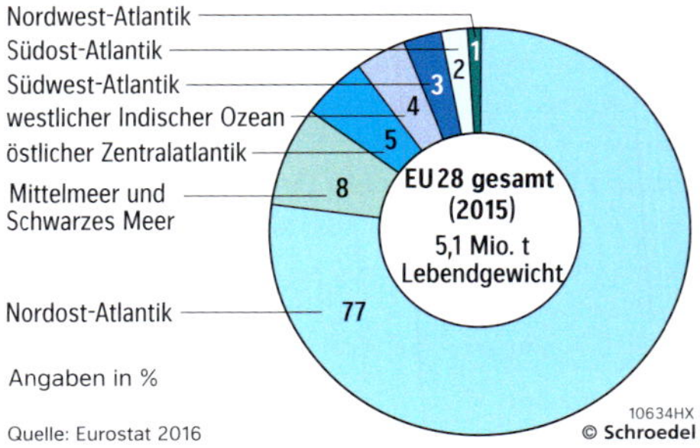

M4 Gesamtfänge der EU nach Fanggebieten

In China ist es die CNFC (China National Fisheries Corporation), in der EU die PFA (Pelagic Freezer-Trawler Association), die mit ihren riesigen Flotten das Meer vor Westafrika abfischen.

Doch gleichzeitig trifft auch die Länder eine Mitschuld, die ihre Fischrechte verkaufen. Dabei verdienen oft einzelne Personen wie Politiker oder herrschende Personengruppen.

Fakten:

- *56 traditionelle Pirogen müssten ein Jahr fischen, um die Fangmenge eines Trawlers eines einzigen Tages zu fangen.*
- *An der Küste Westafrikas leben 1,5 Mio. Fischer von der kleinen Küstenfischerei.*
- *Weitere 7 Mio. Menschen sind von der Existenz dieser Fischer abhängig: Familien, Fischverarbeitung, Bootsbau, Transport zu den Märkten.*

(Quelle: Greenpeace 2012)

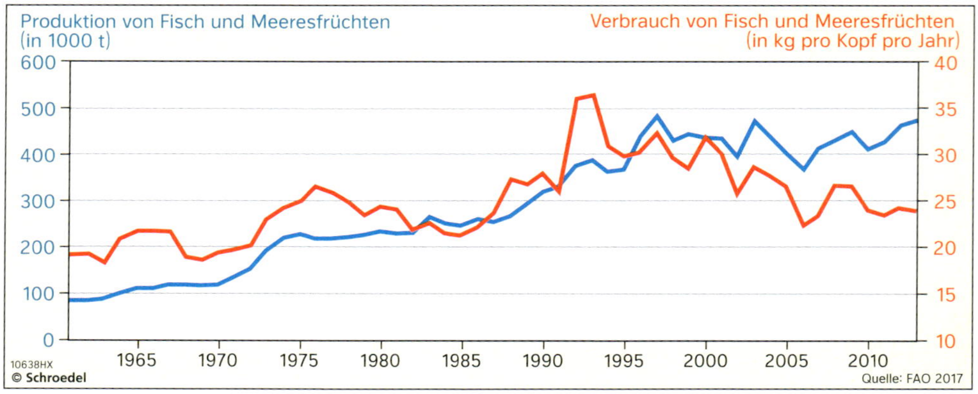

M3 Senegal – Fischproduktion und Fischkonsum (FAO)

100800-149-05 www.diercke.de

100800-263-03 www.diercke.de

Ab dem 2. Mai ist der Verzehr von Fisch in Deutschland in diesem Jahr rein rechnerisch nur noch mithilfe von Importen möglich. Der Jahresfang der deutschen Flotten ist ab diesem „Fish Dependence Day“ aufgebraucht. [...] Längst schon können auch die EU-Mitgliedstaaten ihren Bedarf an Fisch und Fischereiprodukten nicht mehr durch ihre eigene Fischerei decken. Jahrzehntelange Überfischung und **Subventionierung** der industriellen Fischerei haben die europäischen Fischbestände drastisch reduziert. „Die von der EU mit der Reform der Gemeinsamen Fischereipolitik von 2014 ergriffenen Maßnahmen gegen die Überfischung, wie das Rückwurfverbot, sind nicht darauf ausgerichtet, die illegale Fischerei einzudämmen. Nur im Zusammenspiel mit der EU-Verordnung zur Verhinderung, Bekämpfung und Unterbindung der illegalen, nicht gemeldeten und unregulierten Fischerei (IUU-Verordnung) kann letztlich eine nachhaltige Fischereipolitik gelingen“, so Kai Kaschinski von Fair Oceans. [...]

(Quelle: Brot für die Welt, Pressemeldung, 2016)

M5 Der Fish Dependence Day 2016

Fisch	Menge in t Lebendgewicht	Anteil Gesamtmenge
Hering	716043	14,8 %
Makrele	450246	9,3 %
Sprotte	337676	7,0 %
Sardine	243376	5,0 %
Stöcker	190193	3,9 %
Thunfisch (Bonito)	163134	3,4 %
Seehecht	154703	3,2 %
Kabeljau	142229	2,9 %
kleine Meeresfische	132144	2,7 %
Gelbflossenthun	128127	2,6 %
Blauer Wittling	122378	2,5 %
Haie	112350	2,3 %
Scholle	95231	2,0 %
Sardelle	90567	1,9 %

(Quelle: Europäische Kommission, 2016)

M6 Am meisten konsumierter Fisch in der EU

Westafrika fehlt ein effektives Fischerei-Management. [...] Die Länder der Region waren bisher nicht in der Lage, die nötige Infrastruktur zu schaffen, um eine lokale, nachhaltige Fischerei aufzubauen, die es den Küstengemeinden ermöglichen würde, Fisch nach Europa und den Rest der Welt direkt zu verkaufen. Seit den 1960er-Jahren beobachten die Fischereigemeinden die Ankunft der Fabrikschiffe aus Asien, Russland und der EU. Damals standen sie noch nicht im Wettbewerb mit den fremden Flotten: Die Fischbestände waren riesig, weniger Menschen als heute waren vom Fisch als Nahrungs- und Einkommensquelle abhängig. Doch irgendwann kippte die Balance: Die Riesentrawler aus dem Ausland wurden immer zahlreicher, die Bestände nahmen ab. Westafrikas Regierungen waren auf das Einkommen aus dem Verkauf von Fischereirechten an andere Staaten angewiesen – ein Teufelskreis. Seit 1990 erleben die einst fischreichen Gewässer einen stetigen Rückgang ihrer Bestände. Die meisten sind mittlerweile komplett ausgeschöpft oder überfischt. Derzeit fängt die EU vor Marokko und Mauretanien 235 000 Tonnen Fisch – die größte Fangquote der EU in fremden Gewässern. Währenddessen wird es für einheimische Fischer immer schwieriger, überhaupt noch Fisch an Land zu ziehen: Sie sind gezwungen, in ihren offenen Pirogen über Nacht hinauszufahren, um auf offener See mit den industriellen Riesentrawlern zu konkurrieren – ein aussichtsloser Kampf, der die Fischer zudem in Lebensgefahr bringt.

(Quelle: Greenpeace, Plündern um jeden Preis: EU-Fischfang vor Westafrika, 02 / 2012)

M7 „Legalisierte Ausbeute“

M8 Karikatur

„Wenn ihr bei uns zu Hause die Gewässer leer fischt, dann kommen wir zu euch, um den Fisch im Supermarkt zu kaufen!“

(Quelle: Fatou Diome, senegalesische Schriftstellerin)

1 *Fassen Sie die Probleme der senegalesischen Fischer zusammen (M1 – M3).*

2 *Erstellen Sie ein Wirkungsgefüge zum Ocean-Grabbing an der Westküste Afrikas (M1 – M8).*

3 *Erläutern Sie die Rolle der EU bei der Überfischung der westafrikanischen Küstenräume (M4, M6, M7).*

4 *Nehmen Sie Stellung zur Karikatur (M8).*

Die touristische Wirtschaftlichkeit eines Skigebietes ist nur dann gegeben, wenn zwischen 1. Dezember und 30. April an mindestens 100 Tagen eine Schneedecke von ca. 30 cm vorhanden ist. Dies sollte zumindest in sieben von zehn Jahren erfüllt sein. Bei einem durchschnittlichen Temperaturanstieg um 2 °C würden aber nur noch Skigebiete oberhalb von 1500 m schneesicher sein.

M1 Regel touristischer Wirtschaftlichkeit

- extrem hoher Wasser- und Energieverbrauch,
- erhebliche Lärmbelästigungen,
- Kunstschnee ist wesentlich kompakter als Naturschnee, dadurch schlechteres Abtauen und Verkürzung der Vegetationsperiode,
- Erosion durch höheren Oberflächenabfluss,
- Scherschäden durch Skikanten,
- andere Pflanzen durch mehr Nährstoffe,
- Fäulnis- und Schimmelbildung

M2 Auswirkungen des Kunstschneeeinsatzes

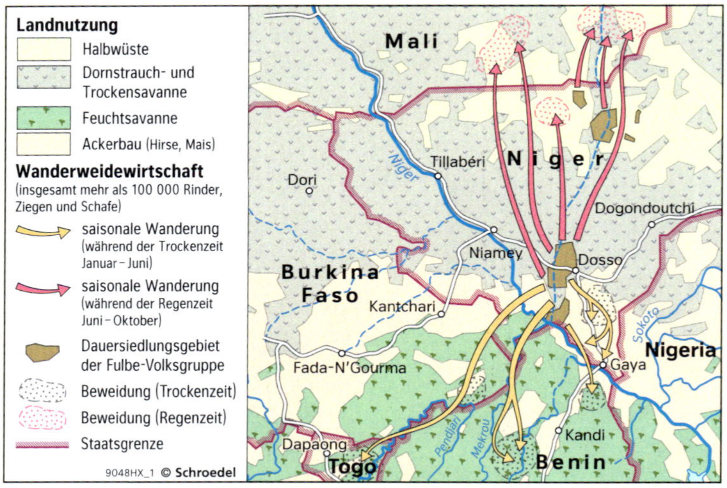

M3 Landnutzung durch die Volksgruppe der Fulbe

Leitbild einer nachhaltigen Entwicklung ist eine Entwicklung, die den Bedürfnissen der heutigen Generation entspricht, ohne die Möglichkeiten künftiger Generationen zu gefährden, ihre eigenen Bedürfnisse zu befriedigen und ihren Lebensstil zu wählen.

(Quelle: Brundtland-Kommission, 1987)

M4 Leitbild der nachhaltigen Entwicklung

1 Beurteilen Sie das Leitbild der Nachhaltigkeit (M4).

2 Nennen Sie ökonomische Auswirkungen des Skitourismus auf alpine Tourismusorte (M1).

3 Erläutern Sie den Kunstschneeeinsatz unter dem Gesichtspunkt der ökologischen Nachhaltigkeit in einem Wirkungsgefüge (M2).

4 Erläutern Sie den Verlauf der Wanderrouten der Fulbe innerhalb eines Jahres (M3).

5 Nehmen Sie Stellung zu den Tragfähigkeitsberechnungen der Wissenschaftler in M5.

6 Analysieren Sie die weltweite Verstädterung (M7).

7 Erklären Sie den Zusammenhang zwischen der Abholzung von Wäldern und dem Klimaschutz (M6).

8 Erörtern Sie die Nutzung der Fischfänge unter dem Gesichtspunkt der Überfischung (M8, M9).

9 Überprüfen Sie Aquafarming (M8) als Alternative zum herkömmlichen Fischfang.

Fachbegriffe

Agroforstwirtschaft
Aquafarming
Bewässerungsfeldbau
Biodiversität
Degradation
Desertifikation
Disparität
Ecofarming
Entwaldung
Erosion
Favela
Fremdlingsfluss
Gated Community
Global City
Grundwasser
Hackbauern
Konversion
Kulturpflanze

Roscher 1912: 1,3 Mrd. Menschen bei Dreifelderwirtschaft, 10,2 Mrd. Menschen bei Getreideanbau und 25,5 Mrd. Menschen bei intensivem Ackerbau
Ballod 1912: unter Berücksichtigung der nutzbaren Fläche und vegetarischer Ernährung auf unterstem sozialen Niveau: 8,361 Mrd. Menschen
Penck 1925: ausgehend von den Bevölkerungsdichten in den einzelnen Klimazonen ein Maximum von 15,9 Mrd. Menschen und durch Abzug unterschiedlicher Böden sowie Reliefverhältnissen wahrscheinlich 7,7 Mrd. Menschen
Hollstein 1937: unter Einbeziehung von Klima, Boden, Relief 13,295 Mrd. Menschen
Baade 1960: Mit der Erweiterung der landwirtschaftlichen Nutzfläche, Steigerung der Erträge und Nutzung des Ernährungspotenzials des Weltmeeres 30 bis 38 Mrd. Menschen
Weber 1988: Ende des 21. Jh. 11 Mrd. Menschen

M5 Tragfähigkeitsberechnungen

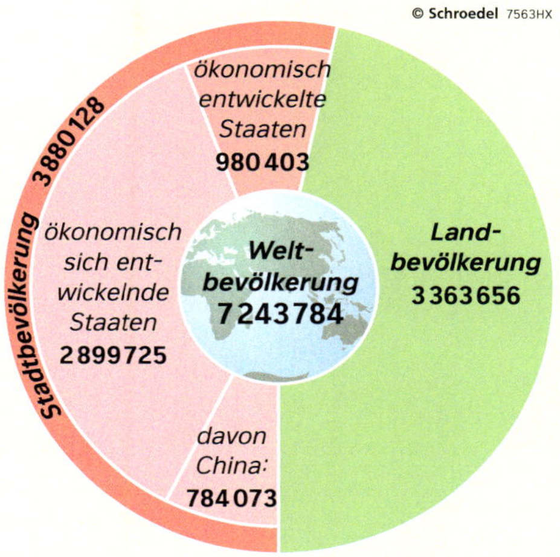

Quelle: United Nations: World Urbanization Prospects, 2014

M7 Weltweite Verstädterung in Tausend (2014)

Die Vernichtung der Wälder wird vor allem durch die industriell betriebene Landwirtschaft verstärkt. 18 % unserer CO_2-Emissionen entstammen der Abholzung und Umwandlung tropischer und außertropischer Wälder. [...] Das Problem wurde in der Diskussion um den Klimawandel lange Zeit übersehen, denn als Hauptverantwortliche galten lange Zeit der Energie- und der Transportsektor. Andererseits speichern tropische Wälder rund ein Viertel des gesamten Kohlenstoffs auf der Erde. Tropische Wälder speichern mehr als doppelt so viel Kohlenstoff pro Hektar wie Bäume in den Außertropen. Damit bietet der Erhalt und Schutz tropischer Regenwälder eine kostengünstige und sofort wirkende CO_2-Senke. Aber es geht nicht nur um CO_2. So versorgen insbesondere tropische Regenwälder die umliegenden Kontinente mit ausreichend Regen und damit Trinkwasser, wie das Beispiel aus dem Südosten Brasiliens gezeigt hat.

(Quelle: Praxis Geographie, 06 / 2010, S. 8, D. Anhuf)

M6 Vernichtung des Waldes und dessen Folgen

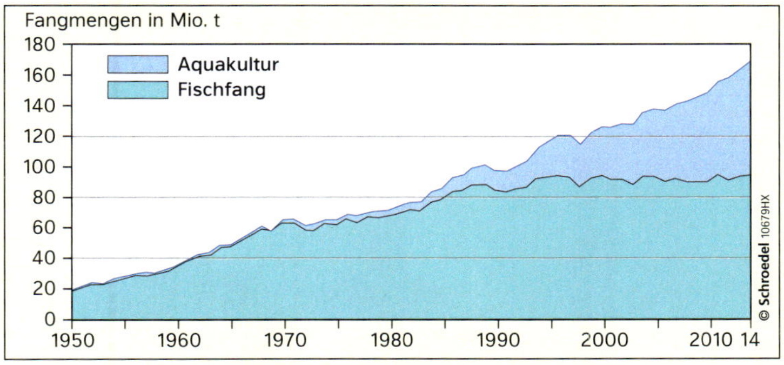

M8 Entwicklung des weltweiten Fischfangs und der Aquakulturzucht

Seit den 1950er-Jahren hat sich die Menge des gefangenen Fisches um 600 % erhöht. Nur ein Teil dient als Speisefisch. Fischmehl wird in Viehmastanlagen verfüttert, als Dünger auf Felder verbracht, Fischöl wird zu Margarine und industriellen Backmitteln verarbeitet.

M9 Fisch als billiges Nahrungs- und Düngemittel

Marginalisierung
Megacity
Monsun
Nachhaltigkeit
Nachhaltigkeitspyramide
Nilschwelle
Nomadenwirtschaft
Ocean-Grabbing
ökologischer Fußabdruck
Passatzirkulation
Primatstadt
Push- / Pullfaktor
Segregation
seltene Erden
Subsistenzwirtschaft
Syndromkonzept
Tragfähigkeit
Trockengrenze
Überfischung
Übernutzung
Waldgarten

SDL-53305-001

BANDAR MALAYSIA

Nachhaltigkeit in der Raumentwicklung

Modell der „Zukunftsstadt Bandar Malaysia“ in Kuala Lumpur (Malaysia)

Urban Gardening: *ist eine Neuinterpretation des traditionellen Lebensstils des Gärtnerns. Die z. T. illegalen Pflanzaktionen, Dachgärten, Balkonbeete, Gemeinschaftsgärten etc. sollen die Natur in die Stadt bringen und Menschen (Nachbarn) zueinander.*

M1 Urban Gardening in Berlin

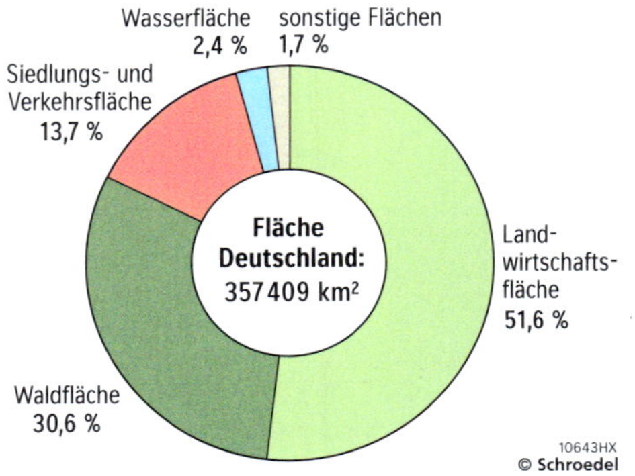

M3 Flächennutzung in Deutschland (2015)

Flächennutzung und Nachhaltigkeit

Raum ohne Ende?

Der Raum ist begrenzt. Diese Tatsache wird vor allem dann deutlich, wenn man an die Fläche einer Insel denkt. Aber auch vom Menschen geschaffene Grenzen wie Verkehrswege oder Staatsgrenzen, Verwaltungseinheiten und Besitztümer grenzen Räume auf eine feste Größe ein. Raum ist ein beschränkt zur Verfügung stehendes Gut und deshalb vor allem in begehrten Räumen wie Städten umstritten. Infolgedessen unterliegen Räume oft einer Mehrfachnutzung. Die Herausforderung ist, dadurch resultierende Flächennutzungskonfikte zu vermeiden. Die nachhaltige Entwicklung eines Raumes ist deshalb eines der wichtigsten Ziele der **Raumplanung**.

Gemeint ist das gezielte Einwirken auf die räumliche Entwicklung der Gesellschaft, der Wirtschaft und der natürlichen, gebauten und sozialen Umwelt in einem Gebiet. Im Vordergrund steht bei diesen Planungen die Erfüllung der Grunddaseinsfunktionen: Wohnen, Arbeiten, sich Versorgen, Bildung und Freizeit, Kommunikation und Verkehr. Alle diese Bedürfnisse erfordern aber eine Flächenverfügbarkeit, die mit den wachsenden Raumansprüchen der Menschen (z. B. steigende Bevölkerungszahlen) nochmals zunimmt. Besonders problematisch sind Regionen, deren naturräumliche Ausstattung die Raumnutzung beschränkt, z. B. Hochgebirge, Städte etc.

M2 Ursachen für Nutzungskonflikte

100800-072-01 www.diercke.de

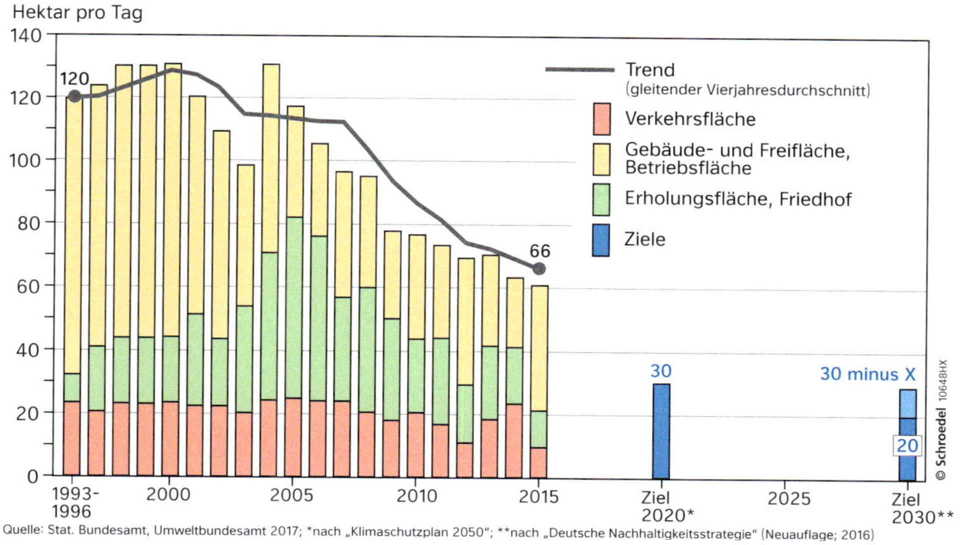

Quelle: Stat. Bundesamt, Umweltbundesamt 2017; *nach „Klimaschutzplan 2050"; **nach „Deutsche Nachhaltigkeitsstrategie" (Neuauflage; 2016)

M4 Anstieg der Siedlungs- und Verkehrsfläche in Deutschland

Bodenversiegelung:

Der Boden wird luft- und wasserdicht abgedeckt, wodurch Regenwasser nicht oder nur unter erschwerten Bedingungen versickern kann und auch der Gasaustausch des Bodens mit der Atmosphäre gedrosselt wird.

(Quelle: Umweltbundesamt, 2013)

Die Raumordnungsminister von Bund und Ländern haben sich nach breitem öffentlichem Dialog [...] eine gemeinsame Entwicklungsstrategie für Städte und Regionen gegeben. Die drei Leitbilder betrachten den Raum [...] als Ganzes, ohne die vielfältigen, spezifischen Bedingungen und Erfordernisse der Regionen zu vernachlässigen.

Leitbild 1: Wachstum und Innovation
Umfasst Handlungsstrategien für Europäische Metropolregionen in Deutschland und ihre Vernetzung [sowie für] dynamische Wachstumsräume außerhalb der Metropolregionen und Räume mit Stabilisierungsbedarf.

Leitbild 2: Daseinsvorsorge sichern
Umfasst Handlungsstrategien, um die Versorgungsqualität zu sichern sowie Erfordernisse, das **Zentrale-Orte-Konzept** umzusetzen.

Leitbild 3: Ressourcen bewahren, Kulturlandschaften gestalten
Beinhaltet Handlungsstrategien, um konkurrierende Raumansprüche abzuwägen, Strategien zum Schutz des Freiraums und der natürlichen Ressourcen zu entwickeln sowie zur Gestaltung von **Kulturlandschaften**.

(Quelle: Leitbilder und Handlungsstrategien für die Raumentwicklung in Deutschland, BMVBS, 2006)

M5 Leitbilder und Handlungsstrategien für die Raumentwicklung in Deutschland

Kern der Deutschen Nachhaltigkeitsstrategie ist ein Nachhaltigkeitsmanagementsystem: Es definiert Ziele mit Zeitrahmen zur Erfüllung, Indikatoren für ein kontinuierliches Monitoring sowie Regelungen zur Steuerung und Festlegungen zur institutionellen Ausgestaltung.
Die Neuauflage der nationalen Nachhaltigkeitsstrategie steht im Zeichen der Agenda 2030 der Vereinten Nationen und ihrer 17 Sustainable Development Goals. So entsprechen die 17 nationalen Ziele der neuen Deutschen Nachhaltigkeitsstrategie den globalen Zielsetzungen. [...]
Die bisherige nationale Nachhaltigkeitsstrategie gliederte sich in vier Nachhaltigkeitsbereiche: Generationengerechtigkeit, Lebensqualität, sozialer Zusammenhalt und internationale Verantwortung. Diese stellten die Leitlinien der Strategie und zugleich deren Anspruch dar. [...]
Durch die Agenda 2030 der Vereinten Nationen mit ihren 17 Entwicklungszielen und die Gliederung der neuen Deutschen Nachhaltigkeitsstrategie nach diesen Zielen kamen nun neue Themenfelder hinzu: [...] Armut, Wasser- und Sanitärversorgung, Konsum- und Produktionsmuster sowie die Meere.

(Quelle: Neuauflage der deutschen Nachhaltigkeitsstrategie, Statistisches Bundesamt, 2017, M. Blumers, S. C. Kaumanns)

M6 Indikatoren der Deutschen Nachhaltigkeitsstrategie und deren Maßnahmen

1 *Beschreiben Sie die Flächennutzung und ihre Entwicklung in Deutschland (M3, M4).*
2 *Erklären Sie beispielhaft Ursachen der Nutzungskonflikte (M2, M5).*
3 *Erörtern Sie die nationalen Handlungsstrategien zu Flächennutzung und Nachhaltigkeit (M2, M4 – M6).*
Z1 *Nehmen Sie Stellung zum Konzept des Urban Gardenings als Maßnahme gegen den steigenden Verbrauch von landwirtschaftlicher Fläche (M1, Internet).*

M 1 Lage des Windparks „Arcadis-Ost“

M 2 Offshore-Windkraftanlagen werden auch vor der Insel Rügen errichtet

Windräder in der Ostsee – ein Beispiel nachhaltiger Raumentwicklung?

Die technische Entwicklung und die zunehmenden wirtschaftlichen Verflechtungen im Ostseeraum führen zur Intensivierung der Nutzung des Küstenmeeres. Völlig neue Nutzungsansprüche, wie z. B. Windenergieparks, kommen zu vorhandenen Nutzungen (z. B. Schifffahrt) hinzu. Konkurrierende Raumnutzungsansprüche sollten infolgedessen vorbeugend aufeinander abgestimmt werden. Konflikte sind so vermeidbar. Bestehende Gegensätze müssen dagegen im Sinne einer effektiven Erhaltung und Nutzung des Küstenmeeres abgebaut werden. Das Land Mecklenburg-Vorpommern regelt mögliche Nutzungskonkurrenzen vor der Küste des Bundeslandes raumordnerisch im Landesraumentwicklungsprogramm, das 2016 erneuert wurde (M5).

Viele Experten sehen die Zukunft der Stromerzeugung auf dem Meer, da die Windenergieanlagen im Vergleich zum Land hier fast doppelt so viel Strom erzeugen können. Kritiker monieren hingegen die Leitungsverluste bis zum Verbraucher. Ablehnung schlägt den geplanten Windrädern vor der Küste Rügens teilweise auch von Fischern, der Schifffahrt und Tourismusvertretern entgegen. Letztere mahnen gemeinsam mit Anwohnern die Beeinträchtigung des Landschaftsbildes an.

Auch die Kosten der Windkraft („Arcadis-Ost“: über eine Milliarde Euro) und der Eingriff in sensible Ökosysteme stehen in der Kritik.

Lage: innerhalb der 12-Seemeilen-Zone, 19 km nordöstlich von Kap Arkona (Rügen)
Größe: 15 km lang; 3,5 km breit; 30 km² Fläche
Anzahl der Anlagen: 58 (Nabenhöhe: 100 m; Rotordurchmesser: 150 m), eine Umspannplattform
Leistung: 350 MW
Netzanschluss: Seekabel nach Rügen
Geologie: Wassertiefe 24 m; darunter 20 m mächtige Lockersedimente; fester Grund etwa 44 m unter der Wasseroberfläche

M 3 Projekt Offshore-Windpark „Arcadis-Ost“

- Innerhalb der marinen **Vorranggebiete** für Windenergieanlagen ist der Errichtung von Windenergieanlagen Vorrang vor anderen raumbedeutsamen Nutzungsansprüchen einzuräumen.
- Die konkrete Ausformung der Windparks im marinen **Vorbehaltsgebiet** für Windenergieanlagen sowie die Ermittlung der konkreten Standorte für die Errichtung der Anlagen sind im Rahmen von **Raumordnungsverfahren** zu prüfen.
- Außerhalb der marinen Vorranggebiete für Windenergieanlagen, des Vorbehaltsgebiets für Windenergieanlagen und des marinen Vorranggebiets für Windenergieanlagen zu Testzwecken dürfen im Küstenmeer keine Windenergieanlagen errichtet werden.

(Quelle: LEP-MV 2016, S. 95 / 96, gekürzt)

M 4 Windparks und Raumordnung

100800-066-01 www.diercke.de
100800-068-02 www.diercke.de

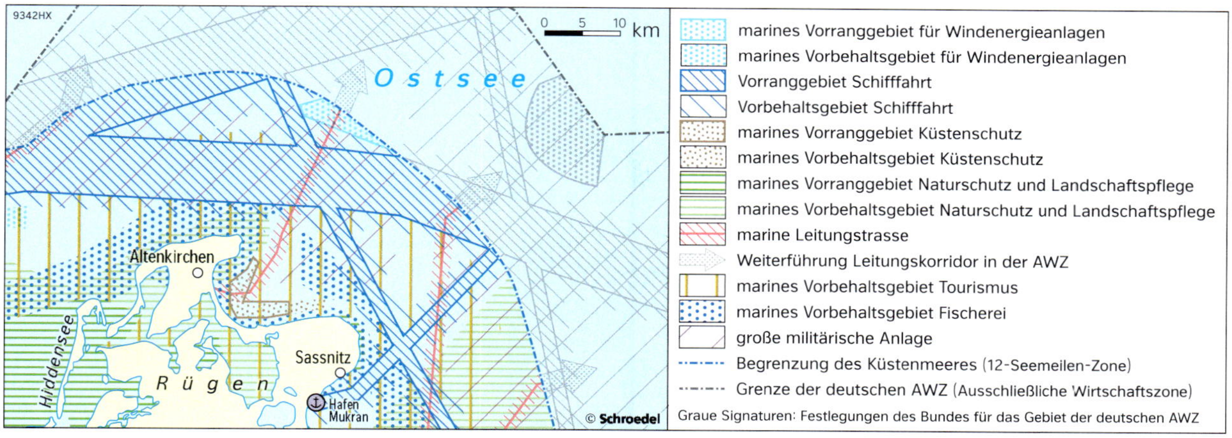

M5 Ausschnitt aus der Karte zum Landesraumentwicklungsprogramm: die Küste vor der Insel Rügen

Die Naturschutzverbände verwiesen darauf, dass sich nördlich von Rügen Schweinswale aufhalten. Trotz der relativ geringen Individuenzahlen bedürfen sie eines besonderen Schutzes (da akut vom Aussterben bedroht). Für die Betriebsphase werden keine großräumigen Auswirkungen erwartet, allerdings erhebliche Beeinträchtigungen während der Bauphase. Bei Anwendung aller Vermeidungs- und Minderungsmaßnahmen sowie ggf. von Vergrämungsmaßnahmen kann aber davon ausgegangen werden, dass der mit den Bauarbeiten verbundene Unterwasserschall nicht so stark ist, dass die Bauarbeiten nach dem **Bundesnaturschutzgesetz** verboten werden müssten.

(nach: Landesplanerische Beurteilung, S. 31 f.)

M6 Beispiel für eine Abwägung in der landesplanerischen Beurteilung des Projektes „Arcadis-Ost"

In der Gesamtabwägung zwischen
- dem überwiegenden öffentlichen Interesse an der Nutzung erneuerbarer Energien,
- den vorgelegten Antragsunterlagen,
- den im Raumordnungsverfahren gewonnenen zusätzlichen Erkenntnissen,
- den potenziellen Auswirkungen auf:

– Schutzgüter entsprechend dem **Umweltverträglichkeitsprüfungs-Gesetz**,
  – Schutzgebiete,
  – besonders geschützte Arten sowie
  – auf weitere Nutzungsansprüche

wird die grundsätzliche Notwendigkeit und Realisierbarkeit des Vorhabens aus Sicht der Raumordnung festgestellt.

(nach: Landesplanerische Beurteilung, S. 73)

M8 Ergebnisse des Raumordnungsverfahrens zum Projekt „Arcadis-Ost"

2006: Erstberatung Betreiber / Landesplanung

2007–2010: Planungsphase Betreiberunternehmen

2010–2013: Raumordnungsverfahren der Landesplanungsbehörde Mecklenburg-Vorpommern, Abschluss mit positiver landesplanerischer Beurteilung (Voraussetzung für Baugenehmigung)

2014: Baugenehmigung durch das Staatliche Amt für Landwirtschaft und Umwelt in Stralsund

bis 2015: Abschluss der Projektfinanzierung durch den Betreiber

2016: Baubeginn

2018: geplante Inbetriebnahme

M7 Chronik und Ausblick des Projekts „Arcadis-Ost"

1 *Beschreiben Sie das Potenzial des Standortes von „Arcadis-Ost" (M1 – M4, Atlas).*

2 *Erläutern Sie die Nutzungsinteressen der Kritiker des Projektes (M5, M6, Text).*

3 *Vergleichen Sie Pro und Kontra der Nutzung des Windparks Arcadis-Ost in einer Tabelle (M1 – M7).*

4 *Beurteilen Sie die Notwendigkeit des Projektes „Arcadis-Ost" (M1 – M8).*

5 *Nehmen Sie zur Nachhaltigkeit des Projektes Stellung (M1 – M6).*

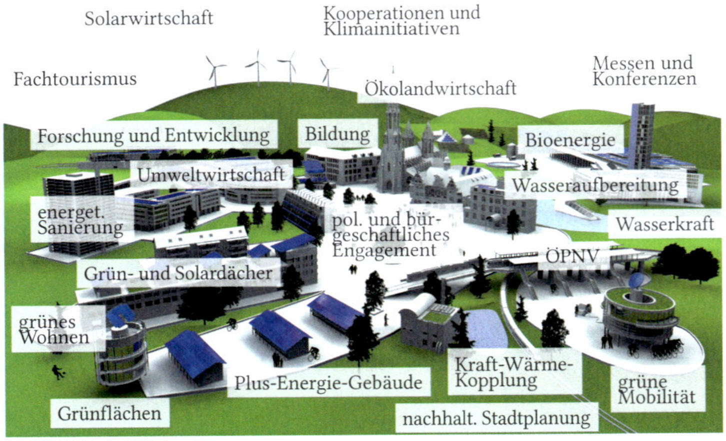

M1 Freiburg – „Green City" der Zukunft

Einwohnerzahl:	224079 (2017)
Erwerbstätige:	116976
sozialversicherungspflichtig Beschäftigte:	109400
Beschäftigtenanteile:	10 % verarbeitendes Gewerbe, 86 % Dienstleistungen
Berufspendlersaldo pro Tag:	+42498
Bruttoinlandsprodukt:	8207 Mio. Euro (+1,6 % zum Vorjahr)
BIP-Anteile:	19 % verarbeitendes Gewerbe, 81 % Dienstleistungen
Schulden (Kernhaushalt und Eigenbetriebe):	353 Mio. €

M3 Strukturdaten Freiburgs (Stadt Freiburg 2015)

Nachhaltige Stadtentwicklung

Nachhaltige Stadtentwicklung am Beispiel Freiburgs

Freiburg ist eine wachsende Stadt und wird voraussichtlich auch in den kommenden Jahren weiter wachsen. Eine Folge dieses beständigen Bevölkerungswachstums ist ein hoher Nutzungsdruck auf die Flächen, insbesondere für den Wohnungsbau. Die Stadt kann darauf reagieren, indem sie neue Flächen für Nutzungen freigibt oder vorhandene Flächen umnutzt bzw. verdichtet.
Für Freiburg ergab sich aus dieser Situation die Notwendigkeit, Strategien für eine nachhaltige Siedlungsentwicklung zu schaffen. Dies sollte mithilfe des Nachhaltigkeitskompasses (M2, M4) geschehen.

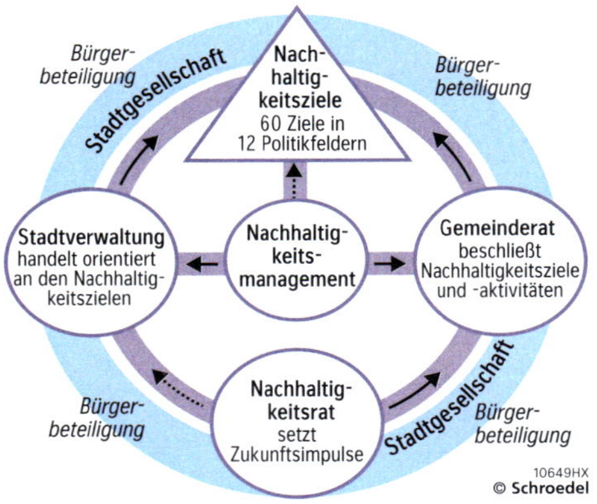

M2 Freiburger Nachhaltigkeitskompass – Steuerungstool zur Überprüfung von Wirkungen nachhaltiger Entwicklung in Kommunen

Der Nachhaltigkeitskompass beinhaltet unterschiedliche Methoden zur Weiterentwicklung der Freiburger Nachhaltigkeitsstrategie. Mithilfe zahlreicher Projekte, Aktivitäten und Initiativen soll das umfassende Engagement der Bürgerschaft, der Politik und der Verwaltung sichtbar gemacht werden.
Um die bereits vorhandenen und bisher gewonnenen Erfahrungen zu bündeln und die städtische Nachhaltigkeitsorientierung weiter auszubauen, wurde Anfang 2011 das „Nachhaltigkeitsmanagement Freiburg" als Stabsstelle beim Oberbürgermeister gegründet. In der Freiburger Stadtverwaltung wurde eine Arbeitsgruppe Nachhaltigkeit gebildet, die aus Fachexperten verschiedener nachhaltigkeitsrelevanter Ämter und Dienststellen besteht. Die Gruppe trägt zur dezernatsübergreifenden Vernetzung bei, greift Themenstellungen auf und stößt neue Initiativen und Projekte an.
Das fachliche Engagement der städtischen Ämter und Dienststellen mit zahlreichen Projekten und Aktivitäten zeigt die umfassende Verpflichtung der Stadt Freiburg für eine nachhaltige Entwicklung. Der Gemeinderat legt im Sinne einer Gesamtsteuerung die Ziele und die Rahmenbedingungen des kommunalpolitischen Handelns fest. Neben der Erarbeitung und Entwicklung der Freiburger Nachhaltigkeitsziele hat der Nachhaltigkeitsrat (M2) die Aufgabe, den Gemeinderat und die Stadtverwaltung in der Entwicklung hin zu einer zukunftsfähigen Kommune zu beraten. Als Organ der städtischen Selbstverwaltung veranlasst er auch selbst zahlreiche konkrete Einzelmaßnahmen.

M4 Handlungsakteure des Nachhaltigkeitskompasses

100800-069-07 www.diercke.de

1. Governance
- vor der Entscheidung über wichtige Themen der Stadtpolitik wird die Stadtgesellschaft beteiligt

2. Management für Zukunftsbeständigkeit
- nachhaltige Entwicklung wird durchgängiges Entscheidungsprinzip in der Stadtverwaltung

3. natürliche Gemeinschaftsgüter
- Erhaltung der Biodiversität und der naturnahen Ökosysteme
- Sicherung der kleinteiligen, durch Artenvielfalt geprägten **Natur**- und **Kulturlandschaft**

4. Konsum und Lebensweise
- zukunftsbeständige Produktionsverfahren und verantwortungsvolles Konsumverhalten fördern

5. Stadtplanung und Stadtentwicklung
- schrittweise Reduzierung des Flächenverbrauchs im Außenbereich der Stadt, Deckung des Flächenbedarfs für Wohnen und Gewerbe durch maßvolle Innenentwicklung

6. verbesserte Mobilität, weniger Verkehr
- Verminderung des motorisierten Individualverkehrs durch integrierte Stadt- und Verkehrsplanung (**Stadt der kurzen Wege**)

7. kommunale Gesundheitsförderung
- Bevölkerung vor gesundheitsbelastenden Einwirkungen, insbesondere Lärm, Schadstoffen und Unfällen schützen

8. dynamische, zukunftsbeständige Wirtschaft
- Unterstützung der Schaffung von Arbeitsplätzen für nicht oder nur gering qualifizierte Arbeitskräfte

9. soziale Gerechtigkeit
- Armut bekämpfen, existenzsichernde Arbeitsplätze und Beschäftigungsmöglichkeiten schaffen und fördern sowie soziale Ausgrenzung verhindern

10. Bildung
- Schulabschluss für jeden Schüler und jede Schülerin – kein Abschluss ohne Anschluss

11. Klima und Energie
- Senkung der CO_2-Emissionen

12. Kultur
- die Teilhabe an kulturellen Angeboten und kulturellen Aktivitäten fördern und für alle gesellschaftlichen Gruppen ermöglichen

(Quelle: Freiburger Nachhaltigkeitsrat 2015, gekürzt)

M5 Handlungsfelder und Beispiele für Ziele nachhaltiger Entwicklung in Freiburg

Projekt (Baubeginn)	Informationen zum geplanten Projekt
Rieselfeld (1995)	Stadtnahes Leben im Grünen: eine 70 Hektar große Fläche im Westen Freiburgs. Es existieren Häuser mit maximal fünf Etagen sowie viel Grün- und Freiraum, v. a. preiswerte Mietwohnungen, Eigentumswohnungen, Einfamilienhäuser sowie Kindereinrichtungen und Schulen. Der Stadtteil ist verkehrsberuhigt und dennoch äußerst verkehrsgünstig gelegen.
Vauban (1998)	Nachhaltiges Wohnen im innenstadtnahen Quartier Vauban (41 ha): Vauban ist heute ein attraktiver, familienfreundlicher, autoreduzierter Stadtteil für etwa 5500 Einwohner. Niedrigenergiebauweise ist verpflichtend, Passivbauweise, Plusenergiebauweise und der Einsatz von Solartechnik sind für die meisten Gebäudestandard.
Dietenbach (2017)	Bezahlbarer Wohnraum: 109 Hektar große Fläche, 26,9 Hektar davon sind Grünflächen. Erbaut, um dem weiteren Anstieg der Wohn- und Mietpreise entgegenzuwirken. Ist ein sozial- und altersgemischtes Wohnquartier mit hoher Wohnqualität, ein Stadtteil der kurzen Wege mit dezentraler Eigenständigkeit und der sozialen Teilhabe, Funktionsmischung, bedarfs- und standortgerechten Versorgung mit sozialer Infrastruktur. Es gibt mehrere vielfältig nutzbare Freiflächen und eine integrierte Verkehrsplanung mit Fokus auf den Umweltverbund.
Mooswald West (ab 2018)	Ausbau vorhandener Flächen: 13 Hektar Fläche (davon ca. 11 Hektar Wald) am Westrand des Stadtteils Mooswald. Es soll ein gemischtes Wohnviertel entstehen. Der Lärm und die Luftbelastungen sind abzuschirmen und das Viertel soll sich zum bestehenden Stadtteil hin öffnen. Das Projektgebiet wird mit neuen öffentlichen Grün- und Freiräumen versehen.

M6 Umgesetzte und geplante Projekte nachhaltiger Stadtentwicklung in Freiburg

1 *Fassen Sie das Konzept zur Nachhaltigkeit in der Stadt Freiburg zusammen (M2 – M4).*

2 *Überprüfen Sie die Berücksichtigung der Handlungsfelder (M5) in den Stadtentwicklungsprojekten (M6).*

Z1 *Erstellen Sie eine Präsentation zum Zukunftsprojekt „Grüne Stadt" der Stadt Freiburg (M1, Internet).*

www.freiburg.de (Stichwort: Green City)

M1 Im Stadtviertel Vauban in Freiburg

Beispiel: Freiburg-Vauban

Daten des Freiburger Stadtviertels Vauban (2013):

- *Größe 41,3 ha, davon 6 % öffentliche Grünflächen;*
- *Kaltmiete für eine 80-m^2-Wohnung: 750 Euro (Mittelwert Freiburg: 691 Euro bei ähnlichem Standard);*
- *Altersdurchschnitt: 28,6 Jahre;*
- *Wohnfläche pro Person: 31,6 m^2 (unterdurchschnittlich im Stadtvergleich)*

Das Quartier Vauban liegt etwa 3,5 Kilometer südlich der Innenstadt Freiburgs. Hauptachse ist die Vaubanallee, von der die Nebenstraßen abgehen. Entlang der Vaubanallee befinden sich zwei öffentliche Plätze, der Paula-Modersohn-Platz als Eingangsbereich und der Alfred-Döblin-Platz als zentraler Marktplatz.
In Nord-Süd-Richtung verlaufen fünf Grünachsen, die im Süden in das Naturschutzgebiet am Dorfbach und das Naherholungsgebiet Schönberg übergehen.
Flächen für misch- und gewerbliche Nutzungen befinden sich im nördlichen Teil des Quartiers. Im Gebiet gibt es Einfamilienhäuser und Mehrfamilienhäuser. In der sogenannten Solarsiedlung wurden Plusenergiehäuser errichtet. Diese Häuser gewinnen mehr Energie, als sie von außen beziehen.
Die Straßen in Vauban sind nach Höchstgeschwindigkeiten und Straßenbreite gestuft: von den übergeordneten Straßen am Rande des Quartiers über die Haupterschließungsachse Vaubanallee bis hin zu den verkehrsberuhigten Bereichen in den Wohngebieten.
Das Fuß- und Radwegenetz ist separiert vom Straßenverkehr und erschließt das gesamte Gebiet. Der Stadtteil wird durch vier Buslinien und eine Stadtbahnlinie erschlossen.
Die Wohngebiete sind weitgehend stellplatzfrei. Sie besitzen selbst keine Park- oder Autostellplätze; diese befinden sich in zwei Gebäuden am Rande des Gebietes. Kostenpflichtige öffentliche Parkplätze gibt es entlang der Vaubanallee. Lediglich im dritten Bauabschnitt wurden Tiefgaragen realisiert.

(nach: Sommer, U. u. a.: Lernen von Vauban, PT_Materialien 32, S. 17 f., Aachen 2014)

M2 Die städtebaulichen Strukturen und die Verkehrsstrukturen im Stadtviertel Vauban

1937: Eine Kaserne der Wehrmacht entsteht.

1945: Die französische Armee übernimmt die Kaserne und gibt ihr den Namen „Vauban“. Sie nutzt die Kaserne bis 1992.

ab 1992: Zwischennutzung, u. a. als Notunterkunft und Sammelstelle für Asylbewerber

1994: Gründung des Vereins Forum Vauban

1998: Baubeginn der ersten neuen Wohnhäuser nach Abriss vieler Kasernengebäude. Die künftigen Bewohner organisieren sich in Baugruppen bzw. Genossenschaften, die gemeinsam planen und bauen. Alle Wohnhäuser entsprechen dem Freiburger Niedrigenergiestandard. Ein Quadratmeter Wohnfläche kostet 2500 bis 3500 Euro.

2006: Straßenbahn verbindet den fast autofreien Stadtteil mit der Innenstadt. Einige Kasernen werden zu Studentenwohnheimen umgebaut.

2008: Vauban wird ein eigener Stadtteil Freiburgs. Der Versorgung dienen u. a. Geschäfte für Backwaren, Bekleidung, Blumen, Drogerieartikel und Fahrräder, ein Supermarkt und eine Apotheke.

2010: Es gibt ca. 600 Arbeitsplätze. Die Bevölkerungsdichte liegt mit 13 000 Einw./km^2 auf dem Niveau der Innenstädte deutscher Großstädte.

2010: Vauban wird als gelungenes Beispiel der Stadtentwicklung auf der EXPO in Shanghai präsentiert.

2015: Im Viertel leben 5600 Menschen, überwiegend Familien. Als letzter Gebäudekomplex entsteht ein Wohn- und Geschäftshaus.

M3 Chronik des Stadtviertels Vauban

100800-069-07 www.diercke.de

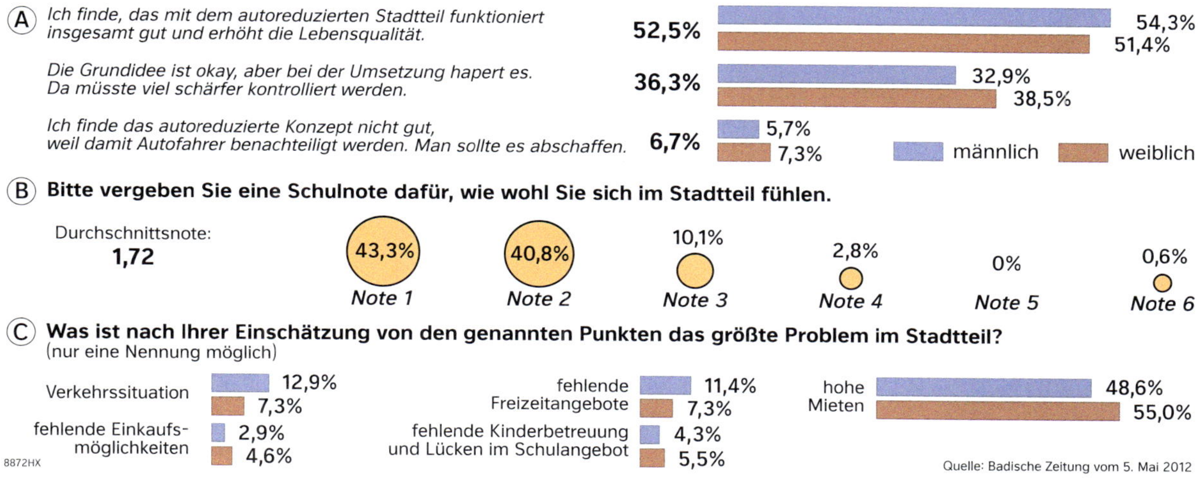

M4 Ergebnisse einer Umfrage unter Bewohnern des Stadtviertels Vauban

- Die ursprünglich angestrebten Zielsetzungen wurden in hohem Maße umgesetzt.
- Die kleinteilige Aufteilung der Grundstücke, die Vielfalt der Trägerschaft und die offenen planungsrechtlichen Rahmensetzungen haben ein Quartier der baulichen Vielfalt entstehen lassen. Dies ist beispielhaft für künftige Siedlungen dieser Art.
- Das Quartier Vauban erweist sich als Mosaik hinsichtlich der Formen des Wohnungsbaus.
- Für zahlreiche Haushalte war das Mobilitätskonzept so überzeugend, dass sie einige Zeit nach Einzug auf ihr Auto verzichteten. Es wird aber auch deutlich, dass bestimmte Elemente – insbesondere der Verzicht auf Stellplätze für Pkw in den Wohnbereichen – auch auf Ablehnung stoßen. Es gibt immer wieder Auseinandersetzungen dazu.
- In gewisser Weise ist der Stadtteil Opfer seines Erfolges. Die enormen Preissteigerungen bei den Immobilien erhöhen die Zugangsschwelle. Insgesamt aber und an anderen Wohnquartieren gemessen, besteht eine erhebliche soziale Spannweite innerhalb des Stadtviertels.
- Wohnsiedlungen bedürfen einer räumlichen Grundstruktur, die prägt und Orientierung gibt. Das gilt zum Beispiel für Freiräume oder das Netz der Straßen, Alleen, Wege und Plätze.
- Fehler des Siedlungsbaus, wie sie in den 1970er-Jahren gemacht wurden, konnten im Vaubanviertel vermieden werden: Hier wurde von Anfang an die notwendige Infrastruktur realisiert.
- Vieles von dem, was im Quartier Vauban umgesetzt wurde, setzte das Engagement der Stadt Freiburg voraus. Sie hat aktiv die Entwicklung gesteuert (z. B. Zwischenerwerb von Bauflächen).
- Wer neue Quartiere bauen will, muss Gemeinschaftsaufgaben bewältigen. Dabei geht es um weit mehr als Bürgerbeteiligung. Mit langem Atem sind vielschichtige Prozesse zu gestalten.

(nach: U. Sommer, C. Wiechert: Lernen von Vauban, PT_Materialien 32, S. 106 ff., Aachen 2014)

M5 Versuch eines Fazits nach Abschluss der Neubautätigkeit im Vaubanviertel

Schlagzeile:

Im Jahr 2009 schaffte es Freiburg-Vauban sogar auf die Seite 1 der New York Times. Die Schlagzeile lautete: „In German suburb, life goes on without cars.“

1 *Beschreiben Sie das Quartier Vauban (M2, Atlas).*

2 *Stellen Sie dar, inwiefern der Nachhaltigkeitskompass (S. 68 M2) und die Handlungsfelder nachhaltiger Stadtplanung (S. 69 M5) im Quartier Vauban berücksichtigt wurden (M1 – M5).*

3 *Beurteilen Sie anhand von M4 die Zufriedenheit der Bewohnerinnen und Bewohner.*

Z1 *a) Recherchieren Sie die Wahrnehmung des Projektes Freiburg-Vauban außerhalb Deutschlands.*
b) Erstellen Sie eine Präsentation zu ihren Rechercheergebnissen.

100800-069-08
www.diercke.de

Bevölkerungsentwicklung Londons:

1801: 1,0 Mio.
1901: 6,2 Mio.
1951: 8,1 Mio.
2001: 7,1 Mio.
2015: 8,6 Mio.
*2030: 9,7 Mio.**
(Prognose)*

M1 London: Canary Wharf-Hafengelände in den Docklands im Bezirk Tower Hamlets 1962

M3 London: Canary Wharf-Hafengelände in den London Docklands im Bezirk Tower Hamlets 2014

FIRE-Sektor:

Zusammengesetzt aus den Begriffen Finance (Finanzwesen), Insurance (Versicherungen), Real Estate (Immobilienwirtschaft). Eine Anhäufung von Unternehmen dieses Wirtschaftsbereiches findet sich in den Global Cities.

Thames-Gateway:

Thames-Gateway ist ein Entwicklungskorridor, der sich an beiden Ufern der Themse von London über die Metropolitangrenze nach Thurrock und Dartford im Osten erstreckt. Der mit Finanzproblemen behaftete, z. T. Altindustrieraum bietet London im Südosten eine einmalige Gelegenheit, das Land mit einer Mischung aus Industrie, Wohnraum, Freiflächen und lokalen Einrichtungen zu entwickeln. Zu teilen leidet das kostenintensive Projekt aber heute unter Finanzmangel und Akzeptanz in der Bevölkerung, weshalb zum Beispiel die Thames-Gateway-Bridge bisher nicht realisiert wurde.

London – Erneuerung einer Metropole

London zählt zu den Städten der Welt, die sich in den vergangenen Jahrzehnten städtebaulich, vor allem in Ihrem Zentrum, stark verändert und erneuert haben.

Bereits nach dem Zweiten Weltkrieg erkannten Stadtplaner, dass durch die Dezentralisierung der Industriestandorte und die Umsiedlung innerstädtischer Bewohner in sogenannte New Towns im Umland eine Verbesserung der Lebensqualität erreicht werden könnte. Für Londons Innenstadt bedeutete diese Entwicklung einen Funktionsverlust.

Zur selben Zeit wanderten viele ansässige Industrieunternehmen ins Umland. Als Folgen daraus verlor unter anderem der Londoner Hafen an Bedeutung und die Expansion der FIRE-Sektoren (vgl. Randspalte) im Raum verschärfte die soziale Situation in der Bevölkerung in den 1980er-Jahren extrem. Die Arbeitslosigkeit stieg in der ursprünglich ansässigen Bevölkerung.

Erst Ende der 1990er-Jahre wurde die sogenannte „Urban Renaissance" eingeläutet, deren Kernziele eine nachhaltige Stadterneuerung und die soziale Durchmischung waren. Wiederbesiedlung und Regeneration der Innenstadt, Stadtteilzentren, der Ausbau des öffentlichen Nahverkehrs, die Schaffung von Grünanlagen und die Erhöhung baulicher Dichte bzw. Mischnutzungen waren die Leitbilder.

In den folgenden Jahren verschob sich der Fokus hin zu den bis dato vernachlässigten und stark zersiedelten Außenbezirken (M4) wie den Docklands (M6) oder Stratford (vgl. S. 74 / 75). Die Stadtentwicklung der letzten Jahre wurde durch die Finanz- und Wirtschaftskrise, soziale Unruhen sowie die Olympischen Sommerspiele 2012 geprägt. Doch die Zukunft Londons birgt große Herausforderungen, die unter dem Leitbild der Nachhaltigkeit und einer stark wachsenden Bevölkerung steht.

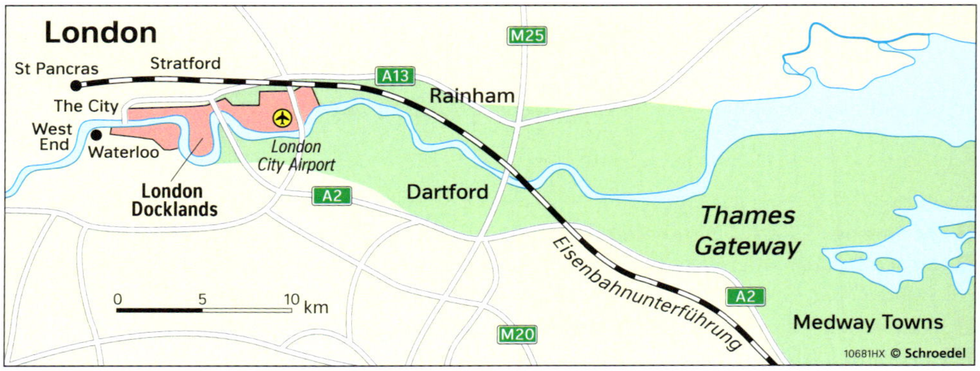

M2 Einbindung der Docklands in London

100800-126-01 www.diercke.de

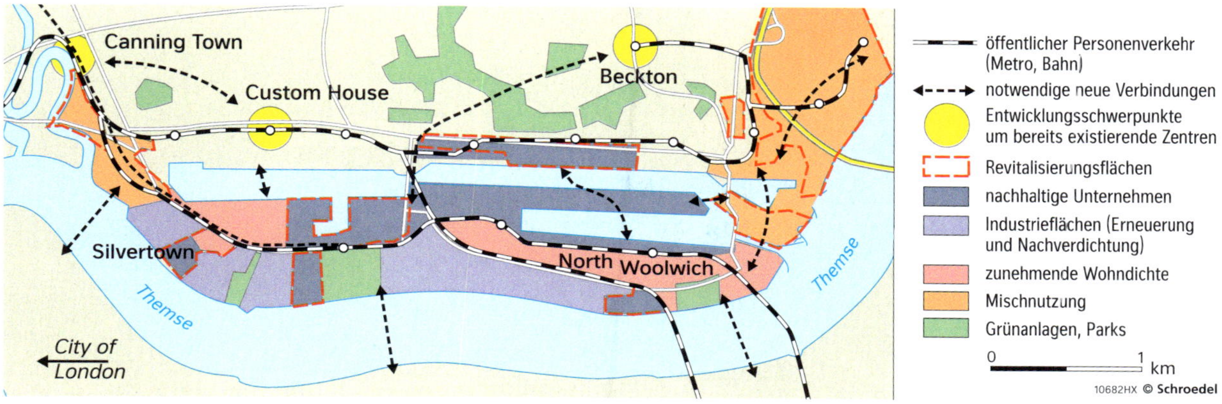

M4 Nachhaltige Stadtentwicklung am Beispiel des Green Port in den Docklands (Lower Lea Valley)

1. Dichte im Städtebau, d.h. die Schaffung kompakterer und dennoch hochwertiger baulicher Strukturen, die ein Ausufern der Siedlungen in die Fläche verhindern sollen [...], durch bessere Ausschöpfung und Erweiterung von Nutzungspotenzialen im bereits bebauten Bereich der städtischen Innenentwicklung. Die nachhaltige Stadtentwicklung setzt also in der Flächen-, Gewerbe- und Wohnungspolitik auf die Entwicklung des Bestandes: „Renovierung, Instandsetzung und Umwidmung vorhandener Gebäude sowie Flächenrecycling und Verdichtung [...].“
2. Nutzungsmischung, d.h., Ziel [...] ist u.a. die funktionale Mischung innerhalb von Stadtquartieren durch Verflechtungen von Wohnen und Arbeiten, aber auch von Versorgung und Freizeit [...]. Von Bedeutung sind auch die Förderung sozialer Mischungen [...]. Die **„kompakte Stadt“** oder auch die „Stadt der kurzen Wege“ [...] kann zur Reduzierung des motorisierten Individualverkehrs [beitragen].
3. Dezentrale Konzentration: Dadurch können der anhaltende Siedlungsdruck im Umland der Städte auf ausgewählte Siedlungsschwerpunkte gebündelt und etwa auch eine größere Tragfähigkeit des ÖPNV erreicht werden. [...]

Diese Strategien [...] erfordern eine Beteiligung bzw. Partizipation von Akteuren aus Politik, Verwaltung, Wirtschaft und Bürgerschaft, wie es von den Lokalen Agenden 21 gefordert wird.

(Quelle: H. Heineberg: Stadtgeographie, Paderborn 2006, S. 129 ff.)

M5 Ordnungsprinzipien aus dem Leitbild nachhaltiger Stadtentwicklung (Beschluss: UN-Konferenz, 1992)

Bis zum Jahr 2050:
- werden 1,5 Millionen zusätzliche Häuser oder Wohnungen benötigt;
- werden über 600 neue Schulen gebraucht;
- wird die Energieerzeugung um 20 % steigen;
- wird die ÖPNV-Kapazität um 70 % zunehmen;
- werden 40 neue Müllentsorgungsstationen benötigt;
- sollte der Thames-Tideway-Tunnel (Unterquerung der Themse) gebaut sein;
- sollten 10 % mehr Grünflächen in der City und den Subzentren geschaffen werden;
- werden zusätzlich 9000 ha Parks und Grünflächen in London benötigt;
- soll das digitale Kommunikationsnetz ausgebaut werden (High-Speed-Internet).

M6 Londons zukünftige Herausforderungen

1 *Beschreiben Sie die Stadtentwicklung Londons am Beispiel der Docklands (M1 – M4, Atlas).*

2 *Stellen Sie in einer Mindmap die Herausforderungen Londons in der Stadtentwicklung dar (M6).*

3 *Nehmen Sie Stellung, inwiefern das Leitbild der nachhaltigen Stadtentwicklung (M5) am Beispiel der London Docklands umgesetzt wurden (M1 – M4).*

Z1 *Recherchieren Sie weitere stadtplanerische Maßnahmen und Projekte von London.*

Z2 *Erläutern Sie die Funktion des Thames-Gateway (M2) für die Entwicklung Londons (linker Rand).*

www.cityoflondon.gov.uk (Services / Environment and planning)

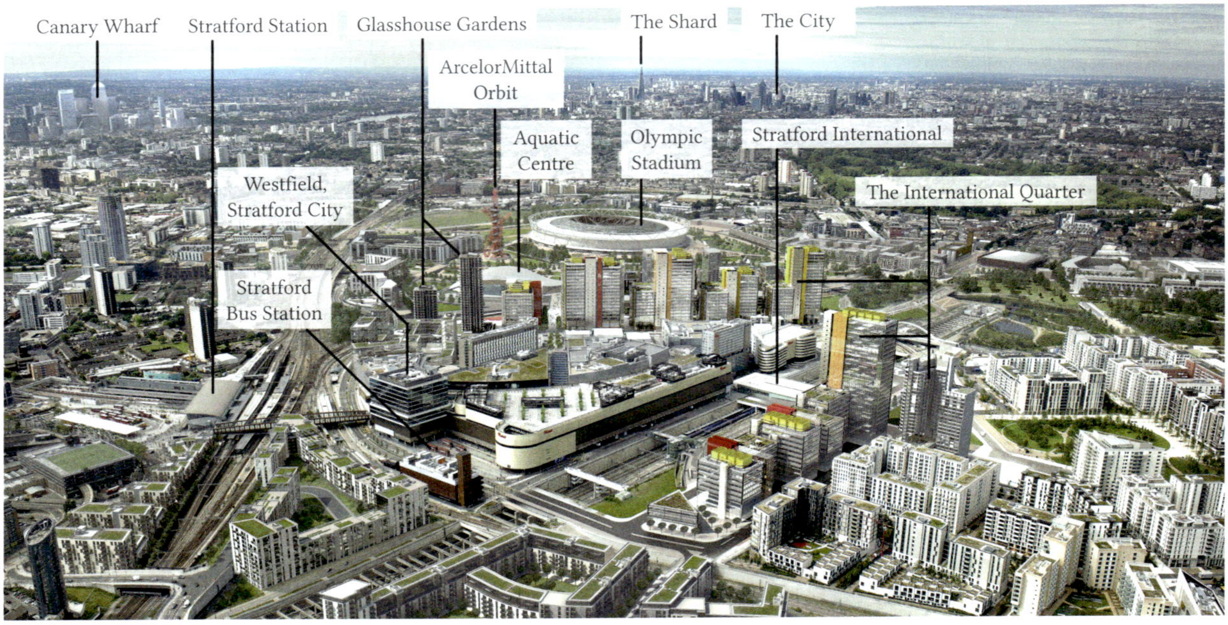

M1 Der Olympische Bereich von 2012: Stratford in Ostlondon

Die Olympiastadt London 2012 – ein Beispiel nachhaltiger Stadtplanung?

2005 erhielt London den Zuschlag für die Durchführung der Olympischen und der Paralympischen Sommerspiele 2012 und versprach, die ersten nachhaltigen Spiele der Geschichte auszurichten. Im Fokus sollte das Nachhaltigkeitskonzept „A blueprint for change“ (M2) stehen: Dieses Konzept basierte auf den fünf Schwerpunkten Klimawandel, Biodiversität, Abfallentsorgung, soziale Teilhabe und gesundes Leben.

Das Ziel war aber nicht nur, die bestehenden Londoner Sportstätten wieder zu nutzen, sondern im Londoner Osten (v. a. im Bezirk Borough of Newham) das Lower Lea Valley, ehemals eines der wohl unwirtlichsten Orte Londons, nachhaltig zu sanieren und zu gentrifizieren. Auf dem Gelände ehemaliger Fabrikhallen, Müllhalden sowie auf kontaminierten Böden wurde in diesem Bereich East Londons in nur sieben Jahren ein Verkehrsknotenpunkt Londons mit hochmodernem Sportpark, Europas größter Shoppingmall und attraktivem Wohnraum im Grünen entwickelt. Entscheidend dafür waren die **Standortfaktoren** Stratfords, wie das bestehende, erweiterungsfähige Verkehrsnetz, die Wassernähe (Themse, Hafen), die bereits vorhandene Versorgungsinfrastruktur und die schon „aufgewertete Nachbarschaft“ (z. B. der Bereich der Docklands).

- **Klimawandel** (z. B. CO_2-arme Olympische Spiele und Bauten)
- **Abfall / Müll** („Zero-Waste-Spiele“, Recycling)
- **Biodiversität** (z. B. Schaffung neuer Grünflächen)
- **gesunde Lebens- und Arbeitsbedingungen** (Spiele als Inspiration)
- **„Einbindung“** (Revitalisierung des Raumes Lower Lea Valley im Bezirk Stratford, East London)

(Quelle: CSLondon, 2013)

M2 Schwerpunkte / Ziele (Auswahl) des Londoner Olympia-Konzeptes „A blueprint for change“

- 57 % Reduktion des Trinkwasserverbrauchs durch z. B. Wasseraufbereitung,
- Energiegewinnung mit Blockheizkraftwerken und Biogasanlagen (Klima),
- 2000 t Müll wurden entsorgt,
- 98,5 % des entsorgten Mülls wurden sortiert, aufbereitet und z. T. wiederverwendet,
- 80 % des Bodens des Olympic Parks wurden ausgetauscht und gereinigt,
- 5 km Wasserstraße wurden ausgebaggert, gereinigt oder erneuert,
- 1 ha **Ausgleichsfläche** (East Marsh) für Flora und Fauna wurden geschaffen

(Quelle: CSLondon 2013)

M3 Auswahl erreichter Ziele des Nachhaltigkeitskonzeptes „A blueprint for change“

100800-126-01 www.diercke.de

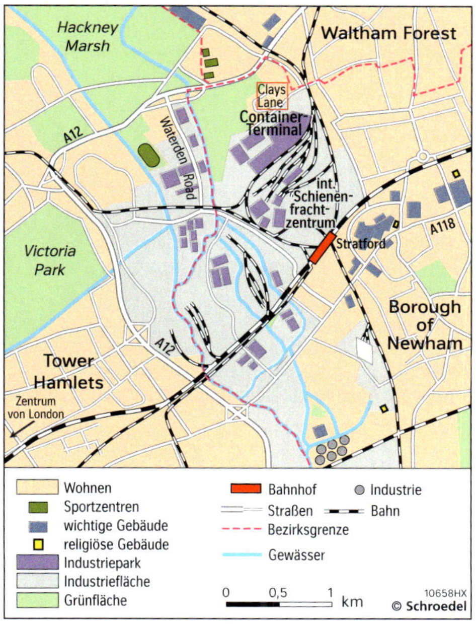

M4 Stratford 1980

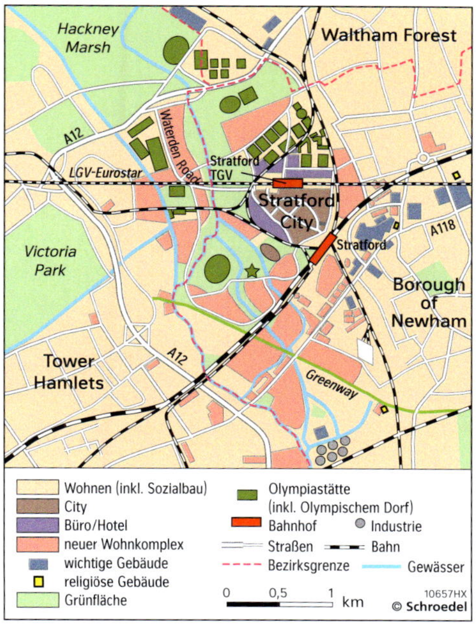

M6 Stratford 2012

M8 Lage von Stratford in London

Bevölkerungsentwicklung Borough of Newham

1801: 8875
1901: 338 506
1951: 313 837
2001: 243 737
2015: 340 700

[...] This is about regenerating east London, but not for the people who live there now. It's being done for a completely new population, a much richer population who will enjoy the canals that were once used for industrial purposes but are now available for them to live next door to and enjoy the river views and so on. Our community was shattered. [...]. Clays Lane had a higher level of employment than most estates. The costs were so low that people were able to have low-paid jobs and still live perfectly happily. But now that they are in more expensive accommodation some have had to leave their jobs. About 50 people living in the estate were vulnerable people – now their network of support has gone. The LDA [London Development Agency] rubbished the estate, saying that it was badly constructed. [...] At Clays Lane I knew a whole variety of people. I would visit them, and there were social hubs where people would congregate [...].The estate was laid out as a series of courtyards, so people would sit outside and chat to their neighbours as they walked past – it was very sociable. [...].

(Quelle: The Guardian, 06 / 2008, C. Baxter)

M5 A tentant of the Clays Lane, a housing estate in Stratford, East London, reports

- The Olympic precinct will demolish every building, business and tree in the existing area.
- Some 450 housing association flats and the Kingsway International Christian Centre (Britain's largest church) will be demolished.
- A new site has to be found for travellers presently living along Waterden Road.
- Over 300 businesses will have to be relocated. A significant number of jobs are likely to be lost in the process because many businesses will move beyond the reach of local people.
- Local residents will be adversely affected by the noise, dust and visual pollution of years of construction and associated heavy vehicle movement. Some roads and cycle paths will be closed.

(Quelle: www.geocases2.co.uk, 2012)

M7 Weitere Fakten zur Umgestaltung

1 *Ordnen Sie Stratfords Maßnahmen zur Umgestaltung eines altindustriellen Raumes den Ordnungsprinzipien nachhaltiger Stadtentwicklung zu (M5, M6, S. 73 M5).*

2 *Erklären Sie Rolle und Konzept der Olympischen Spiele bei der Umgestaltung des Raumes (M2, M3).*

3 *Vergleichen Sie die Karten M4, M6.*

4 *Nehmen Sie Stellung zum Projekt „Stratford – Umgestaltung des altindustriellen Raumes".*

M1 Avenida Paulista in São Paulo (kleines Bild: Avenida Paulista 1902)

Anteil São Paulos (und Umgebung) an der Produktion Brasiliens:

Produkt	*Anteil*
Baumwolle	*50 %*
Zucker	*62 %*
Exportfrüchte	*50 %*
Kaffee	*30 %*
Kraftfahrzeuge	*90 %*
Papier/Zellulose	*65 %*
Maschinen	*60 %*

(Quelle: www.emplasa.sp.gov.br, 11/2011)

São Paulo – Bemühen um eine nachhaltige Stadtentwicklung

Die Stadt São Paulo verdankt ihren rasanten Aufstieg zum bedeutendsten Wirtschafts- und Finanzzentrum sowie zu einem der wichtigsten Verkehrsknotenpunkte Brasiliens dem Kaffeeanbau und der nachfolgenden Industrialisierung. Heute ist die Metropole schon seit Jahrzehnten ein bedeutender Standort zahlreicher, auch multinationaler Unternehmen und stellt den größten industriellen Ballungsraum Lateinamerikas dar. Wegen der Vielzahl von Beschäftigten in den etwa 1200 hier angesiedelten deutschen Firmen wird São Paulo scherzhaft auch als „die größte deutsche Industriestadt" bezeichnet. Die Nachfahren unzähliger Immigranten aus Portugal, Deutschland, Italien und Japan prägen bis heute das Bild der Stadt, die mit ihren Universitäten, Museen und Theatern auch zum bedeutendsten Kulturzentrum Brasiliens geworden ist. Ihr ausuferndes, schwer zu kontrollierendes Wachstum stellt die Megastadt fortwährend vor große Probleme.

Im Ballungsraum São Paulo arbeitet etwa ein Drittel aller Menschen, die in der Industrie Brasiliens beschäftigt sind. Und sie erwirtschaften rund 30 Prozent des industriellen Umsatzes des gesamten Landes. Die Metropolregion São Paulo ist damit das industrielle Herz Brasiliens und wegen seiner großen Branchenvielfalt (v. a. Fahrzeug-, Maschinenbau, Textil-, Metall-, Nahrungsmittelindustrie, Chemie) zudem einer der wichtigsten Industriestandorte weltweit.
Nahezu alle großen deutschen Unternehmen haben hier ihre brasilianische Niederlassung: Volkswagen do Brasil (20 000 Beschäftigte, 8,1 Milliarden US-Dollar Umsatz) und Mercedes-Benz do Brasil (13 000 Beschäftigte, 4,5 Milliarden US-Dollar Umsatz) gehören zum Beispiel zu den größten industriellen Arbeitgebern in Brasilien.
São Paulo ist zudem Hauptsitz zahlreicher einheimischer Unternehmen der Solarindustrie.

M3 Wirtschaftsmetropole São Paulo

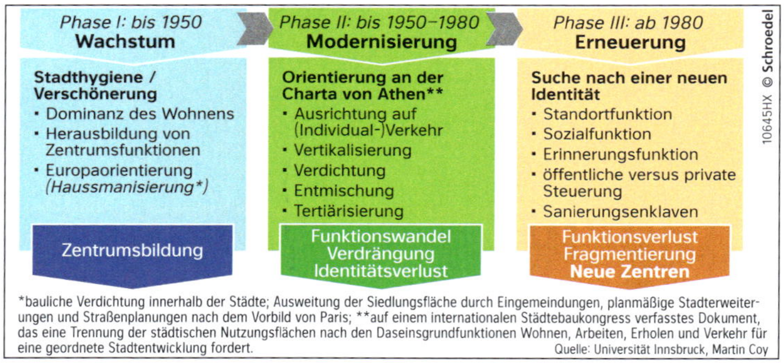

M2 Phasen der Innenstadtentwicklung

M4 Leitbild der Stadtentwicklung São Paulos

100800-228-04 www.diercke.de
100800-236-01 www.diercke.de

- kommunaler Wohnungsbau:
  Neubau von 55 000 neuen Wohneinheiten
- Favela-Upgrading-Programm:
  Häuser von 70 000 Familien werden baulich, ökologisch und infrastrukturell aufgewertet
- besitzrechtliche Regularisierung:
  Regelung der rechtlichen Wohnsituation für 200 000 Familien (bleiben dadurch am Wohnort); Förderung des Baus von Infrastruktur (z. B. Straßen, Schulen, Versorgungsnetze)
- Siedlungssanierung in Gewässerschutzzonen:
  u. a. Bau von Wasser- und Abwassernetzen, Müllentsorgung in informellen Wohngebieten

(Quelle: www.prefeitura.sp.gov.br)

M5 Programme des Wohnungsbaus in São Paulo

M7 Slum-Upgrading in São Paulo

Im öffentlichen Nahverkehr setzt São Paulo auf die Schiene als auch auf Buskorridore, mit bestmöglicher Integration zwischen den Modulen.
Besonders für das mit rund 70 km noch sehr überschaubare U-Bahn-Netz sind viele Erweiterungen geplant. Die neuen Strecken sollen sowohl die noch schlecht erschlossenen Randbezirke als auch das erweiterte Zentrum, wie z. B. die Businessmeile Avenida Faria Lima, anbinden. Neben komplett neuen Linien wie der Linie 6 in die Nordzone werden vier der fünf U-Bahnlinien sowie mehrere S-Bahnen verlängert. Zwei Monorailbahnen [Einschienenbahn] sind im Bau, eine weitere folgt. Beide Flughäfen der Stadt sind künftig auch über die Schiene zu erreichen. Auf den beiden stark frequentierten Pendelstrecken in die Nachbargemeinden Osaco / Barueri / Itapevi und Guarulhos entstehen Buskorridore.
São Paulos Bürgermeister Fernando Haddad hat es sich zur Aufgabe gemacht, der Bevölkerung das Fahrrad als Beförderungsmittel nahezubringen. Dazu baut die Stadt das Netz an Fahrradwegen deutlich aus. Auch die Zahl von Fahrradleihstationen hat stark zugenommen. In London holten Stadtplaner aus São Paulo Informationen über intelligente Ampeln ein. Denkbar ist die Ausweitung von partiellen Autofahrverboten im Zentrum und an bestimmten Wochentagen (je nach Kennzeichen).

(Quelle: www.gtai.de, 05 / 2015)

M6 Neue Konzepte für mehr Mobilität

Susanne Führer (Deutschlandfunk) im Interview mit Fabienne Hoelzel, einer Schweizer Stadtplanerin, die seit einigen Jahren in São Paulo arbeitet

Führer: Was ist denn das, dieses Slum-Upgrading, genau?
Hoelzel: Slum-Upgrading hat in São Paulo zwei Schwerpunkte. Ein Schwerpunkt ist, dass wir die nicht vorhandene Stadtstruktur, sprich Straßen, Strom, Wasser, Abwasser, in die Favelas bringen, weil die Häuser und die Quartiere die Leute ja selber gebaut haben. Und der andere Fokus des Programms sind die sogenannten Risikogebiete. Das sind steile Hänge, Flüsse. Viele Favelas sind direkt an Flussufern oder direkt über dem Fluss. Und da gibt es natürlich Vorschriften, wie viele Meter dann frei bleiben müssen wegen Flutgefahr. Brasilien ist ja ein tropisches Land, das heißt, es regnet sehr viel im Sommer, und dann rutschen diese Hänge ab, respektive die Flüsse treten über die Ufer. Und das heißt: Pro Favela, die in so ein Slum-Upgrading-Programm reinkommt, müssen wir 10 bis 15 Prozent der Leute umsiedeln, wie wir das nennen. Und das heißt: Für die müssen wir Ersatzwohnbauten zur Verfügung stellen, Sozialwohnungsbau. Das sind die beiden Fokusse, eigentlich. [...]
Führer: Wie werden denn diese Neuerungen von den Bewohnern der Favelas angenommen? [...] Einerseits ist das natürlich jetzt ein Luxus im Vergleich zu vorher, aber man muss ja wahrscheinlich jetzt bezahlen für Strom und Wasser, man muss das Netz unterhalten und pflegen?
Hoelzel: Ja, so ist es. Nicht alle sehen ein, ich hab jetzt jahrzehntelang nichts bezahlt, warum soll ich jetzt plötzlich bezahlen? Vor allem, weil die ja vorher schon Wasser und Strom einfach illegal hatten. Also das ist halt dann die Zuständigkeit unserer Sozialarbeiterinnen. Es gibt vorher ein Sozialprogramm und nachher, wo die Leute vorbereitet werden und dann auch nachher noch betreut werden. Das muss man ihnen einfach beibringen, dass das halt so ist, dass man für solche allgemeine Leistungen, die die Stadt zur Verfügung stellt, eigentlich dafür bezahlen müsste. Dass es vorher sozusagen nicht korrekt gelaufen ist. Und was den Sozialwohnungsbau anbelangt, das ist halt unterschiedlich. Ich würde sagen, jede zweite Familie findet es super, und jede zweite Familie findet es nicht so toll, aber dann sind wir auch flexibel. Wir können ja niemanden zwingen, von Gesetzes wegen nicht.

(nach: Deutschlandradio Kultur, 06 / 2012, F. Hoelzel)

M8 Radiointerview: sozialer Wohnungsbau statt Favelas

1 *Vergleichen Sie die Fotos der Avenida Paulista (M1).*
2 *Beschreiben Sie die Phasen der Innenstadtentwicklung (M2).*
3 *Erläutern Sie die Bedeutung São Paulos als Wirtschaftsstandort (M3).*
4 *Erörtern Sie die geplanten Maßnahmen zur Stadtentwicklung auf der Grundlage des Leitbildes (M4 – M8).*
5 *Beurteilen Sie die geplante Stadtentwicklung São Paulos hinsichtlich ihrer Nachhaltigkeit (M5 – M8).*

M1 Hilfsgüterlieferung in die Demokratische Republik Kongo durch die Flüchtlingsorganisation der Vereinten Nationen (UNHCR)

Entwicklungszusammenarbeit und Nachhaltigkeit

Entwicklungszusammenarbeit – Aussicht auf Erfolg?

BMZ:
Das Bundesministerium für wirtschaftliche Zusammenarbeit und Entwicklung ist die oberste Behörde der Bundesrepublik Deutschland für Entwicklungszusammenarbeit.

„Entwicklungszusammenarbeit will Menschen die Freiheit geben, ohne materielle Not selbstbestimmt und eigenverantwortlich ihr Leben zu gestalten und ihren Kindern eine gute Zukunft zu ermöglichen."
(Bundesministerium für wirtschaftliche Zusammenarbeit und Entwicklung, Stand: 06 / 2017)

Diese Ausführungen verdeutlichen die Ziele der **Entwicklungszusammenarbeit**, lassen aber auch erahnen, dass es bis zu ihrer Umsetzung ein sehr langer Weg ist.

Die Art der Entwicklungszusammenarbeit hat sich in den letzten Jahrzehnten mehrfach gewandelt. So half die Organisation für Zusammenarbeit und Entwicklung (OECD) bei ihrer Gründung 1961 den bedürftigen Länder vor allem noch mit Krediten, die sie ihnen gewährte. Ab den 1990er-Jahren setzte sich aber die Erkenntnis durch, dass eine rein wirtschaftliche Förderung nicht erfolgreich sein kann und stattdessen eine Zusammenarbeit unter Einbeziehung der Entwicklungsländer in die Planungen notwendig sein würde.

OECD:
*Die Organisation für wirtschaftliche Zusammenarbeit und Entwicklung ist ein internationaler Zusammenschluss von Staaten, die sich der Demokratie und **Marktwirtschaft** verpflichtet fühlen. Sie will das Leben der Menschen weltweit in wirtschaftlicher und sozialer Hinsicht verbessern.*

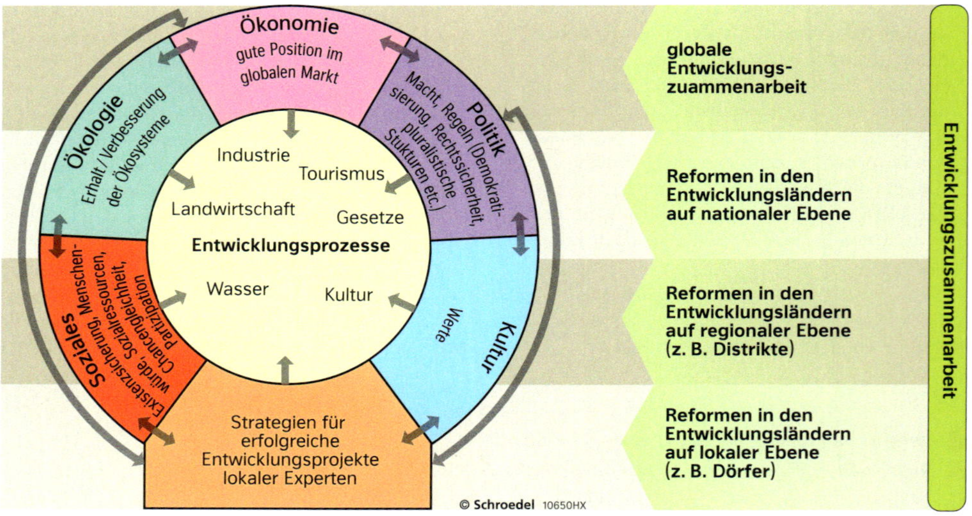

M2 Das Vier-Ebenen-Modell der entwicklungspolitischen Zusammenarbeit und die fünf Dimensionen der Nachhaltigkeit

100800-274-01 www.diercke.de
100800-274-02 www.diercke.de

Entwicklungsbereiche	Ausgaben (in Mio. Euro)	Anteil an Gesamtausgaben (in %)
soziale Infrastruktur und Dienste	3886	39,5
wirtschaftliche Infrastruktur und Dienste	2919	29,6
Wirtschaftsbereiche	520	5,3
bereichsübergreifende Maßnahmen	1240	12,6
Hilfe mit Waren	107	1,1
Schuldenerleichterung	350	3,6
humanitäre Hilfe	659	6,6
sonstige Maßnahmen	168	1,7
gesamt	**9851**	**100**

(Quelle: Bundesministerium für wirtschaftliche Zusammenarbeit und Entwicklung)

M3 Deutsche Entwicklungszusammenarbeit und deren Arbeitsbereiche (2014)

Uganda zählt weltweit zu den Ländern, die am wenigsten Energie erzeugen und verbrauchen. Die Energieerzeugung des gesamten Landes entspricht mit ca. 3 Mio. Kilowattstunden in etwa der einer mittelgroßen deutschen Stadt. Nur 15 Prozent der Bevölkerung verfügen über eine geregelte Stromversorgung. Da aber Energie eine entscheidende Grundvoraussetzung für wirtschaftlichen Fortschritt ist, kamen auf Initiative des Bundesministeriums für wirtschaftliche Zusammenarbeit und Entwicklung ugandische und europäische Unternehmer und Experten im sogenannten „Labor von morgen" zusammen, um Ansätze einer verbesserte Stromversorgung des Landes zu entwickeln.
Es entstanden konkrete Ideen, die Solarenergie (M5), die Biomasse und die Wasserkraft gewinnbringend in Uganda zum Einsatz zu bringen und so gleichzeitig die verfügbaren Ressourcen mit einer nachhaltigen Energiegewinnung zu kombinieren. Eine erfolgreiche Umsetzung würde gleichzeitig auch der Abholzung entgegenwirken und könnte durch den gezielten Einsatz in der Landwirtschaft den mit 45 Prozent hohen Ernteverlusten entgegenwirken. „In den drei Tagen des Workshops sind sehr vielversprechende Ideen entstanden, die wir nur mit den Kenntnissen aller Beteiligten entwickeln konnten. Gerade in den ländlichen Regionen könnten wir so wichtige Entwicklungsimpulse setzen", so eine Teilnehmerin des Projektes.

M4 Entwickungszusammenarbeit mit Uganda

M5 Chance für die ländlichen Regionen Afrikas?

Entwicklungsprojekte können von staatlicher Seite oder von Nichtregierungsorganisationen unterstützt werden. Eine NGO (**Non-Governmental Organisation**, Nichtregierungsorganisation) ist eine staatsunabhängige Vereinigung, die sich in der Regel für soziale Interessen oder Umweltinteressen einsetzt. Bekannte Nichtregierungsorganisationen sind „Ärzte ohne Grenzen", „Amnesty International", „Brot für die Welt", „Greenpeace" oder der „World Wide Fund For Nature" (WWF). Ausgewählte Vertreter einiger NGOs werden von den Vereinten Nationen (UNO) in politische Prozesse eingebunden. Merkmale von NGOs sind ihre Unabhängigkeit und rasche Handlungsfähigkeit, da sie nicht an bürokratische Strukturen gebunden sind. Kritiker beklagen bei einigen NGOs jedoch die fehlende Transparenz in Bezug auf Finanzen und Geldgeber.

M6 Nichtregierungsorganisationen

1 *Erklären Sie die Art der in M1 dargestellten Maßnahme in Entwicklungsländern.*
2 *Vergleichen Sie die Maßnahme in M1 mit der deutschen Entwicklungszusammenarbeit (M3).*
3 *Erläutern Sie Bedingungen einer Entwicklungszusammenarbeit (M2, M3, Text).*
4 *Erörtern Sie, ob M4 als Musterbeispiele der Entwicklungszusammenarbeit gelten kann.*
Z1 *Recherchieren Sie die Organisationsform, die Finanzierung und die Ziele einer NGO (M6).*

M1 Provinz Bac Lieu in der Sozialistischen Republik Vietnam

M2 Im Mekongdelta: aufgeforstete Mangroven (Vordergrund) und Garnelenzuchtfarmen (Hintergrund)

Entwicklungszusammenarbeit – Musterbeispiel Mangrovenwälder?

Das Mekongdelta im Süden Vietnams erstreckt sich über eine Fläche von etwa 39 000 km² und ist damit beinahe so groß wie die Schweiz. 17 Millionen Menschen leben in der Region, die aufgrund ihrer intensiven landwirtschaftlichen Nutzung auch als Reiskammer Vietnams bezeichnet wird. Doch das am Südchinesischen Meer gelegene Gebiet ist durch den Anstieg des Meeresspiegels sowie die steigende Anzahl schwerer **tropischer Wirbelstürme** und Flutwellen im Zuge des Klimawandels bedroht.

Besonders in den Gebieten, in denen die Mangrovenwälder abgeholzt wurden, sind heute zahlreiche Existenzen gefährdet. Denn die Mangroven fungieren nicht nur als natürlicher Küstenschutz, sie sind auch Lebensraum zahlreicher Tiere. Und die Fischerei ist auf eine intakte Flora und Fauna angewiesen, da in den Küstenregionen die Jungtiere aufwachsen. Diese Wirtschaftsbranche hat in Vietnam einen hohen Stellenwert, denn das Land exportiert viele Fische und Fischereierzeugnisse – 2016 im Wert von 7,4 Milliarden US-Dollar.

Mittlerweile hat man auch dank der Entwicklungszusammenarbeit den Wert der Mangroven erkannt und mit Wiederaufforstungsmaßnahmen begonnen. Ein Projekt der Entwicklungszusammenarbeit, das federführend von der Deutschen Gesellschaft für Internationale Zusammenarbeit, der deutschen staatlichen Organisation für Entwicklungszusammenarbeit, gesteuert wird, hat es sich zum Ziel gesetzt, im Mekongdelta nachhaltigen Küstenschutz zu betreiben. Am Projektstandort in der Provinz Bạc Liêu ist es gelungen, durch Neupflanzungen schützender Mangroven auf einer Fläche von 70 Hektar das Meer um über 180 m zurückzudrängen.

Start des Projektes der Deutschen Gesellschaft für Internationale Zusammenarbeit (GIZ): *2011*

Budget:
23,5 Mio. Euro vom Bundesministerium für wirtschaftliche Zusammenarbeit und Entwicklung (BMZ) und Australien

Kooperationspartner:
Vietnam

Das Erste, was einem in der Hütte der Dorfältesten Hoa Le auffällt, sind die Haushaltsgegenstände, die ungewöhnlich hoch an der Wand hängen. Zu oft war das Wasser in den letzten Jahren in die Behausung der über 80-Jährigen eingedrungen und hatte ihr bescheidenes Hab und Gut weggeschwemmt. „Früher war unser Dorf gar nicht so dicht an der Küste. Wir hatten über einen Kilometer Mangrovenwälder bis zum Meer", berichtet sie, „aber jetzt frisst das Meer jedes Jahr bis zu 50 Meter der Küste. Und auch die Deiche können das nicht aufhalten." Wie konnte das aber passieren? „Die Mangrovenwälder wichen viele Jahre den Reisplantagen und Garnelenteichen oder ihr Holz endete in den Öfen der Menschen. Die Küsten verloren dadurch ihren Schutz." Ihre Heimat in Richtung Landesinnere zu verlassen kommt für Hoa Le nicht infrage. Hier ist sie geboren und nur hier hat sie auch Arbeit.

M3 Hoa Le – die Dorfälteste eines Dorfes im Projektgebiet

100800-162-03 www.diercke.de

Wenn sich die Flut zurückzieht, steigt Hung Vu in den **Schlick**. Hung Vu ist wie alle Männer in seiner Familie Fischer – genau genommen ist er Sammler. Er sucht im Schlick nach Schnecken und Krebsen. Nach der Wiederaufforstung der Mangrovenwälder gibt es davon wieder deutlich mehr. Und auch sein Bruder, der eine kleine Garnelenzucht in Aquakultur betreibt, profitiert. Um ca. 30 % sind dessen Einnahmen gestiegen, seit die Mangroven das Wasser wieder frisch und kühl halten und verhindern, dass wie zuvor Meerwasser in seine Becken eindringt und die Garnelen tötet. Auf Chemikalien, die zuvor zum Schutz der Tiere vor Krankheiten notwendig waren, kann er nun komplett verzichten. „Als die Mangroven weg waren, hatten wir Schulden, jetzt kommen wir gut zurecht und können unsere Kinder auch wieder zur Schule schicken", berichtet Hung Vu.

M4 Hung Vu – Fischer von Schnecken und Krebsen

Es gibt in Vietnam leider keine staatlich organisierte flächendeckende Institution, die den Küstenschutz koordiniert. An ungeschützten Stellen im Mekongdelta kann aber im Jahr bis zu 50 m Land verlorengehen. Die Notwendigkeit von Gegenmaßnahmen ist dadurch natürlich groß. Wir setzten dabei aber nicht auf Beton. Die Erfahrungen haben gezeigt, dass dies nicht die beste Lösung ist. Vielmehr haben wir einen erfolgreichen Ansatz zur Landgewinnung aus unserer Heimat mit nach Vietnam gebracht. Wir bauen **Lahnungen**, zwischen denen sich die Sedimente ablagern. Dafür nutzen wir den überall günstig verfügbaren Bambus. Bereits nach zwölf Monaten können auf dem neuen Land die Mangroven wieder angepflanzt werden. Diese Variante erfordert zwar viel Wissen, beispielsweise über die Meeresströmungen, kostet aber auch nur ein Zehntel der Schutzdeiche aus Beton.

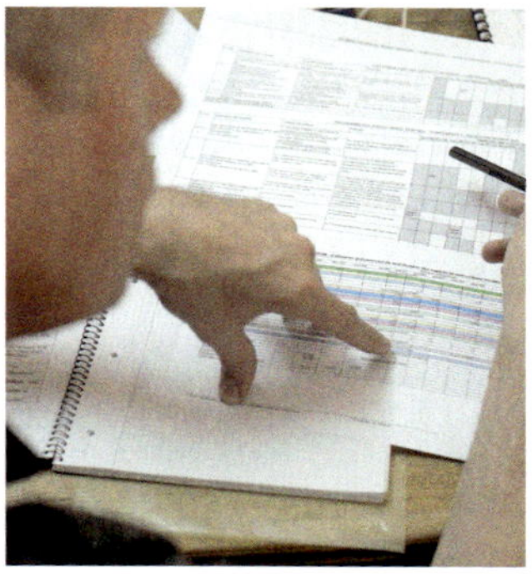

M5 Rene Müller – ein deutscher Entwicklungshelfer

Es sind die alten Reissorten, die Bäuerin Duyen Pham für sich und ihre Familie wiederentdeckt hat. Ihre Felder hatten den wieder aufgeforsteten Mangrovenwäldern weichen müssen, aber das war ein überschaubarer Verlust, denn die Felder waren mehrfach vom Meerwasser überspült worden und deshalb versalzen. Ganze Ernten wurden so vernichtet und sogar das Grundwasser war betroffen. Jetzt sind die Mangrovenwälder wieder da und Duyen Phan baut „Floating Rice" an. Die Reissorten der sogenannten „schwimmenden Felder" wachsen am Tag bis zu 10 cm, erreichen eine Länge von bis zu 6 m und schwimmen während der Flut an der Wasseroberfläche. Die Mangroven und Reisfelder sind zudem Lebensraum für zahlreiche Fischarten, die Duyens Mann in **Reusen** fängt. „Wir wissen jetzt, wie wichtig die Mangroven für uns sind, und pflegen unsere neuen Wälder", so Duyen dankbar.

M6 Duyen Pham – Reisbäuerin

1 *Beschreiben Sie die Ebenen der entwicklungspolitischen Zusammenarbeit in dem Entwicklungsprojekt (M3 – M6, linker Rand, Text, S. 78 M2).*

2 *Erörtern Sie ausgehend von einem Wirkungsgefüge die Effekte der Aufforstungsmaßnahmen.*

3 *Beurteilen Sie, ob das Projekt als Musterbeispiel für eine gelungene Entwicklungszusammenarbeit betrachtet werden kann.*

M1 Entwicklungsprojekte – helfen sie wirklich?

Debatte – Entwicklungsprojekte fortsetzen oder abschaffen?

Seit Beginn der Entwicklungszusammenarbeit (früher Entwicklungshilfe) hat sich der Schwerpunkt der Entwicklungsprojekte mehrfach gewandelt. Doch trotz einiger Erfolge finden sich auch kritische Stimmen, die die Abschaffung der Entwicklungsprojekte fordern. Mithilfe der Methodik einer Debatte soll das Thema aufgegriffen werden. Die Debatte ist ein kontrovers geführtes Gespräch, bei dem die Beteiligten darauf abzielen, die Zuhörer von ihrer Ansicht zu überzeugen, indem sie argumentativ den gegnerischen Standpunkt zu erschüttern versuchen.

1. Themenfindung
Das Thema sollte möglichst viele unterschiedliche Positionen zulassen und eine kontroverse Diskussion fördern. Es ist auch möglich, zu Beginn ein Meinungsbild zur Thematik einzuholen.

2. Vorbereitung der Debatte
Vorbereitung in Gruppen (z. B. Losverfahren), zu den einzelnen Akteuren bzw. als Moderator

3. Durchführung
- Anmoderation durch den Moderator: Die Debatte wird durch eine kurze, neutrale und sachorientierte Einführung in das Thema eingeleitet und mit der Vorstellung der Fragestellung als Anlass zur kontroversen Diskussion eröffnet.
- Erste Runde der Debatte (mit angepasster Sitzordnung): Die Plädoyers der Gruppen werden gehalten, die jeweiligen Argumente genannt und kurz erläutert.
- Zwischenbesprechung: Die Gruppen bereiten Entgegnungen auf die Argumente einer anderen Gruppe vor.
- Zweite Runde der Debatte: Die Gruppen stellen ihre Entgegnungen auf die Argumente einer anderen Gruppe im Plenum vor.
- Ggf. dritte Runde der Debatte: Hier kann auf Fragen aus dem Publikum geantwortet werden.

4. Nachbesprechung und Abschluss
- Abstimmung: Die Teilnehmerinnen und Teilnehmer der Debatte und die Beobachter entscheiden, ob sie die kontroverse Fragestellung pro oder kontra beantworten (ggf. Vergleich mit dem zu Beginn eingeholten Meinungsbild).
- Verabschiedung durch den Moderator

M2 Arbeitsschritte

Die Wirtschaftswissenschaftler Esther Duflo und Abhijit Banerjee plädieren für eine neue Form der Entwicklungshilfe. Mit Zufallsexperimenten, wie sie in der Medizin üblich sind, wollen sie wirksame von unwirksamen Methoden unterscheiden. Die Begründung erscheint einleuchtend: Auch in der Medizin gibt es kein Allheilmittel, sondern je nach Leiden unterschiedliche Medikamente. Genauso gibt es unterschiedliche Ansätze, Armut zu bekämpfen. Duflo und Banerjee wollen herausfinden, wofür es sich lohnt, das Geld der Entwicklungsförderung auszugeben. Ihren Erkenntnissen nach scheitern viele derzeitige Entwicklungsprojekte daran, dass man auch bei zunächst erfolgreichen Unternehmungen unzureichend erkennen kann, warum diese funktionierten. „Wenn man Grippekranken ein Medikament gibt, geht es ihnen nach ein paar Tagen besser, aber vielleicht wäre es ihnen auch besser gegangen, wenn sie stattdessen nur Zuckerpillen bekommen hätten. Man braucht eine Kontrollgruppe", so die Forscher. So wird beispielsweise in Bihar, einem der ärmsten Bundesstaaten Indiens, in einigen Dörfern mit Eisen und Jod angereichertes Salz angeboten, um die dort verbreitete „Blutarmut" zu bekämpfen, die die Menschen stark schwächt. Andere Dörfer der Region erhalten diese Hilfe nicht und so wird der Grad des Erfolges erhoben.

(nach: Die Zeit, 08 / 2011; M. Rauner)

M3 Hilfe auf dem Prüfstand

Ihr Buch ist ziemlich umstritten. Sie wollen die Entwicklungshilfe in fünf Jahren komplett streichen. Warum?
Weil wir diese Diskussion irgendwann führen müssen und ich der Meinung bin, der richtige Zeitpunkt dafür ist jetzt. In den vergangenen 50 Jahren sind über zwei Billionen Dollar an Hilfen von den reichen an die armen Länder geflossen. Aber dieses Modell hat nirgendwo auf der Welt wirtschaftlichen Aufschwung gebracht. Dabei wissen wir, wie es geht. Wir haben gesehen, welche Konzepte die Armut in China, Indien, Südafrika und Botsuana vermindert haben. Diese Länder haben auf den Markt als Motor für Wirtschaftswachstum gesetzt.

Warum hat die Entwicklungshilfe versagt?
Wenn Sie ein Land abhängig machen von Hilfen, dann nehmen sie die Karotte weg und den Prügel: Niemand wird bestraft, wenn er nicht innovativ ist, denn die Hilfen fließen trotzdem. Und niemand wird belohnt, wenn er sich anstrengt. Es gibt in Afrika viele sehr smarte Leute, aber die wirtschaftlichen Rahmenbedingungen ermutigen sie nicht dazu, ihr Schicksal selbst in die Hand zu nehmen.

Sollen wir also nicht mehr spenden?
Mir geht es nicht um die Notfallhilfe, etwa nach einem Tsunami oder Erdbeben. Ich meine auch nicht das Geld von Spendenorganisationen – das sind relativ kleine Summen. Das Problem sind die Hilfen auf Regierungsebene, die in großem Maßstab etwa von der Weltbank an afrikanische Länder vergeben werden. Die sollten gestrichen werden, denn sie haben die Armut nur verschärft. [...]

Es gibt Beispiele dafür, dass Entwicklungshilfe funktioniert, zum Beispiel der amerikanische Marshallplan.
Die **Marshallplan**-Hilfen nach dem Zweiten Weltkrieg waren klar abgegrenzt und zeitlich eng befristet. In den Köpfen der afrikanischen Regierungen ist dagegen mittlerweile fest verankert, dass die Hilfen dauerhaft fließen. In Simbabwe zahlen die Leute seit Langem keine Steuern mehr, aber Mugabe ist immer noch an der Regierung, weil es die Entwicklungshilfe gibt. [...]

(Quelle: FAZ, 04 / 2009; M. Theurer)

Dambisia Moyo, Ökonomin aus Sambia. Ihr Buch Dead Aid (2009) hat eine Millionenauflage.

M4 Im Gespräch mit der Ökonomin Dambisa Moyo

1 *Analysieren Sie die Materialien zum Thema „Entwicklungszusammenarbeit fortsetzen oder abschaffen" und erstellen Sie eine Tabelle mit Pro- und Kontra-Argumenten.*

2 *Führen Sie eine Debatte zum Thema der Seite 82/83. Nutzen Sie auch die Seiten 78–81.*

M1 Thailand – ein Urlaubsparadies

M2 Traditionen prägen das Land

M3 Tourismuszentren in Thailand

Nachhaltige Raumentwicklung und Tourismus

Human Achievement Index (HAI):

Der HAI ist vergleichbar mit dem Human Development Index (HDI). Er wird u. a. in Thailand auf Regionalebene erhoben. Er setzt sich aus vielen Indikatoren in acht Bereichen zusammen (Gesundheit, Ausbildung, Beschäftigung, Einkommen, Wohn- und Lebensumfeld, Familie und Gemeinschaft, Verkehr und Kommunikation, Teilhabe).

1: stark ausgeprägt
0: nicht ausgeprägt

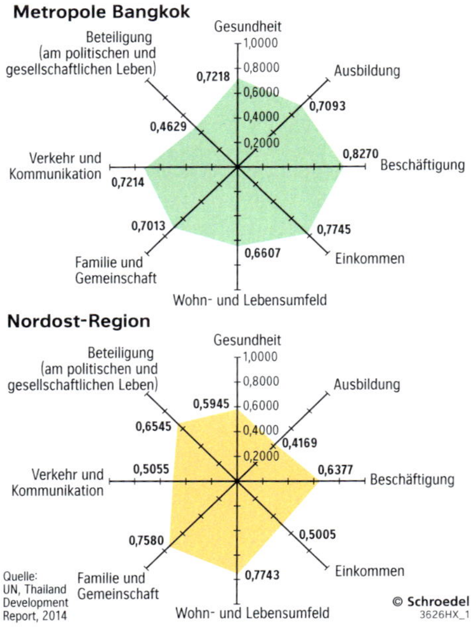

M4 HAI-Vergleich von Bangkok und der NO-Region

Thailand – Entwicklung durch Tourismus?

Erholungstourismus, Kulturtourismus, Ökotourismus, aber auch der verbotene Sextourismus – das Reiseziel Thailand spricht unterschiedliche Urlaubergruppen an. Thailand bemüht sich um ein positives Image als „Land des Lächelns", denn die ausländischen Kunden bringen Devisen. 2015 wurden im Tourismussektor über 40 Mrd. Euro erwirtschaftet (ohne informelle Wirtschaft). Doch ein Großteil des Geldes wandert durch die internationalen Hotels und die Reisekonzerne ins Ausland zurück. Dennoch ist der Tourismussektor für Thailand von großer Bedeutung, u. a. weil er sich als verhältnismäßig krisensicher erwiesen hat. Etwa drei Millionen Beschäftigte (8 % aller Arbeitsplätze) zählt die Branche.

informelle Wirtschaft:

Wird auch als alternative Beschäftigung oder Schattenwirtschaft bezeichnet. Unter dem Begriff informelle Wirtschaft werden alle Aktivitäten subsumiert, die nicht staatlich registriert und kontrolliert sind.

	Bevölkerung (Mio.)	BIP / Kopf (US-$*)	Haushaltseinkommen / Monat (US-$*)
Bangkok	5,7	13103	1404,2
Zentral	16,1	9842	631,7
Nordost	21,6	1277	522,5
Norden	11,8	1951	497,6
Süden	9,0	3389	783,7
Thailand	64,2	4604	666,5

(Quelle: Thailand Human Development Report 2014; *Umrechnungskurs 28.07.2016: 34,87 Bath für einen US-$)

M5 Regionale Unterschiede (Grunddaten)

100800-273-03 www.diercke.de

Kamon Praves ist Chef des Wellnessbereiches in einem Fünfsternehotel in seiner Heimatstadt Bangkok. Und damit ist der 49-Jährige durchaus eine Ausnahme, denn nur wenige Thai schaffen den Sprung in die Führungsetage der großen Hotels. Praves verdankt diese Position seinem Ehrgeiz und seiner guten Ausbildung: Englisch in einer Privatschule, Ausbildung in Singapur, langjährige Praxiserfahrung auf den Malediven. Praves hat dabei auch einen Blick für die hohen Ansprüche der westlichen Gäste entwickelt. Sein monatlicher Verdienst beträgt umgerechnet etwa 750 Euro.
Für den überwiegenden Teil seiner Landsleute sind dies unerreichbare Summen, denn für sie bleiben im Hotelgewerbe nur die einfachen Tätigkeiten. Das durchschnittliche Kellnergehalt im selben Fünfsternehotel liegt bei etwa 200 Euro.
Gerade in den weniger anspruchsvollen Aufgabenbereichen, z. B. im Zimmerservice, sanken die Gehälter trotz steigender Touristenzahlen in den vergangenen Jahren sogar. Das ist u. a. dadurch zu erklären, dass in der Branche viele Arbeitskräfte zur Verfügung stehen und die Arbeitnehmer nicht in starken Gewerkschaften organisiert sind.

(nach: Thailand – ein geographischer Reiseführer, 2013, B. Richter, M. Fiedler, Books on Demand)

M6 Verdienstmöglichkeiten für Thai im Tourismus

In Sachen Umweltschutz hat Thailands Tourismus großen Nachholbedarf und der Massentourismus hat tiefe Wunden geschlagen. Aber die Erkenntnis, dass das Etikett „nachhaltig" geschäftsfördernd sein kann, ist auch hier erkennbar. Das können kleine Schritte sein, wie z. B. die Verwendung von Glas- statt Plastikflaschen. In einem Land, das über 15 Millionen Tonnen Müll jährlich produziert und nur fünf Millionen Tonnen ordnungsgemäß entsorgt, ist es zumindest ein Anfang.

(nach: SpiegelOnline, 06 / 2012, K.-L. Günsche)

M8 Tourismus und Umwelt in Thailand

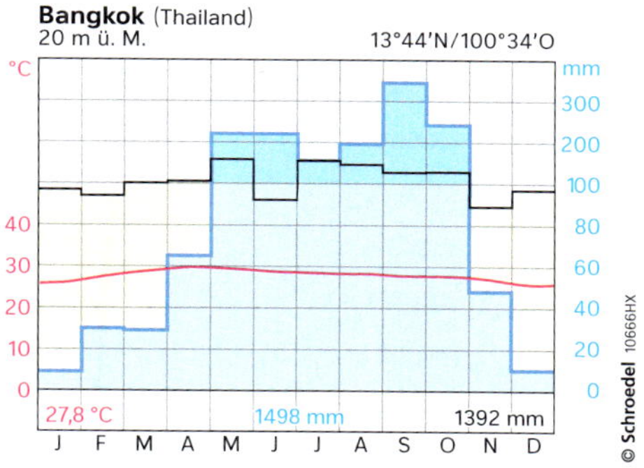

M9 Klimadiagramm von Bangkok

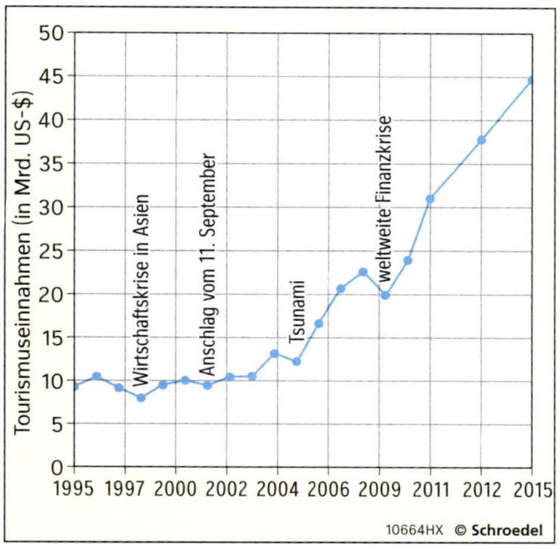

M7 Einnahmen durch den Tourismus in Thailand

Immer mehr Menschen aus Europa und den USA reisen nach Thailand, um sich dort medizinisch behandeln zu lassen. Besonders die plastische Chirurgie – sogenannte Schönheitsoperationen – stehen hoch im Kurs. Das Land lockt mit gut ausgebildeten Fachkräften, niedrigen Preisen auch für kompliziertere Eingriffe und der Möglichkeit, im Anschluss noch Urlaub zu machen. Eine Bypass-Operation inklusive einer Woche Aufenthalt im „Klinik-Hotel" kostet in Thailand ca. 14 000 Euro. Ein Amerikaner müsste für die dieselbe Operation 60 000 Euro bezahlen. Die thailändische Tourismusbehörde bewirbt das Angebot sogar auf einer Website.

(nach: www.thailandmedtourism.com [offizielle Seite der staatlichen Tourismusbehörde], Stand: 01 / 2017)

M10 Gesundheitstourismus in Thailand – eine neue Tourismusform

1 *Erklären Sie den Stellenwert des Tourismus für Thailand (M1 – M3, M5, M6, M10).*

2 *Beurteilen Sie die Bedeutung des Umweltschutzes für den Tourismus aus Sicht eines Hoteliers, eines Touristen sowie eines Umweltschützers (M7, M8).*

3 *Nehmen Sie in einem Kommentar zu den Zukunftsaussichten des Tourismus in Thailand Stellung.*

100800-273-04
www.diercke.de

M1 Hotels am Strand von Cha-Am, etwa 150 km südwestlich von Bangkok

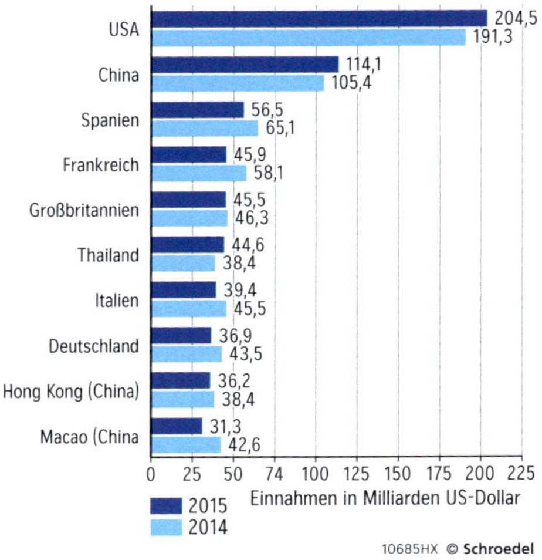

M2 Staaten (+Hong Kong und Macao) mit den höchsten Einnahmen durch den Tourismus

Auswirkungen des globalen Tourismus – der Tourismus, ein Profiteur des Booms?

Das Wachstum des internationalen Tourismus verlief in den letzten Jahrzehnten rasant. Gründe für diese Entwicklung sind unter anderem die gestiegene individuelle Freizeit, wachsende Einkommen in den bevölkerungsreichen Nationen wie Russland und China sowie sinkende Flugpreise. Seit 2012 ist die Volksrepublik China das Herkunftsland der meisten Touristen.

Mit der steigenden Anzahl an Touristen stiegen auch die Einnahmen in diesem Wirtschaftszweig. Die Welttourismusorganisation beziffert die weltweiten Tourismuseinnahmen im Jahr 2015 auf mehr als 1160 Mrd. Euro. Diese sind jedoch ungleich verteilt, denn mit Konzernen aus den USA, Großbritannien, Frankreich, Italien, Spanien, Deutschland und Österreich vereinen nur sieben Länder mehr als 50 Prozent der Einnahmen.

Gerade für die Entwicklungsländer ist die sogenannte Wertschöpfung aber von großer Bedeutung. Die Wertschöpfung bezeichnet den Gewinn, der nach Abzug der finanziellen Vorleistungen von der Gesamtleistung verbleibt. Entscheidend ist somit, welcher Teil der Einnahmen im Entwicklungsland verbleibt und wie viel des Gewinns ins Ausland abfließt – z. B. durch Importe oder durch Leistungen ausländischer Unternehmen. Dagegen bleiben aber auch viele Arbeitsplätze, die in Entwicklungsländern indirekt vom Tourismus profitieren, von den Statistiken unerfasst.

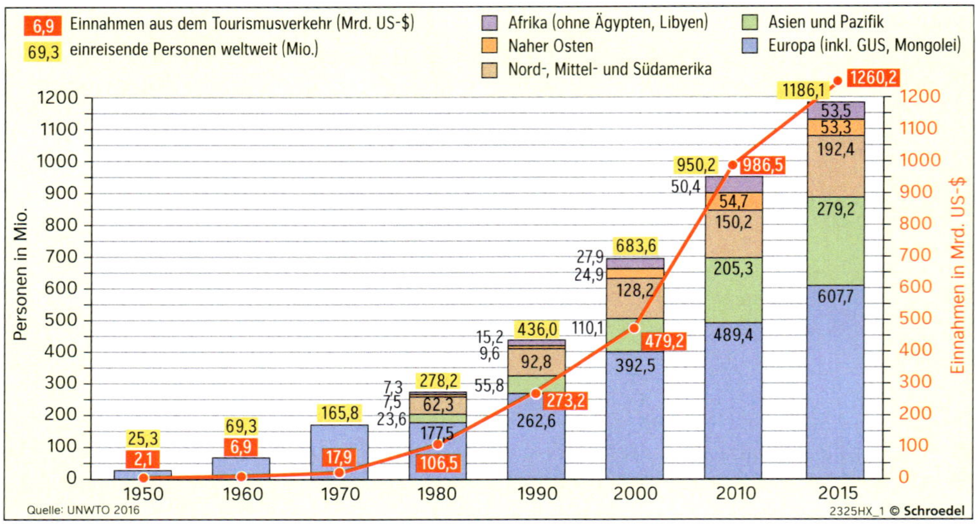

M3 Entwicklung des Tourismus

100800-272-01 www.diercke.de

100800-272-02 www.diercke.de

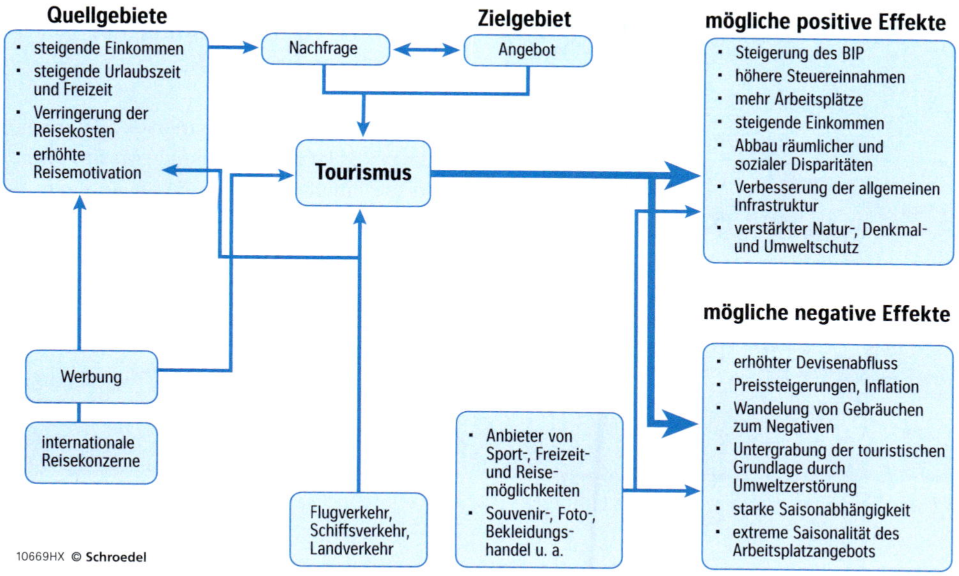

M4 Auswirkungen des Tourismus in Entwicklungsländern

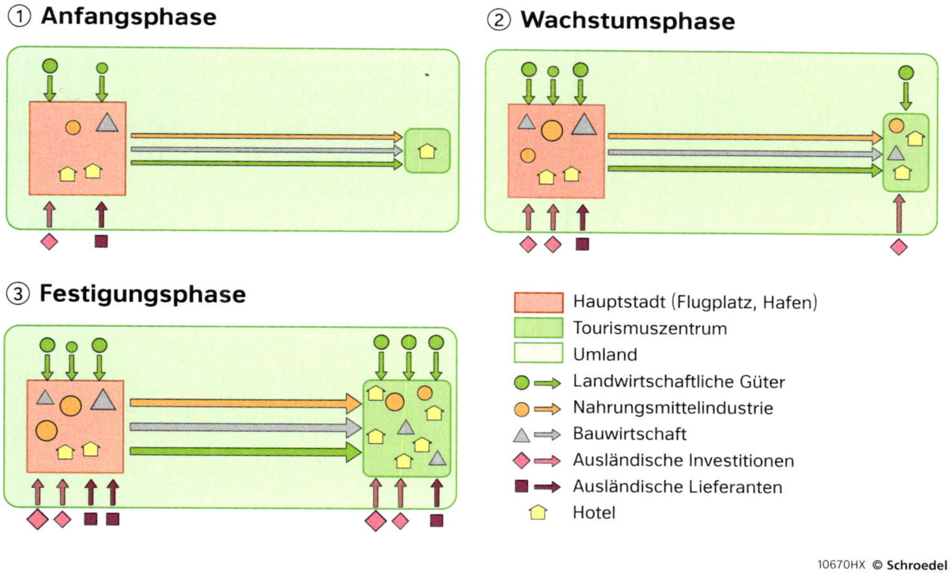

M5 Vereinfachtes Modell der raum-zeitlichen Entfaltung der Tourismuswirtschaft

1 *Erstellen Sie ein Wirkungsgefüge zur raum-zeitlichen Entfaltung der Tourismuswirtschaft (M5).*

2 *Erklären Sie ausgehend von M3 die Entwicklung des Tourismus in einem Beitrag für ein Onlinelexikon.*

3 *Erläutern Sie die Auswirkungen des Tourismus in Entwicklungsländern (M4).*

4 *„Es gibt nichts Schnelleres, um Arbeitsplätze zu schaffen und eine wirtschaftsschwache Region auf Vordermann zu bringen, als den Tourismus." Beurteilen Sie in einem Kommentar diese Aussage des Wirtschaftswissenschaftlers und Tourismusmanagers Karl Born (M1 – M5).*

M1 Bremerhavens „Havenwelten“ im Luftbild

Bremerhaven – Strukturwandel durch Tourismus

„Bremerhaven – die Stadt hat Küste“ – so wirbt Deutschlands größte Stadt an der Nordsee heute mit ihrem primären Standortvorteil.
Anfang der 1970er-Jahre war die Stadt noch der größte Fischereihafen Europas und ein erfolgreicher Werftstandort. Beide wirtschaftlichen Standbeine durchliefen aber in den Folgejahren eine Krise. Der Fischfang wurde gesetzlich begrenzt und der Schiffbau geriet durch die starke Konkurrenz v. a. aus Südostasien unter Druck. Etwa 10 000 Arbeitsplätze fielen allein auf den Werften weg.

Die Stadt gestaltet die Zukunft

Jahrzehntelang setzte sich dieser Negativtrend fort. Um ihn zu stoppen, setzte Bremerhaven erneut auf die Küstenlage. Vier wirtschaftliche Schwerpunkte sollten den Weg zu einem angestrebten Strukturwandel ebnen. Die Stadt setzt zuallererst auf den Seehandel. Der Hafen ist heute europaweit der größte Automobilumschlaghafen und liegt im Containerumschlag auf dem 4. Rang. Den zweiten Schwerpunkt bildet die Offshore-Windenergie. 2017 umfasste die Branche in Bremerhaven 1800 Arbeitsplätze. In den Jahren zuvor waren es bereits mehr gewesen, aber durch die starke internationale Konkurrenz mussten mehrere Unternehmen Stellen abbauen.
Das dritte Standbein ist die Wissenschaft. Institutionen wie die Universität oder das Alfred-Wegener-Institut sind dabei von zentraler Bedeutung. Sie bringen junge Menschen in die Stadt.

Den vierten wirtschaftlichen Schwerpunkt stellt die Tourismusbranche dar. Das unwirtschaftlich gewordene innenstadtnahe Hafengelände wurde deshalb seit dem Jahr 2000 großflächig umstrukturiert. Besonders die zahlreichen neu angesiedelten Museen entwickelten sich in den sogenannten „Havenwelten“ (M1, M6) zu regelrechten Besuchermagneten. Das „Klimahaus Bremerhaven 8° Ost“ lässt beispielsweise die Besucher entlang des achten Längengrades Ost die kulturelle und biologische Vielfalt der Erde erleben und wirbt gleichzeitig für einen nachhaltigen Umgang mit dem Planeten.
Diese Nachhaltigkeit hat sich auch die Stadt Bremerhaven zum Ziel gesetzt. Der sorgfältige Umgang mit Energie brachte der Stadt 2012 den Titel „European Energy Award“ ein.

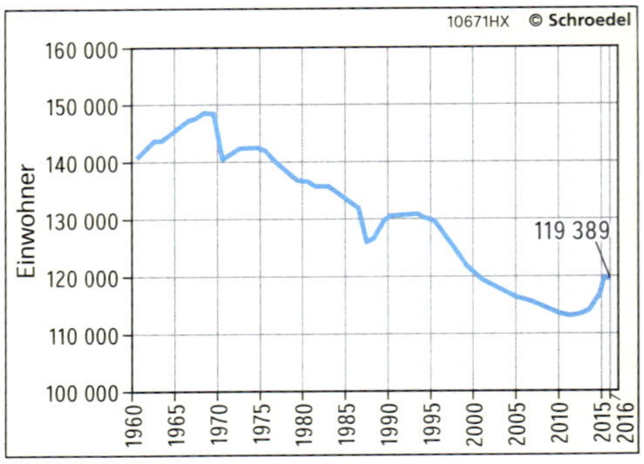

M2 Die Entwicklung der Bevölkerungszahl der Stadt Bremerhaven

100800-020-01 www.diercke.de

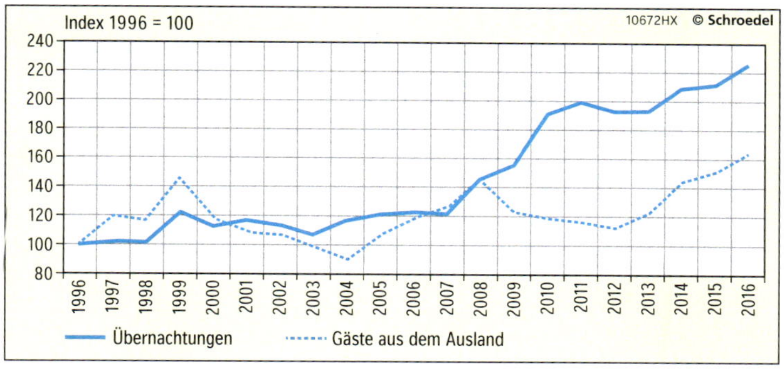

M3 Entwicklung der Anzahl an Hotelübernachtungen in Bremerhaven

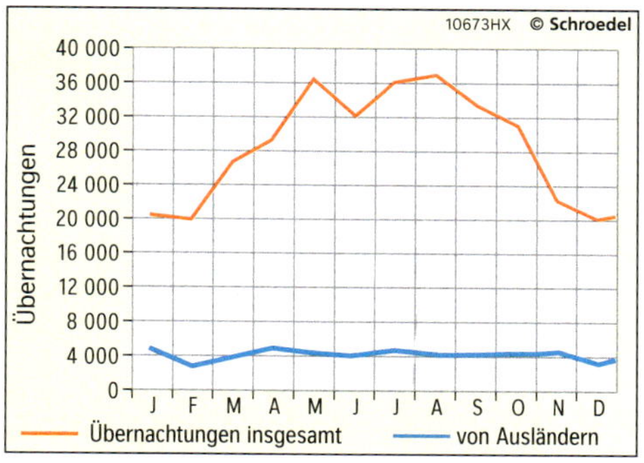

M7 Übernachtungen in Bremerhaven (2016)

Sehenswürdigkeit	Besucher
Klimahaus Bremerhaven 8° Ost	453 248
Zoo am Meer	347 376
Deutsches Auswandererhaus	167 046
Deutsches Schifffahrtsmuseum	82 364
Technikmuseum U-Boot „Wilhelm Bauer"	78 763
Historisches Museum Bremerhaven	26 520
Freilichtmuseum Speckenbüttel	13 197

(Quelle: Statistischer Kurzbericht der Stadt Bremerhaven)

M4 Besucherzahlen ausgewählter Sehenswürdigkeiten Bremerhavens im Jahr 2016

Berufsfeld	Erwerbstätige
Handel, Verkehr	13 900
Industrie	8700
Gesundheits- und Sozialwesen	8100
wissenschaftliche und technische Dienstleistungen	3300
Gastgewerbe (Tourismus)	1280
Erziehung und Unterricht	1200
Finanzen und Versicherung	1100
Land-, Forstwirtschaft, Fischerei	15

(Quelle: Bericht 2016 über die Verwaltung und den Stand der Stadtangelegenheiten)

M5 Erwerbstätigen in Bremerhaven (Auswahl)

In das Projekt „Havenwelten" wurden zwischen 2013 bis 2015 knapp 55 Mio. Euro investiert. Ein Großteil der Summe kommt aus Wirtschaftsförderungsprogrammen des Bundes und der Europäischen Union. Denn das Land Bremen oder die Stadt Bremerhaven können derartige Investitionen nicht alleine stemmen.
Die Museen sind schnell zu einem Aushängeschild der Stadt geworden und mit über 1700 Stellen auch ein wertvoller Arbeitgeber. Und die Übernachtungszahlen in Bremerhaven steigen stetig. Dabei sind die Betten bisher nur zu etwa 40 Prozent ausgelastet.
Aber der Tourismus allein kann nicht der Motor für die Wirtschaft der Stadt sein, zumal es außer den Museen mit Ausnahme des Naturparks Wattenmeer wenige Attraktionen gibt. Bremerhaven trägt das Markenzeichen „Klimastadt". Diese Kompetenz gilt es in allen Wirtschaftsbereichen auszubauen, um Bremerhaven im wahrsten Sinne des Wortes nachhaltig nach vorn zu bringen.

Gletschernachbildung im Klimahaus

M6 Eine Stadtplanerin berichtet

M8 Die Segelveranstaltung „Sail Bremerhaven" lockt seit dem Jahr 2000 alle fünf Jahre über eine Million Besucher in die Stadt.

1 *„Bremerhaven hat sich neu erfunden!" Erklären Sie diese Aussage (M1, Text).*

2 *Auf einer Pressekonferenz bekommen Sie als Stadtplanerin oder Stadtplaner die Frage gestellt, ob der Tourismus einen Strukturwandel für Bremerhaven einläuten kann. Nehmen Sie dazu Stellung und vergleichen Sie anschließend Ihre Antwort mit M6.*

3 *Beurteilen Sie die Zukunftsaussichten des Standortes Bremerhaven (M2 – M8).*

100800-062-01
www.diercke.de

M1 Karikatur zu den Nutzungskonflikten während der Raumplanung

1 Erläutern Sie den Begriff Nutzungskonflikte ausgehend von der Karikatur M1.

2 Ordnen Sie die Begriffe aus M4 in die Tabelle M2 ein.

3 Erörtern Sie den ursprünglichen Titel der Abbildung M3: Versprochen, gebrochen.

4 Nehmen Sie Stellung zu den Auswirkungen des deutschen Tourismus auf Entwicklungs- und Schwellenländer (M5, M6).

Strategie	Maßnahmen
Dichte im Städtebau (Nutzung und Verdichtung bestehender Substanz)	?
Nutzungsmischung	?
denzentrale Konzentration (Verdichtungskerne im Umland)	?

M2 Leitbild der nachhaltigen Stadtentwicklung: Strategien und Maßnahmen

- Tragfähigkeit des ÖPNV;
- Flächenrecycling und Verdichtung;
- Stadt der kurzen Wege;
- Siedlungsdruck bündeln;
- soziale Mischung;
- Verflechtung der Funktionen Wohnen, Arbeiten, Erholen, Bilden, Versorgung;
- Schaffung kompakter und hochwertiger baulicher Strukturen;
- Renovierung, Instandsetzung und Umwidmung vorhandener Gebäude

M4 Konkrete Maßnahmen einer nachhaltigen Stadtentwicklung

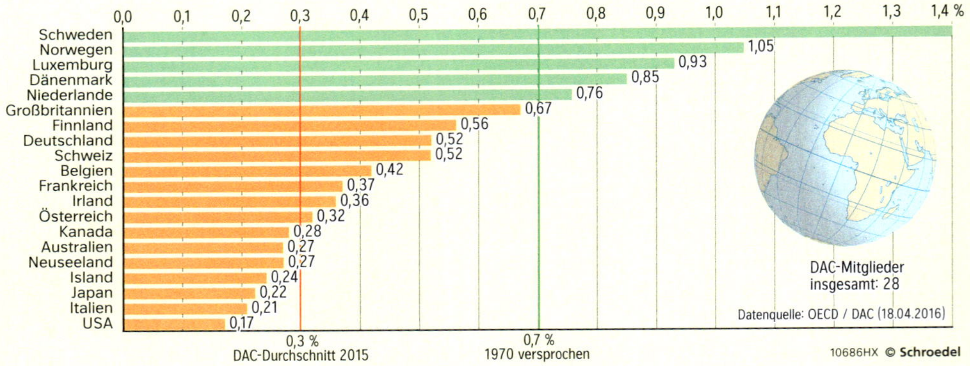

M3 Anteil öffentlicher Entwicklungsgelder am Bruttonationaleinkommen: größte Geber des Ausschusses für Entwicklungshilfe (DAC) in der Organisation für wirtschaftliche Zusammenarbeit u. Entwicklung (OECD)

Fachbegriffe

Entwicklungszusammenarbeit
Flächennutzung
nachhaltige Entwickungsziele (Sustainable Development Goals, SDGs)
nachhaltige Stadtentwicklung
Nachhaltigkeit
Nichtregierungsorganisation (NGO)
Nutzungskonflikt
Raumentwicklung
Raumplanung
Strukturwandel
Tourismus

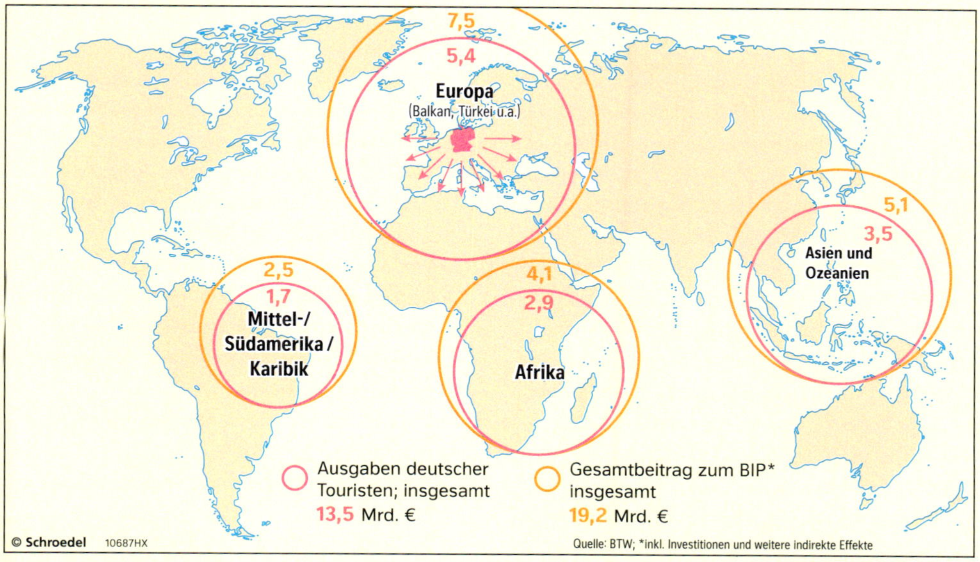

M5 Effekte des deutschen Tourismus auf das Bruttoinlandsprodukt (BIP) in Entwicklungs- und Schwellenländern

Global betrachtet kommt das Institut der deutschen Wirtschaft Köln (IW) auf 1,8 Millionen Arbeitsplätze, die deutsche Touristen durch ihren Besuch stiften. Rein statistisch gesehen sichern 15 deutsche Touristen einen Arbeitsplatz in ihren Reiseländern.

Das IW hat sich neben Kontinenten (M5) zudem fünf exemplarische Länder herausgesucht, um diese beschriebenen Effekte zu untersuchen. Besonders hoch sind die Beschäftigungseffekte demnach in Mexiko und Thailand. Interessant ist, dass in den untersuchten Staaten die ins Land eingebrachten Devisen unterschiedliche Effekte erzielen. In Vietnam und Kenia etwa tragen sie Beträge einer ähnlichen Größenordnung zum Bruttoinlandsprodukt bei (110 Millionen und 80 Millionen Euro). In Vietnam sorge jeder ausgegebene Euro allerdings für deutlich mehr Beschäftigung, so die IW-Forscher.

In einem weiteren Schritt versuchten die Ökonomen herauszufinden, ob sich die Länder durch den Tourismus modernisieren. Sie konnten dabei nachweisen, dass sich etwa durch die Verdoppelung der Übernachtungszahlen internationaler Touristen der Alphabetisierungsgrad um 1,1 Prozentpunkte erhöht, beim Zugang zu sauberem Wasser beträgt die Steigerung 1,9 Prozent.

Ein weniger positives Phänomen konnten die Forscher bei der Frage von Ungleichheit zwischen Arm und Reich in den Ländern ausmachen. Mit anspringendem Tourismus verringert sie sich, mit zunehmendem Wachstum der Besucherzahlen nimmt die Ungleichheit aber wieder zu. Bei den gesellschaftlichen Effekten des Tourismus seien andere, politische und wirtschaftliche Einflüsse offensichtlich stärker, was erklären würde, warum die Effekte „tendenziell als nicht überaus stark einzuschätzen sind“, so das Fazit der Forscher. „Vernachlässigbar sind sie aber dennoch nicht.“

(Quelle: Spiegel Online, 10/2015, G. Traufetter)

M6 Deutsche Touristen im Ausland: Bringt Urlaub in armen Ländern die dortige Entwicklung voran?

Referatsthemen

- Die Sustainable Development Goals (SDGs) als Mittel nachhaltiger Entwicklung?
- Entwicklungsfaktor Tourismus: Beispiel Bali

SDL-53305-002

Klausuren bearbeiten

„Klausuren sind materialgebundene Problemerörterungen mit Raumbezug.“ Klausuren bearbeiten neue Sachverhalte, wobei eine ähnliche Problemerörterung im Unterricht vorbereitet sein sollte. Beide nachfolgenden Klausuren der Seiten 92 / 93 und 94 / 95 stellen Beispiele dar, die der Übung dienen und auf Klausuren im Fach Erdkunde vorbereiten sollen.

In den Klausuren sind die drei Anforderungsbereiche zu berücksichtigen, die sich auch in den Operatoren der Aufgabenstellungen wiederfinden:

- 1. beschreiben, darstellen, wiedergeben,
- 2. analysieren, erklären, erläutern,
- 3. erörtern, beurteilen.

Dies ist in den Bundeseinheitlichen Prüfungsanforderungen (EPA) für das Fach Geographie festgelegt. Der Schwerpunkt der Klausur liegt im Anforderungsbereich II. Sofern Sie in Ihrer Klausur lediglich den Anforderungsbereich I abdecken, darf nur die Note „ausreichend“ erteilt werden. Für die Noten „gut“ und „sehr gut“ muss der Anforderungsbereich III erreicht worden sein.

- Sichten Sie die vorliegenden Materialien im Hinblick auf die Aufgabenstellungen und ordnen Sie Kernaussagen der Materialien den Aufgaben stichpunkthaft zu.
- Verfassen Sie anhand ihrer Stichpunkte einen in sich schlüssigen, stringenten und gedanklich klar strukturierten Text.
- Verfassen Sie zu den einzelnen Aufgaben eine Einleitung, eine Überleitung und enden Sie mit einem kurzen Fazit.
- Achten Sie bei der Materialauswertung auf Schlussfolgerungen.
- Belegen Sie Ihre Aussagen durch Materialbezüge und ggf. Zitate.
- Beachten Sie die korrekte Verwendung der Fachsprache.
- Planen Sie eine Korrekturzeit ein.
  Wiederholte Verstöße gegen die Sprachrichtigkeit können bei der Bewertung zu einem Abzug von bis zu zwei Punkten führen.

M1 Herangehensweise an Erdkundeklausuren

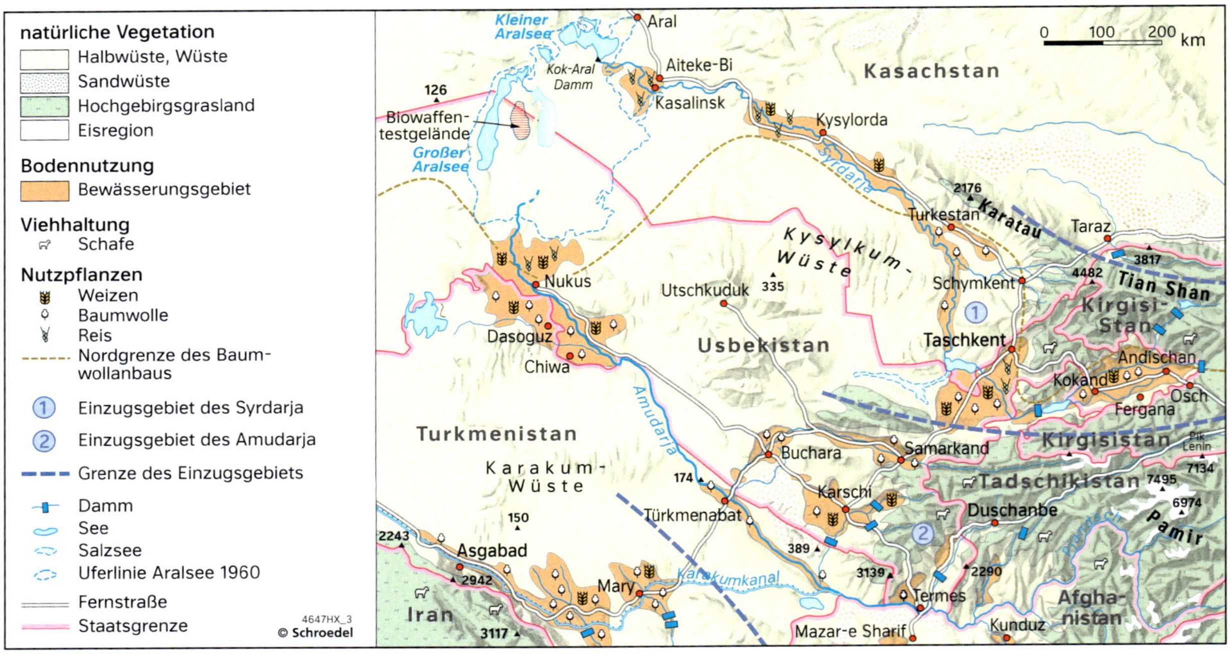

M1 Zentralasien und der Aralsee

100800-170-01 www.diercke.de
100800-173-04 www.diercke.de

Beispielklausur 1: Das Aralsee-Syndrom

1 Beschreiben Sie die Luftbilder M3.

2 Analysieren Sie Ursachen und Folgen der weitgehenden Austrocknung des Aralsees (Atlas).

3 Erstellen Sie ausgehend vom Symptom „Ausbau technischer Großprojekte“ ein Wirkungsgefüge des Aralsee-Syndroms. Als Hilfestellung sind in M2 Vorschläge für mögliche Symptome aufgelistet.

4 Entwickeln Sie Möglichkeiten, die zu einer Verbesserung der Situation am Aralsee beitragen könnten.

Ausbau technischer Großprojekte, Zentralisierung wirtschaftspolitischer Strategien, Ausweitung landwirtschaftlich genutzter Flächen, Intensivierung der Landwirtschaft, Rückgang der traditionellen Landwirtschaft, zunehmender Verbrauch von Energie und Rohstoffen, Steigerung der Nahrungsmittelproduktion
Ausweitung der Bewässerung, Veränderung der lokalen Wasserbilanz, Veränderung des Grundwasserspiegels, Süßwasserverknappung, Veränderung der Wasserqualität
Fertilitätsverlust, Versalzung, Überdüngung, Erosion
zunehmende lokale Luftverschmutzung
Konversion natürlicher Ökosysteme, Gen- und Artenverluste, Verstärkung von biosphärischen Quellen, Schädigung von Ökosystemstrukur
Bevölkerungswachstum, zunehmende Gesundheitsschäden durch Umweltbelastung, Migration, Landflucht
Verarmung, Zunahme nationaler Konflikte, soziale und ökonomische Ausgrenzung, Rückgang traditioneller Strukturen, Zunahme struktureller Arbeitslosigkeit, Zunahme von Disparitäten

M2 Mögliche Symptome

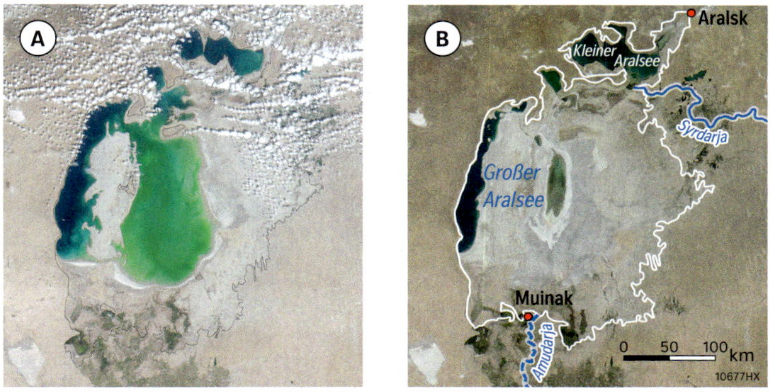

M3 A: Aralsee 2000
B: 2016 (Umrisse: Seefläche von 1960)

[...] Die wichtigste anthropogene Ursache für das Verschwinden des Aralsees war die zunehmende Inanspruchnahme der Flüsse Amudarja und Syrdarja. Die wasserreichen Staaten am Oberlauf der Flüsse, Tadschikistan und Kirgisistan, nutzen deren Wasser vorwiegend zur Energieproduktion, während die am Flussunterlauf liegenden Staaten [...] das Wasser hauptsächlich für landwirtschaftliches Bewässerungsland benötigen. [...]
Die Lebensbedingungen der Menschen im Aralseebecken haben sich in den letzten Jahrzehnten stark verschlechtert. Große Probleme bereiten neben dem Vordringen der Wüste und der Versalzung der Böden die hohe Belastung der gesamten Region durch Düngemittel, Herbizide und Pestizide, die in den Baumwollkulturen massenhaft zum Einsatz kamen. Die Anwohner leiden unter Wasserknappheit, dem verstärkten Auftreten einer Vielzahl von Krankheiten, einer deutlich erhöhten Säuglingssterblichkeit, einer ebenso deutlich verringerten Lebenserwartung und nicht zuletzt unter drastisch verschlechterten Erwerbsmöglichkeiten. Nach dem Ende der Atomindustrie, des Landmaschinenbaus und der Nahrungsmittelindustrie – die auf dem Fischfang im Aralsee beruhte – gibt es kaum noch Arbeit für sie. Hinzu kommen großräumige Probleme, die sich aus der ehemaligen militärischen Nutzung ergeben: Das ehemalige Testgelände für Biowaffen, einst auf einer Insel im Aralsee, hat inzwischen eine dauerhafte Landverbindung, gilt aber immer noch als verseucht.

(Quelle: Aralsee Landschaftswandel 1960 / 2015, Diercke Handbuch, Braunschweig, Westermann 2015, S. 121)

M4 Der Aralsee

100800-173-05
www.diercke.de

Anforderungsbereiche und Operatoren in Klausuren

Die Klausur der Seite 95 beschäftigt sich mit der Stadt Hamburg (Raumbezug) und der Thematik „Entwicklung durch Förderung des Tourismus“ (Problemerörterung). Sie schließt thematisch an die Unterrichtsstunde zum Thema „Bremerhaven – Strukturwandel durch Tourismus“ (S. 88 / 89) an.

Die Operatoren der Aufgaben sind fest definiert (vgl. S. 4 / 5). Die Bearbeitung kann demnach nach einem festgelegten Operatorenmuster erfolgen. Schwerpunktmäßig sind die Operatoren einem von drei Anforderungsbereichen zugeordnet. Im Anforderungsbereich I geht es in erster Linie um die Reproduktion und die Reorganisation von Inhalten. Kern des Anforderungsbereichs II ist das selbstständige Ordnen, Erklären und Bearbeiten bekannter fachspezifischer Inhalte und die Übertragung auf andere Sachverhalte (Transferleistung). Im Anforderungsbereich III soll die Beurteilungsfähigkeit nachgewiesen werden. Problemerkennendes, problemlösendes und reflektierendes Denken bei räumlichen Prozessen steht hier im Vordergrund (vgl. Kerncurriculum Erdkunde).

Im Falle der zweiten Beispielklausur ist die Aufgabe 1 dem Anforderungsbereich I (Operator: darstellen), sind die Aufgaben 2 und 3 dem Anforderungsbereich II (Operatoren: analysieren, erläutern) und die Aufgabe 4 dem Anforderungsbereich III (Operator: beurteilen) zugeordnet. Der Schwierigkeitsgrad nimmt demnach zu. Für die Auswertung der Materialien werden unterschiedliche Methoden (statistische Angaben, Bild-, Text- und Kartenauswertung) berücksichtigt.

In Klausuren finden in der Regel bei der Aufgabenstellung keine Materialverweise statt.

A) Elbphilharmonie

B) Schiff ahoi!

C) Konzert in Hamburg

D) Hamburger Hafen

E) Miniatur Wunderland in der Speicherstadt

F) Musicals in den Hafentheatern

G) Europa Passage

H) Queen Mary 2 im Hamburger Hafen

I) Rathaus nahe der Binnenalster

M1 Hamburg: Auswahl touristischer Ziele

100800-034-01 www.diercke.de
100800-034-02 www.diercke.de

Beispielklausur 2: Hamburg – Entwicklung durch Förderung des Tourismus

1 Stellen Sie das touristische Potenzial Hamburgs dar.
2 Analysieren Sie die touristischen Alleinstellungsmerkmale Hamburgs.
3 Erläutern Sie den Stellenwert des Tourismussektors für Hamburg.
4 Beurteilen Sie die Bedeutung des zunehmenden Kreuzfahrttourismus für die Stadt Hamburg.

- 86,2 Mio. Tagesgäste
- 15,6 Mio. Fluggäste
- 6,3 Mio. Übernachtungsgäste
- 12,6 Mio. Übernachtungen (+86% seit 2005; davon 24,5% Besucher aus dem Ausland; +140% seit 2005)

- 45 Theater, 60 Museen

- Tourismus-Wirtschaftsunternehmen: 6451 davon:
  - Hotels, Gasthöfe, Pensionen: 446
    - 58699 Betten
    - Auslastung 78,3%
    - durchschnittliche Aufenthaltsdauer: 2,0 Tage
  - Campingplätze: 10
  - Privatquartiere: 219
  - speisegeprägte Gastronomie: 2455
  - getränkegeprägte Gastronomie: 2153
  - Reiseleiter, Stadtführer: 209
  - Tourist-Informationen: 161

- relativer Beitrag des Tourismus zum Einkommen privater Haushalte: 5,6%
- 97320 Menschen leben vom Tourismus
- Einkünfte aus Tourismus pro Einwohner und Jahr: 1578 Euro

- 6,02 Mrd. Euro touristische Bruttoumsätze; davon 2,72 Mrd. Euro aus Übernachtungen

M2 Hamburg: Wirtschaftsfaktor Tourismus (2015)

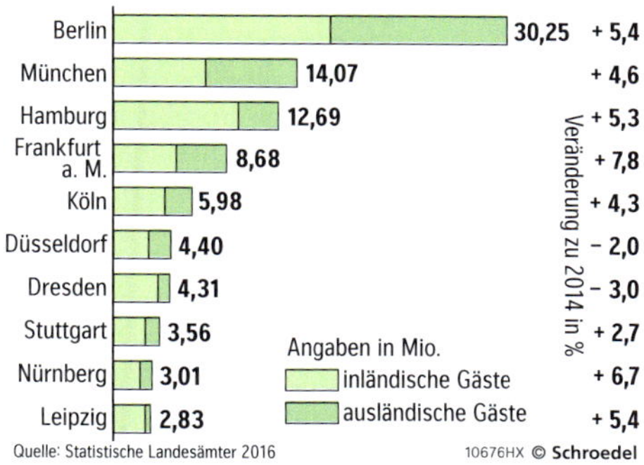

M4 Übernachtungszahlen der bedeutendsten städtischen Tourismusziele in Deutschland (2015)

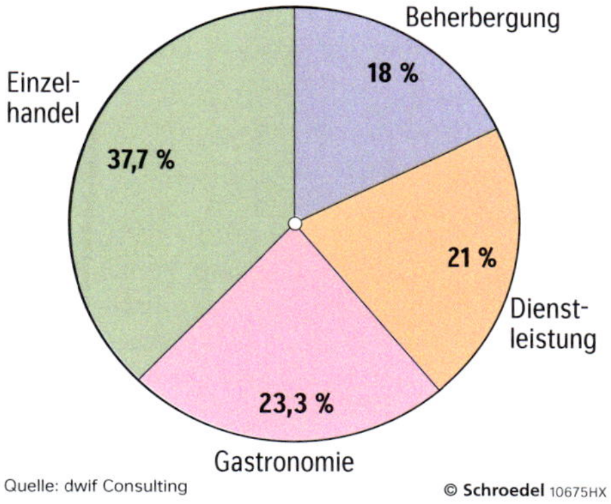

M5 Touristische Umsätze nach Branchen in Hamburg (2014)

Zusätzliche Atlaskarten, die verwendet werden dürfen: .
Diercke Weltatlas, Ausgabe 2015, S. 34/35: Hamburg Hafenstadt

Hafengeburtstag 2017
05.05. Hafenfest & Einlaufparade

06.05. Hafenfest, Schiffe & Höhenfeuerwerk

07.05. Hafenfest & Auslaufparade

Cruise Days 2017
08.09. Hafenfest & Kreuzfahrtschiffe (10)

09.09. Hafenfest, Kreuzfahrtschiffe & Höhenfeuerwerk

10.09. Hafenfest & Kreuzfahrtschiffe

M7 Auswahl Hamburger Festivitäten 2017

Jahr	gesamt*	inländische Gäste*	ausländische Gäste*
2005	6435106	5123970	1311136
2007	7402423	5866099	1536324
2009	8190145	6535007	1655138
2011	9530300	7488197	2042103
2013	11603135	8940981	2662154
2015	12693295	9585016	3108279

* bis 12/2011 Betriebe mit 9 und mehr Betten, ab 01/2012 Betriebe mit 10 und mehr Betten

Quelle: Statistikamt Nord

M3 Übernachtungsgäste in Hamburg

Schiff	Ankunft / Abfahrt	Zielhafen
Queen Mary 2	03.11., 07:00 / 19:00	Oslo
AIDAprima	04.11., 08:00 / 18:00	Rotterdam
Artania	05.11., 10:00 / 17:00	Portland
Artania	28.11., 10:00 / 18:00	Dover
Artania	04.12., 10:00 / 19:00	Portsmouth
Aurora	08.12., 09:00 / 21:00	Southampton
Black Watch	16.12., 09:00 / 17:00	Southampton
Columbus	16.12., 12:00 / 22:00	Amsterdam

Quelle: Hamburg Cruise Center

M6 Kreuzfahrt-Schiffsankünfte Ende 2017

2016:
171 Kreuzfahrtschiffe, 710000 Passagiere, Zuwachs gegenüber 2015: 36%

***2017** (Erwartung):*
200 Kreuzfahrtschiffe, 800000 Passagiere

Quelle: Cruise Gate Hamburg

M8 Entwicklung der Kreuzschifffahrt in Hamburg

100800-035-03 www.diercke.de
100800-035-04 www.diercke.de

Agenda 21 (S. 8)
Entwicklungs- und umweltpolitisches Aktionsprogramm für das 21. Jahrhundert, ein Leitpapier zur nachhaltigen Entwicklung, das von 172 Staaten auf der Konferenz für Umwelt und Entwicklung der UN in Rio de Janeiro (1992) beschlossen wurde. An dieser Konferenz nahmen neben Regierungsvertretern auch viele nichtstaatliche Organisationen teil. Nachhaltige Entwicklung – und damit die Agenda 21 – ist vielerorts zur Leitlinie öffentlichen Handelns geworden. Ihre kommunale Umsetzung ist die Lokale Agenda 21.

Agenda 2030 (S. 9)

Agglomerationsraum (S. 44)
Der Zustand oder Prozess der Verdichtung zu einem Ballungs- oder Verdichtungsraum, wie z. B. das Ruhrgebiet. Es ballen sich hier Siedlungen und Wirtschaftsbetriebe zusammen.

Agroforstwirtschaft (S. 52)
Eine Form der nachhaltigen Landwirtschaft im tropischen Regenwald und in Oasen trockener Gebiete. Es werden Feldfrüchte unter Bäumen angebaut. Die Bäume dienen als Schattenspender und verhindern zudem Bodenerosion.

Aquakultur (S. 17, 57)
Züchtung von Fischen in kommerziellen Fischfarmen in Teichen, Zuchtbecken und Meereskäfigen. In Asien, insbesondere China, wird der Großteil der weltweiten Aquakulturproduktion gezüchtet. Aquakulturen sind häufig ökologisch problematisch (u. a. Fäkalien, Chemikalien und Medikamente).

äquatoriale Tiefdruckrinne (S. 27)
wenige Hundert Kilometer breiter Gürtel von Tiefdruckgebieten in Äquatornähe, in dem die von Nordosten und Südosten wehenden Passatwinde konvergieren / aufeinandertreffen; daher auch innertropische Konvergenzzone (ITC) bezeichnet

Ausgleichsfläche (S. 74)
Werden Natur und Landschaft durch Baumaßnahmen beeinträchtigt, sind Ausgleichs- und Ersatzmaßnahmen erforderlich. Dazu wird die ökologische Qualität anderer Flächen durch zum Beispiel Rückbau versiegelter Flächen, Baumanpflanzungen oder Schaffung von Wiesenflächen deutlich aufgewertet. Diese geschaffenen Flächen sind dauerhaft zu erhalten und stellen einen Ausgleich gegenüber dem ursprünglichen Bauvorhaben her.

Ballungsraum (S. 17, 76)
Ein Ballungsraum (auch Verdichtungsraum genannt; engl.: metropolitan area) zeichnet sich durch eine hohe Bevölkerungsdichte, eine räumliche Konzentration von Wohn- und Arbeitsplätzen und eine hoch entwickelte Infrastruktur aus. Entstehungsursachen für einen Ballungsraum können z.B. das Vorhandensein von Bodenschätzen oder eine günstige Verkehrslage sein. In Deutschland gilt ein Gebiet als Ballungsraum, wenn bei einer Bevölkerungsdichte von 1000 Ew. / km^2 mehr als 500 000 Menschen dort leben.

Bio-Standards (S. 52)
In der ökologischen Landwirtschaft, die sich am Prinzip der Nachhaltigkeit orientiert und besonders ressourcenschonend und umweltverträglich ist, sind beim Ackerbau und der Tierproduktion spezifische Richtlinien einzuhalten, die sogenannten Bio-Standards: umweltverträgliche Lebensmittelerzeugung, artgerechte Tierhaltung, schonende Verarbeitung.

Brandrodung (S. 47)
Gezieltes Abbrennen von Bäumen und Sträuchern zur Gewinnung ackerbaulich nutzbarer Flächen. Die dabei anfallende Asche dient als Dünger. Bei großflächiger Brandrodung wird jedoch die Humusschicht zerstört und der Nährstoffkreislauf unterbrochen. Der Boden wird so auf Dauer landwirtschaftlich unbrauchbar. Brandrodung wird z. B. in tropischen Regenwäldern betrieben.

Brandrodungsfeldbau (S. 17)
vgl. Brandrodung

Bruttoinlandsprodukt (S. 11)
Wert sämtlicher Güter (Waren und Dienstleistungen), die während eines Jahres innerhalb eines Landes von In- und Ausländern produziert werden. Das BIP pro Kopf benutzt man zum weltweiten Vergleich des Wohlstandes der Staaten.

Bruttowertschöpfung (S. 11)
Die Bruttowertschöpfung gibt den Gesamtwert aller produzierten Waren und Dienstleistungen abzüglich der Vorleistungen an. Dies sind alle Waren und Dienstleistungen, die während der Produktion verarbeitet oder verbraucht wurden.

Bundesnaturschutzgesetz (S. 67)
Das BNatSchG regelt u. a. die Landschaftsplanung, das Verfahren der planerischen Bewältigung von Eingriffen in Natur und Landschaft sowie den Flächen- und Objektschutz.

Club of Rome (S. 8)
Im Jahr 1968 gegründete Vereinigung mit dem Ziel, sich für eine lebenswerte und nachhaltige Zukunft der Menschheit einzusetzen. 1972 erschien der Bericht „Die Grenzen des Wachstums“, dem weitere 30 Berichte zu unterschiedlichen Zukunftsfragen der Menschheit folgten.

Dürrejahr (S. 23)
Ungewöhnlich lange Trockenperiode. Bei entweder extrem geringem oder keinem Niederschlag und gleichzeitig hohen Temperaturen sowie starker Verdunstung stellen sich bei Tier, Mensch und Pflanze Wassermangelerscheinungen ein. Eine extreme Dürre über Monate oder Jahre hinweg kann zu Missernten und Hungersnöten führen.

Ecofarming (S. 52)
Integration von Ackerbau, Tierhaltung und Holz- bzw. Sekundärstoffgewinnung mit dem Ziel, das Ökosystem des Regenwaldes nicht übermäßig zu stören. Dies erfolgt durch die Nachahmung der natürlichen Nährstoffkreisläufe. Methoden hierfür sind z. B. die Terrassierung der Felder, Fruchtfolgewechsel, Anbau Stickstoff bindender Pflanzen und Anlage von Komposthaufen. Ecofarming ist im Idealfall wenig kapitalintensiv, jedoch vor allem am Anfang sehr arbeitsintensiv.

Emission (S. 47)
Von einer Quelle ausgehende luftverunreinigende Stoffe, die in die Atmosphäre eingeleitet werden. Dazu zählen Partikel (z. B. Staub, Ruß), Gase (z. B. Kohlenmonoxid, Stickoxide, Schwefeldioxid) und Gerüche.

Entwicklungsland (S. 9)
Die Mehrzahl dieser Staaten weist folgende Merkmale auf:
schlechte Nahrungsmittelversorgung großer Bevölkerungsgruppen, Unterernährung und Hunger; niedriges Pro-Kopf-Einkommen, Armut; keine / mangelhafte Gesundheitsversorgung, hohe Kindersterblichkeitsrate, geringe Lebenserwartung; mangelhafte Bildungsmöglichkeiten, hohe Analphabetenquote; hohe Arbeitslosigkeit,

insgesamt niedriger Lebensstandard, häufig extreme Ungleichverteilung vorhandener Güter.

entwicklungspolitische Maßnahmen (S. 24)
Die zentralen Aufgaben der Entwicklungspolitik sind die Verminderung der Massenarmut und die Verbesserung der Lebensbedingungen in Entwicklungsländern.

Entwicklungszusammenarbeit (S. 78)
Neuerer Begriff für die Unterstützung der Entwicklungsländer, der betont, dass es sich nicht um eine einseitige Hilfe, sondern um eine Zusammenarbeit handelt.

erneuerbare Energie (S. 41)
Die Energiequelle, die durch natürliche Energiespender ständig erneuert wird und somit unerschöpflich ist (z.B. Wind-, Wasserkraft- und Sonnenenergie). Ihr Verbrauch belastet die Umwelt weit weniger als der der fossilen Rohstoffe, wie z.B. Erdöl und Erdgas. Beispiele für erneuerbare Energien sind Sonnenenergie, Wasserkraft, Windenergie und Biogas.

Erosion (S. 13, 24)
Neben der Sedimentation eine der beiden Grundformen geomorphologischer Prozesse. Abtragung beschreibt den Prozess der Zerstörung und des Abtransports von Gesteinen und Böden durch den Einfluss von Luft, Wasser oder Eis (Gletscher) unter Beteiligung der Schwerkraft.

Europäische Union (S. 56)
Die Europäische Union (EU) ist ein Staatenbund, der sich durch die 1992 beschlossenen Verträge von Maastricht aus der Europäischen Gemeinschaft (EG) weiterentwickelt hat bzw. noch entwickeln soll, vor allem im Sinn einer Wirtschafts- und Währungsunion.

Favela (S. 17, 42, 77)
Marginalsiedlung bzw. Slum wird in Brasilien Favela genannt.

Gated Community (S. 42)
Eine geschlossene Wohnanlage der Ober- oder Mittelschicht, die durch zahlreiche Maßnahmen (z. B. Sperrzäune, Wachdienste) vom Rest der Siedlung und der Gesellschaft abgetrennt ist. Oftmals ist der Grund dieser Abschottung die Furcht vor Verbrechen, manchmal geschieht sie jedoch aus dem Wunsch der Absonderung von anderen Gesellschaftsgruppen. Gated Communities finden sich häufig in den großen Städten der Entwicklungsländer, aber auch in denen der Industrieländer.

Global City (S. 44)
Metropole mit einer besonders starken Konzentration von Hauptquartieren international operierender Unternehmen sowie hochrangigen unternehmensorientierten Dienstleistungen, z. B. New York, London, Tokio, Hongkong.

Globalisierung (S. 9)
Bezeichnung für die weltweite Durchdringung von Märkten. Sie wird vor allem bewirkt durch die zunehmende Bedeutung der internationalen Finanzmärkte, den Welthandel sowie die internationale Ausrichtung von Unternehmen und wird begünstigt durch neue Kommunikationstechniken.

horizontale Verflechtung (S. 15)
Kooperation oder Vernetzung von verschiedenen gleichberechtigten Partnern oder Branchen

Industrieland (S. 9)
Bezeichnung für technisch hochentwickelte Staaten mit hohem Pro-Kopf-Einkommen, sehr hoher Produktivität, hohem Bildungsniveau und einer häufig stabilen Währung

informeller Sektor (S. 42, 84)
auch informelle Wirtschaft

innertropische Konvergenzzone (S. 27)
Die äquatoriale Tiefdruckrinne wird auch als innertropische Konvergenzzone bezeichnet, weil hier, in den inneren Tropen, die Passate der Nord- und Südhalbkugel zusammentreffen (= konvergieren).

Kernprobleme des globalen Wandels (S. 16)

Kommune (S. 8)
Historische, teilweise noch heute gebrauchte Bezeichnung für Gemeinden. Der Ausdruck Kommune wird vor allem in Zusammensetzung (Kommunal-) häufig gebraucht.

kompakte Stadt (S. 73)
Bezeichnung für eine Stadt mit großen geschlossenen Siedlungskomplexen (v. a. Hochhäuser) mit hoher Einwohner- und Bebauungsdichte. Sie zeichnet sich durch Vielfalt städtischen Lebens aus, ist oft aber auch von sozialem Elend geprägt.

Kulturlandschaft (S. 65, 69)
Der Teil der Erde, welcher vom Menschen z. B. durch Landwirtschaft, Siedlungen, Verkehrswege usw. umgestaltet wurde. Die verschiedenen Erscheinungsformen der Kulturlandschaft sind zum einen durch die unterschiedlichen Naturlandschaften bedingt, zum anderen aber auch durch die verschiedenen Anbautechniken und Lebensweisen der Menschen. Mit dem Begriff Kulturlandschaft lassen sich aber auch bestimmte Räume typisieren, wie z. B. das Ruhrgebiet, die sich durch eine besonders starke, kulturelle Überprägung auszeichnen.

Lahnung (S. 81)
Uferschutzanlage zur Landgewinnung, die im Uferbereich in das Meer gebaut wird. Einströmendes Meerwasser wird abgebremst und Sedimente können sich küstennah ablagern.

Landflucht (S. 16)
Landflucht ist die von Push- und Pull-Faktoren ausgelöste Abwanderung vom Land in die Stadt. Die Landflucht bringt ein Wachstum der Städte mit sich. Da die Stadt nicht über genügend Arbeitsplätze und Wohnflächen verfügt, kommt es oftmals zur Bildung von Slums.

Leitbild der nachhaltigen Entwicklung (S. 8)

Lokale Agenda 21 (S. 8)
ist die Umsetzung der Agenda 21 auf kommunaler Ebene.

Luftmasse (S. 27)
Luftkörper mit einer horizontalen Ausdehnung von über 500 Kilometern und mehr als 1000 Meter Dicke. Die Luftmasse weist annähernd gleichmäßige Temperatur- und Luftfeuchtigkeitsverhältnisse auf und ist im Laufe der Zeit durch äußere Einflüsse Veränderungen unterworfen.

Mangrove (S. 17)
Tropische Gehölze im Gezeitenbereich der Meeresküsten, die zweimal täglich während der Flut von Salzwasser überflutet werden und bei Niedrigwasser weitgehend trockenfallen.

Marginalsiedlung (S. 42)
Siedlungstyp, der sich insbesondere in Entwicklungsländern ausgebreitet hat. Die Marginalsiedlungen liegen meist an der Peripherie großer Städte oder an Standorten mit stark eingeschränkter Nutzbarkeit (Müllhalden, rutschungsgefährdete Hänge usw.). Ihre Bevölkerung lebt am Rande des Existenzminimums.

Marktwirtschaft (S. 78)
Bezeichnet eine Wirtschaftsordnung, in der Art, Umfang und Qualität der Produktion bzw. der Dienstleistungen vom Markt und Wettbewerb bestimmt werden, solange Markttransparenz und freier Wettbewerb herrschen, der

Staat jedoch die Rahmenbedingungen vorgibt. Häufig ist synonym auch von freier Marktwirtschaft die Rede.

Marshallplan (S. 83)
Von den USA initiiertes und 1948 in Kraft getretenes Wirtschaftsförderungsprogramm für westeuropäische Staaten nach dem Zweiten Weltkrieg, welches u. a. den Wiederaufbau Europas ermöglichen sollte.

Megacity (S. 42, 44)
Nach Definition der UN eine Stadt mit mehr als zehn Millionen Einwohnern im Ballungsraum, nach geographischer Definition mit mehr als fünf Millionen Einwohnern in der Kernstadt.

Migration (S. 17, 23, 30)
Wanderung von menschlichen Individuen oder Gruppen mit dem Ergebnis eines längerfristigen Wohnsitzwechsels. Besondere Formen der Migration sind die Emigration (Auswanderung) und die Immigration (Einwanderung) sowie die Permigration (Durchwanderung). Bei Bevölkerungsbewegungen innerhalb von Staats- oder Landesgrenzen ist von Binnenmigration (auch „Binnenwanderung") die Rede.

Millenniumsentwicklungsziele (S. 32)
Auf der Generalversammlung der Vereinten Nationen im September 2000 in New York wurde die Millenniumserklärung verabschiedet. Aus dieser wurden acht internationale Entwicklungsziele abgeleitet, die Millenniumsentwicklungsziele (engl.: Millennium Development Goals, MDGs), die bis 2015 erreicht werden sollten.

Monokultur (S. 49, 52)
Bodennutzung, bei der nur eine Kulturpflanze auf überwiegend großen Flächen (Plantagen) angebaut wird. Monokulturen haben weitreichende ökologische Folgen, von einseitigem Nährstoffmangel im Boden über die starke Vermehrung von Schädlingen und Pflanzenkrankheiten bis zur Bodenerosion.

Nachhaltigkeit (S. 8, 10)
Ein ursprünglich aus der Forstwirtschaft stammender Leitgedanke, der dort bedeutet, dass nicht mehr Bäume gefällt werden sollen als nachwachsen. Heute ist es der Leitgedanke für eine zukunftsfähige Entwicklung in allen Lebensbereichen. Dabei sollte so gehandelt werden, dass künftigen Generationen ein intaktes ökologisches, soziales und wirtschaftliches Gefüge erhalten bleibt.

Naturlandschaft (S. 69)
Natürliche Landschaft, die der vom Menschen beeinflussten Kulturlandschaft gegenübersteht. Solche Gebiete gibt es in Mitteleuropa nur noch sehr selten in den höchsten Höhenstufen des Hochgebirges. Auf anderen Kontinenten mit geringerer Bevölkerungsdichte finden sich Naturlandschaften auch in größeren Dimensionen.

Nichtregierungsorganisation (S. 28, 79)

Nomadenwirtschaft (S. 22)
Wird betrieben von Hirtenvölkern ohne feste Wohnsitze, bei der die Viehhalter / Eigentümer der Herden das Vieh zusammen mit den Hirten und dem Familienverband (inkl. des gesamten Hausrats) auf Wanderungen von Weideplatz zu Weideplatz begleiten.

Non-Governmental Organisation (S. 79)

Nordostpassat (S. 27)

Ozonschicht (S. 17)
ist ein Teil der Stratosphäre (Atmosphärenschicht oberhalb der untersten Schicht, der Troposphäre). Die stärkste Ozonkonzentration befindet sich in etwa 12 bis 40 Kilometer Höhe. Die energiereiche ultraviolette Strahlung (UV-C) der Sonne wandelt dort O_2 in O_3 um. Ein Teil der ultravioletten Strahlung (überwiegend UV-B-Strahlung) spaltet Ozon wieder in Sauerstoff. Dies führt zu einem chemischen Gleichgewicht zwischen Bildung und Abbau von Ozon, bei dem die Ozonmenge etwa gleich bleibt. Antropogene Chlor- sowie Bromemissionen führten in der Vergangenheit zu einem verstärkten Abbau der Ozonschicht.
Durch eine Ausdünnung der Ozonschicht gelangt mehr UV-Strahlung auf die Erdoberfläche, was beim Menschen zu Hautschäden bis hin zum Hautkrebs führen kann.

Passatzirkulation (S. 27)
In sich geschlossene tropische Luftzirkulation. Am Äquator steigen warme Luftmassen auf, kühlen dabei ab (äquatoriale Tiefdruckrinne) und strömen in großer Höhe polwärts. Im Bereich der Wendekreise sinken sie zu Boden (subtropischer Hochdruckgürtel) und strömen als Passate zum Äquator zurück. Hier werden sie erwärmt und steigen wieder auf. Sowohl auf der Nord- als auch auf der Südhalbkugel existiert jeweils ein Passatkreislauf.

Primatstadt (S. 44, M2)
Großstadt, oft die Hauptstadt, die an Einwohnerzahl und Wirtschaftskraft alle anderen Städte eines Landes übertrifft

Pull-Faktor (S. 45, M6)
Pull-Faktoren beeinflussen wie die Push-Faktoren das Wanderungsverhalten der Bevölkerung. Die Motive dieser Wanderungsbewegung sind in den attraktiver erscheinenden Lebensbedingungen des Zielgebietes begründet. Die Menschen erhoffen sich dort z.B. eine Erhöhung ihres Lebensstandards, bessere medizinische Versorgung oder Arbeitsplätze.

Push-Faktor (S. 45, M6)
Ein Faktor, der große Teile der meist ländlichen Bevölkerung dazu veranlasst, in die Städte abzuwandern. Die Motive der Abwanderung sind vor allem in den unzureichenden Existenzbedingungen auf dem Land begründet (z. B. geringes Einkommen, Hunger, Arbeitslosigkeit).

Raumordnungsverfahren (S. 66, 67)
Das Raumordnungsverfahren (ROV) ist ein Verfahren der Landesplanung, um Maßnahmen mit den Grundsätzen und Zielen der Raumordnung bzw. der Landesplanung abzugleichen.

Raumplanung (S. 64)

Reuse (S. 81)
Vorrichtung zum Fang von Fischen und Wassertieren (aber auch Vögeln), die u. a. die Form von Körben oder Hindernissen besitzen kann

Rohstoff (S. 8)
Als Rohstoff werden die unverarbeiteten Ressourcen aus der Natur bezeichnet. Mit der Weiterverarbeitung werden Rohstoffe nutzbar gemacht. Rohstoffe, die in der Erde liegen und durch Tage- oder Untertagebau abgebaut werden, nennt man Bodenschätze (zum Beispiel Erze, Kohle, Erdöl, Steine).

Schlick (S. 81)
von einem Meer, in Seen und im Überschwemmungsgebiet von Flüssen abgelagertes Gemisch aus feinsten Mineralbestandteilen und organischer Substanz (abgestorbene tote und lebende organische Materie)

Schwellenland (S. 9)
Diese Staaten befinden sich in einem umfassenden Wandlungsprozess. Typisch sind häufig ein hohes Wachstum der wirtschaftlichen Leistung und des Pro-Kopf-Einkommens. Die soziale Entwicklung (z. B. Gesundheit, Bildung, Energie- und Wasserversorgung) kann

oft noch nicht mit dem wirtschaftlichen Wachstum mithalten.

Segregation (S. 43, Randspalte)
Der Prozess oder der Zustand der räumlichen Trennung und Abgrenzung von ethnischen oder sozialen Bevölkerungsgruppen, vor allem innerhalb einer Siedlungseinheit. Die sich trennenden Gruppen haben jeweils Gemeinsamkeiten, die sie als Gruppe definieren (z. B. Sprache, Religion, soziale Schicht). Segregation kann erzwungen sein und äußert sich räumlich in der Entstehung von Gettos, sie kann aber auch erwünscht und freiwillig sein, was oftmals zur Bildung von Gated Communities führt. Von demographischer Segregation ist die Rede, wenn Wohnansprüche unterschiedlicher Altersgruppen und Haushaltstypen zu einer räumlichen Trennung führen.

Slum (S. 17, 42)
Elendsviertel, das im Gegensatz zur Marginalsiedlung als innerstädtisches Notquartier zu verstehen ist. Ein Slum ist in der Regel durch eine heruntergekommene Bausubstanz gekennzeichnet.

Slum-Upgrading (S. 77)

Sommermonsun (S. 27)

Stadt der kurzen Wege (S. 69, 73)
Wandel von motorisiertem Individualverkehr hin zu mehr Fußgängern, Radfahrern und ÖPNV-Nutzung mithilfe eines Abbaus räumlicher Distanzen zwischen den Orten von Arbeit, Wohnen, Konsum, Freizeit und Erholung

Standortfaktor (S. 74)
Einflussgröße, die bei der Auswahl eines Standortes für Unternehmen eine wichtige Rolle spielt. Aufgrund der Bewertung von mehreren Standortfaktoren wird die Entscheidung über den Standort getroffen. Zu den Standortfaktoren zählen die Verkehrslage, das Lohnniveau, das Angebot an Fachkräften oder die Nähe zum Absatzmarkt.

Strukturwandel (S. 14)
Unter Strukturwandel versteht man eine Veränderung von wesentlichen Bedingungen, z.B. in der Wirtschaft oder Bevölkerung. In vielen Gesellschaften wurde ein Strukturwandel von einer bäuerlichen Gesellschaft zu einer Industrie- und Dienstleistungsgesellschaft vollzogen.

Subventionierung (S. 59)
Subventionen sind finanzielle Unterstützung einzelner Betriebe oder ganzer Wirtschaftszweige seitens des Staates. Diese können beispielsweise in Form von Krediten oder Steuervergünstigungen erfolgen und sollen die Leistungskraft der Empfänger erhöhen oder deren Konkurrenzfähigkeit wiederherstellen.

Südostpassat (S. 27)

Symptom (S. 16)

Syndrom (S. 16)

Syndromkonzept (S. 16, 21)
Der Begriff Syndrom entstammt dem Griechischen und bedeutet begleitend bzw. zusammentreffend. Im Syndromkonzept wird dem Syndrom eine typische Gruppe an Merkmalen zugeordnet (sogenannte Symptome), die einen bestimmten Zustand des Systems anzeigen.

Torfboden (S. 47)
Torf bezeichnet ein organisches, in Mooren entstehendes Sediment.

Treibhausgas (S. 47)
Bezeichnung für Spurengase in der Atmosphäre, die die Wärmestrahlung der Erde aufnehmen und zum Teil wieder zur Erde abstrahlen, anstatt sie in den Weltraum entweichen zu lassen (ähnlich wie bei einem Treibhaus). Sie tragen so zur Erwärmung der Atmosphäre und der Erdoberfläche bei. Treibhausgase sind u. a. Kohlenstoffdioxid (CO_2) oder Methan (CH_4) und werden in starkem Maße durch menschliches Handeln gebildet sowie freigesetzt.

tropischer Wirbelsturm (S. 80)
Im Bereich der Tropen über den Ozeanen sich bildende Tiefdruckgebiete mit der Gefahr von Sturm, Starkniederschlägen, Überschwemmungen und Sturmfluten. Voraussetzungen für die Bildung tropischer Wirbelstürme sind u. a. eine Meeresoberflächtentemperatur von mindestens 26 °C bis zu einer Tiefe von rund 50 m und eine gewisse Entfernung vom Äquator (ca. 500 km), damit die Coriliskraft (ablenkende Kraft der Erdrotation) wirken kann. Hurrikan, Taifun und Zyklon sind unterschiedliche Bezeichnungen für tropische Wirbelstürme in verschiedenen Erdregionen.

Umweltverträglichkeitsprüfungs-Gesetz (S. 67)
Die Umweltverträglichkeitsprüfung (UVP) ist ein vorbeugendes Instrument der Raumplanung, um negative Umweltauswirkungen zu vermeiden oder zumindest zu verringern.

verkarstet (S. 53)
Karst ist eine Bezeichnung für Regionen mit charakteristischem Formenschatz. Dieser ist durch die Korrosion leicht löslicher Gesteine (u. a. Kalkstein) mit anschließender Ausfällung gelösten Materials entstanden.

Verstädterung (S. 17, 44, 60)
Das Phänomen der Verstädterung beschreibt, dass ein immer größerer Anteil der Gesamtbevölkerung in Städten lebt. Diese dehnen sich flächenhaft durch den Bau neuer Häuser und Straßen aus. Zu beobachten ist die Verstädterung in fast allen Teilen der Erde. Hauptursache ist die Wanderung der ländlichen Bevölkerung in die Städte (Landflucht).

Vorbehaltsgebiet (S. 66)
In Vorbehaltsgebieten ist bestimmten Nutzungsformen gegenüber anderen ein besonderes Gewicht beizumessen. So kann beispielsweise der Windenergienutzung in einem Vorbehaltsgebiet für Windenergienutzung gegenüber der Gewinnung von Bodenschätzen eine besondere Bedeutung eingeräumt werden.

Vormonsun (S. 27)

Vorranggebiet (S. 66)
Dient der Sicherung einer bestimmten Nutzungsform im Planungsraum. In einem Vorranggebiet für die Windenergienutzung sind alle Nutzungsformen unzulässig, die der Windenergienutzung entgegenstehen.

Wanderfeldbau (S. 52)
Bezeichnet eine traditionelle Anbauform in den Tropen. Wenn der Boden an Nährstoffen ausgelaugt ist und die Erträge zurückgehen, werden die Felder und auch die Behausungen verlegt. Neue Anbauflächen werden vor allem durch Brandrodung gewonnen.

Wintermonsun (S. 27)

Zentrale-Orte-Konzept (S. 65)
Ein zentraler Ort ist der verwaltungsmäßige, wirtschaftliche, gesellschaftliche und kulturelle Mittelpunkt eines Gebietes. Seine Einrichtungen (Spezialgeschäfte, Einrichtungen zur Unterhaltung, Bildung, ärztliche Versorgung) dienen nicht nur der eigenen Ortsbevölkerung, sondern auch der des Umlandes.

Zersiedelung (S. 17)
Das unkontrollierte, flächenhafte Wachstum von Siedlungen am Rand großer Städte und Agglomerationen durch ausgedehnte Wohnbebauung sowie Wirtschafts- und Verkehrseinrichtungen wie Flughäfen und Industriebetrieben.

Starthilfen und Beispiellösungen

S. 11 Aufgabe 6:
Der Klimawandel wird weitergehen und die Schneesicherheit in den Alpen weiterhin abnehmen. Die Strategien sollten trotzdem die Nachhaltigkeit einschließen, sodass nicht ausschließlich ökonomische Interessen im Vordergrund stehen dürfen (Bsp.: neue Technologie als Alternative zu Schneekanonen, Forcierung des sanften Tourismus etc.).

S. 13 Aufgabe 2:
Beispiel-Konceptmap (unvollständig)

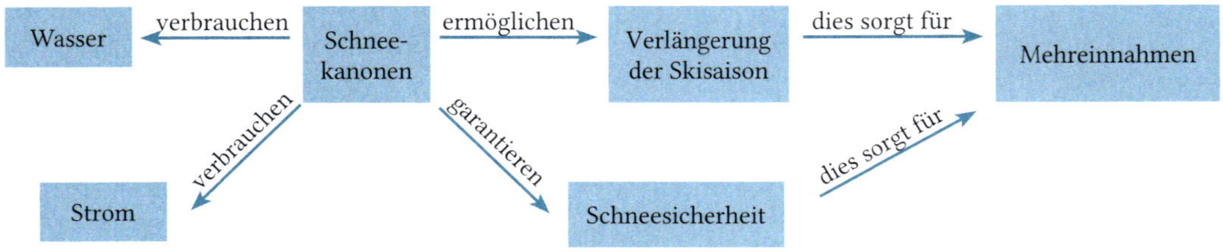

S. 15 Aufgabe 3:
politische Nachhaltigkeit: Die Politik sollte darauf hinwirken, dass alle Dimensionen der Nachhaltigkeit in einem ausgewogenen Verhältnis zueinander stehen. So darf die Wirtschaft des Raumes nicht negativ beeinflusst werden, gleichzeitig ist dafür aber auch eine intakte Natur notwendig ...

soziale Nachhaltigkeit: Jeder sollte die Möglichkeit erhalten, von den Entwicklungen zu partizipieren und nicht durch das Wachstum des Tourismus behindert zu werden ...

wirtschaftliche Nachhaltigkeit: Um einen Raum „gesund" zu erhalten, ist es notwendig, dass die Menschen auch ein Auskommen haben. Dewegen sollte der Skitourismus als Existenzgrundlage der Menschen erhalten bleiben ...

S. 18 Aufgabe 1:
In M2 sind in der senkrechten Spalte 16 Syndrome und in der waagerechten 10 Kernprobleme dargestellt. Wählen Sie eines der Syndrome aus und überlegen Sie, wie die Kernprobleme, die diesem Syndrom zugeordnet sind, miteinander verknüpft sind.

S. 25 Aufgabe 5:
Beginnen Sie mit einem der Kästen (z. B. zunehmende Übernutzung der Vegetation) und erläutern Sie dann den Zusammenhang mit den anderen Kästen (Pfeil zielt auf Bodenerosion).

S. 27 Aufgabe 4:
Gehen Sie vom Modell des monsunalen Windsystems (M5, M6) aus. Äquatornah liegt eine Tiefdruckrinne im Winter. Die Winde wehen aus den umgebenden Hochdruckgebieten in das Tiefdruckgebiet und werden dabei auf der Nordhalbkugel nach rechts abgelenkt (Nordostpassat). Im Sommer verschiebt sich wegen der sich stärker erhitzenden Landmassen die Tiefdruckrinne weit norwärts und „saugt" die Passatwinde der Südhalbkugel etc. an. Überlegen Sie sich die Auswirkungen auf die Winde, Windrichtungen und deren Folgen.

Seite 31 Aufgabe 5:
In dem Zitat wird die ökologische Tragfähigkeit des menschlichen Handelns in Zweifel gezogen. Die Aufgabe bezieht sich somit innerhalb der Nachhaltigkeitspyramide lediglich auf den ökologischen Bereich. Die gilt es bei der Stellungnahme, die auf der Basis der gegebenen Materialien verfasst werden soll, zu beachten. Herangezogen werden können z.B. die Verschiebungen des *Earth of Overshoot Day* (M5).

S. 37 Aufgabe 2:
Aus M5 lässt sich die Wasserführung des Nils ableiten. M3 zeigt auf, dass über Bewässerung ganzjährig angebaut und geerntet werden kann. Dies ist im Einzelnen zu erklären (vgl. M2).

S. 37 Aufgabe 6:
Zu betrachten sind die beiden Stellschrauben Bevölkerung und Anbaufläche.

S. 43 Aufgabe 4:
Es geht um die Frage, ob São Paulo regier- und planbar (z. B. Wohnungen, Verkehr, Ver- und Entsorgung) ist.

S. 51 Aufgabe 3:
Das Ergebnis Ihrer Stellungnahme (Pro und Kontra) ist Ihrerseits zu begründen. Beurteilen Sie die Produktion für den Export und den einheimischen Markt.

S. 51 Aufgabe 7:
Ausgangspunkt für die Überlegungen können die Planungen der brasilianischen Regierung sein (M7).

S. 59 Aufgabe 2:

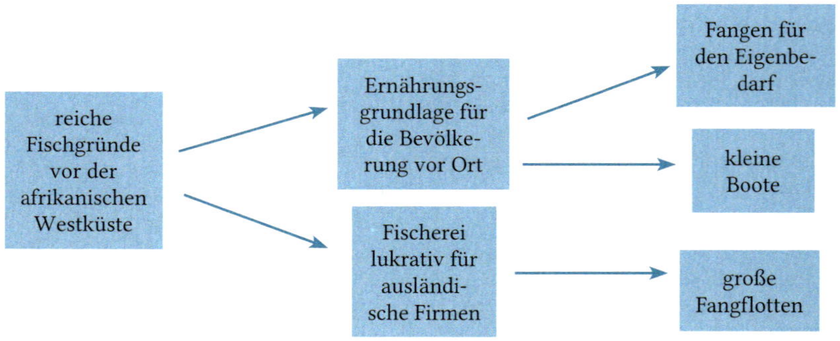

S. 65 Aufgabe 3:
Grundlage sind die Leitbilder und Handlungsstrategien für die Raumentwicklung in Deutschland (M5: Wachstum und Innovation, Daseinsvorsorge, Ressourcen bewahren, Kulturlandschaft gestalten). Dazu kommt die Nachhaltigkeitsstrategie (M6) mit den vier Bereichen Generationengerechtigkeit, Lebensqualität, sozialer Zusammenhalt, internationale Verantwortung. Ziel ist eine bundesweit und grenzüberschreitende nachhaltige Entwicklung des Raumes.

S. 67 Aufgabe 4:
Lösungsvorschlag:
Im Zuge des globalen Klimawandels gilt es, die Energiegewinnung aus fossilen Rohstoffen zurückzuschrauben. Auch in Mecklenburg-Vorpommern müssen Alternativen angedacht werden. Neben der sehr guten Eignung der Küste als Windkraftstandort gibt es für das Bundesland jedoch weitere wirtschaftliche Alternativen wie Sonnenenergie, Geothermie und Biomasse (vgl. auch Diercke-Atlas, Ausgabe 2015, S. 68). Es ist somit zumindest diskussionswürdig, ob bei einem dünn besiedelten Bundesland wie Mecklenburg-Vorpommern der Beitrag der regenerativen Energien verstärkt aus der Windkraft kommen muss, vor allem wenn dieser das wirtschaftliche Standbein Tourismus beeinträchtigen könnte. Offshore-Anlagen erscheinen – sofern die technischen Komponenten einwandfrei funktionieren – jedoch ein akzeptabler Kompromiss und so kann man zu dem Schluss kommen, dass das Projekt notwendig ist.

S. 67 Aufgabe 5:
ökologische Aspekte: während der Bauphase erhebliche Beeinträchtigungen, diese jedoch im gesetzlichen Rahmen; für die Betriebsphase werden keine großräumigen Auswirkungen erwartet ...

ökonomische Aspekte: Die Investitionskosten sind mit über 1 Milliarde Euro sehr hoch. Die Betreiber würde diese Summe nicht investieren, wenn nicht eine ausreichende Gewinnaussicht bestünde. Aber es muss eine sehr lange Laufzeit angestrebt werden. ...

soziale Aspekte: ...

S. 71 Aufgabe 3:
Zuerst ist es wichtig, die Werte in den drei Kategorien (A – C) zu betrachten und jeweils eine Hauptaussage herauszuarbeiten (z. B. A: über 50 % der Bewohner denken, dass ein autoreduzierter Stadtteil funktioniert und dadurch die Lebensqualität erhöht ist). Danach sollten sie positive und negative Aussagen gegenüberstellen, z. B. Lebensqualität zwar hoch (52,5 %), aber Mieten zu hoch (51,8 %). Am Ende sollten Sie Schlussfolgerungen ziehen und ein Sachurteil formulieren.

S. 75 Aufgabe 4:
Die Stellungnahme sollte in die Aspekte Ökonomie, Ökologie und Soziales sowie nachhaltige Stadtentwicklung gegliedert werden. Beispiel: Das Entwicklungskonzept ist aus ökologischer Perspektive sinnvoll, da ein altindustrieller Raum, der stark durch Altlasten verunreinigt und belastet war, durch neue Park- und Grünanlagen sowie das Reinigen des Bodens aufgewertet wurde.

S. 77 Aufgabe 4:
Zur Lösung wäre die Anfertigung einer Tabelle denkbar: In einer Spalte könnte das Leitbild wiedergegeben, in einer anderen Spalte die Maßnahmen der Stadtentwicklung dem Leitbild zugeordnet werden.

S. 79 Aufgabe 4:
Lösungsvorschlag:
Die Kooperation innerhalb des Projektes erscheint „musterhaft“, da bereits in der Frühphase des Projektes alle Beteiligten gemeinsam zusammenarbeiten und so das Know-how aller einbezogen wird. Ob es tatsächlich ein „Musterbeispiel“ wird, kann jedoch erst am zukünftigen Resultat bewertet werden, da das Ergebnis bzw. der Erfolg die Bewertung maßgeblich bestimmt.

S. 85 Aufgabe 2:
Berücksichtigen Sie u. a. folgende Aspekte:
- Stellenwert des Tourismus in Thailand,
- regionale Disparitäten innerhalb des Landes,
- Bedeutung der Reisekonzerne,
- Nachhaltigkeit (insbesondere ökologische Aspekte),
- innovative Konzepte (z. B. Gesundheitstourismus).

Methoden im Überblick

1. **Begrüßung und Vorstellung**
   - des Themas sowie der Gliederung
2. **Einstieg**
   - z. B. Zitat, Foto, Kurzfilm (Interesse wecken)
3. **Hauptteil**
   Abhandlung wichtiger Inhalte
4. **Schluss**
   - Aufgreifen des Anfangsgedankens, Zusammenfassung, ggf. Urteil
5. **Verabschiedung**
   - ggf. Fragen zum Vortrag

M 1 Eine Präsentation erstellen

1. **Überfliegen**
   - Überfliegen Sie den Text und verschaffen Sie sich einen Überblick.
   - Beachten Sie Überschriften, fett gedruckte Wörter oder Bilder und Grafiken.
2. **Genaues Lesen**
   - Lesen Sie den Text noch einmal langsam.
   - Markieren Sie Schlüsselbegriffe oder wichtige Aussagen.
   - Klären Sie unbekannte Begriffe.
3. **Notizen zum Text**
   - Machen Sie Notizen am Rand: Die linke Randseite können Sie nutzen, um Textabschnitten Zwischenüberschriften zu geben. Die rechte Randspalte nutzen Sie z. B. für Anmerkungen.
4. **Text zusammenfassen**
   - Erstellen Sie mithilfe der Schlüsselbegriffe eine Mindmap oder eine Zusammenfassung des Textes: Was wollte der Verfasser (vgl. Quellenangabe am Ende des Textes) aussagen?

M 2 Einen Sachtext auswerten

1. **Einleitung**
   Beginnen Sie Ihre Auswertung mit einer Einleitung, die
   - den Zeichner (wenn angegeben),
   - den Titel sowie
   - das Thema der Karikatur (wer ist gemeint: Personen, Ereignis, Gegenstand?) nennt.
2. **Betrachten**
   - Welcher Gesamteindruck bzw. welches Thema verbirgt sich hinter der Karikatur? → Hintergrundwissen mobilisieren
   - Welche Details (Zeichen, Figuren) sind dargestellt? → Einzelelemente umkreisen, nummerieren, ordnen, Wechselwirkungen mit Pfeilen verdeutlichen
3. **Beschreiben**
   - Welches Problem wird dargestellt?
   - Welche Bedeutung haben die Elemente?
   - Welche Textinformationen sind gegeben?
   - Wie ist der Bildaufbau gestaltet (Vorder-, Hintergrund, Perspektive)?
   - Welche Gestaltungsmittel fallen auf?
   - Welche Gesamtaussage lässt sich formulieren?
4. **Erklären**
   - Welche Zusammenhänge und Hintergründe werden angesprochen (Zeitpunkt und Ort der Entstehung)?
   - Welche Ziele verfolgt der Karikaturist?
   - An wen wendet sich der Karikaturist?
5. **Werten**
   - Wird die Aussage bzw. Kritik der Karikatur mithilfe der Darstellung präzise vermittelt?
   - Welche zentrale Wirkung liegt vor (z. B. witzig, boshaft, komisch, beleidigend)?
   - Ist die Karikatur überzeugend gelungen? Formulieren Sie Ihre eigene Meinung.

M 4 Eine Karikatur auswerten

1. **Materialauswertung**
2. **Symptomauswahl**
3. **Festlegen des Syndromkerns**
4. **Erweiterung des Beziehungsgeflechts**
5. **Entwurf von Lösungsstrategien**

M 3 Ein Wirkungsgefüge nach Syndromkonzept erstellen

Mit einem **Wirkungsgefüge** können komplizierte Zusammenhänge verdeutlicht werden. Ursachen und Wirkungen werden dabei über Begriffe und Pfeile dargestellt.

1. Text analysieren
Lesen Sie den Text aufmerksam. Unterstreichen Sie wichtige Begriffe und Aussagen.

2. Wichtige Schlüsselbegriffe festlegen
Notieren Sie die Aussagen in Kurzform auf kleine Zettel oder Klebezettel.

3. Ursachen und Wirkungen ordnen
Ordnen Sie die Zettel so an, dass logische Zusammenhänge zu sehen sind, z. B. Ursache-Folge-Wirkungen, Rückkopplungen. Überlegen Sie, ob mehrere Ursachen für eine Wirkung verantwortlich sind.

4. Notieren des Wirkungsgefüges
Schreiben Sie die Stichwörter auf und verbinden Sie die Aussagen mit Pfeilen. Ein Pfeil bedeutet: „hat zur Folge" oder „bewirkt". Doppelpfeile bedeuten „rückwirkende Einflüsse". Mit unterschiedlicher Pfeildicke kann die Wichtigkeit der Aussage unterschieden werden.

5. Präsentieren
Stellen Sie der Klasse Ihr Wirkungsgefüge vor.

M5 Ein Wirkungsgefüge erstellen

1. Orientierung
Lesen Sie zuerst den Namen, die Höhe über dem Meeresspiegel und die Lage im Gradnetz ab. Suchen Sie die Station im Atlas.

2. Temperaturen ablesen
Lesen Sie die Jahresmitteltemperatur ab. Ermitteln Sie den kältesten Monat (Temperaturminimum) und den wärmsten Monat (Temperaturmaximum).

3. Amplitude ermitteln
Berechnen Sie den Temperaturunterschied zwischen dem kältesten und dem wärmsten Monat. Diese Differenz bezeichnet man auch als Jahresschwankung oder Amplitude.

4. Niederschlag ermitteln
Lesen Sie den Jahresniederschlag ab. Ermitteln Sie den Monat mit dem geringsten Niederschlag (Niederschlagsminimum) und den Monat mit dem höchsten Niederschlag (Niederschlagsmaximum).

5. Auswertung
Beschreiben Sie den Jahresverlauf der Temperatur und des Niederschlages. Bestimmen Sie die Anzahl arider und humider Monate. Beschreiben Sie abschließend die Auswirkungen des Klimas auf die natürliche Vegetation.

M7 Ein Klimadiagramm auswerten

1. Themenfindung
Das Thema sollte möglichst viele unterschiedliche Positionen zulassen und eine kontroverse Diskussion fördern. Es ist auch möglich, zu Beginn ein Meinungsbild zur Thematik einzuholen.

2. Vorbereitung der Debatte
Vorbereitung in Gruppen (z. B. Losverfahren), zu den einzelnen Akteuren bzw. als Moderator

3. Durchführung
- Anmoderation durch den Moderator: Die Debatte wird durch eine kurze, neutrale und sachorientierte Einführung in das Thema eingeleitet und mit der Vorstellung der Fragestellung als Anlass zur kontroversen Diskussion eröffnet.
- Erste Runde der Debatte (mit angepasster Sitzordnung): Die Plädoyers der Gruppen werden gehalten, die jeweiligen Argumente genannt und kurz erläutert.
- Zwischenbesprechung: Die Gruppen bereiten Entgegnungen auf die Argumente einer anderen Gruppe vor.
- Zweite Runde der Debatte: Die Gruppen stellen ihre Entgegnungen auf die Argumente einer anderen Gruppe im Plenum vor.
- Ggf. dritte Runde der Debatte: Hier kann auf Fragen aus dem Publikum geantwortet werden.

4. Nachbesprechung und Abschluss
- Abstimmung: Die Teilnehmerinnen und Teilnehmer der Debatte und die Beobachter entscheiden, ob sie die kontroverse Fragestellung pro oder kontra beantworten (ggf. Vergleich mit dem zu Beginn eingeholten Meinungsbild).
- Verabschiedung durch den Moderator

M6 Eine Debatte durchführen

Bildquellenverzeichnis

Affordable Housing Institute, Boston, MA: 77 (© 2005 David A. Smith, used with permission); Avenue Images, Hamburg: 94 (Hubertus Blume); Canary Wharf Group, London: 72; CartoonStock.com, Bath: 90 (Chris Madden); Demmrich, André, Berlin: 44; Deutsche Gesellschaft für Internationale Zusammenarbeit (GIZ) GmbH, Eschborn: 80 (Lisa Steurer), 81 (Harald Franzen); FAO - Food and Agriculture Organization of the United Nations, Rom: 47; Focus Photo- u. Presseagentur, Hamburg: 38 (George Steinmetz); fotolia.com, New York: 6 (mario_d), 11 u. ff Glühbirne (Thaut Images), 66 (benoitgrasser), 79 (kriss75), 81 (macky_ch), 84 (Yvonne Bogdanski), 86 (wirojsid), 88 (Gabriele Rohde), 89 (Gabriele Rohde), 94 (Marc Heiligenstein), 94 (woloha79); Freiburg Wirtschaft Touristik und Messe GmbH & Co. KG, Freiburg: 68; Gaensly, Guilherme/wikipedia.org: 76; Getty Images, München: Titel (Viaframe), 53 (UniversalImagesGroup), 62 (Bloomberg), 83 (Jim Davis/The Boston Globe); Greenpeace Deutschland e.V., Hamburg: 46 (Oka Budhi); Haitzinger, Horst, München: 30, 59; Imago, Berlin: 81 (Ute Grabowsky/photothek.net); Interfoto, München: 72 (Simmons Aerofilms/SSPL), 84 (The Travel Library); iStockphoto.com, Calgary: 16 (LuisPortugal), 16 (acilo), 24 (Robert_Ford), 40 (Stratol), 45 (Carpe89), 47 (abadonian), 51 (edsongrandisoli), 70 (danielschoenen), 80 (global_explorer); Kluyver, Urs, Hamburg: 94; laif, Köln: 23 (Ulufunok); London Communications Agency, London: 74 (International Quarter London/ Computer generated images are for illustrative purpose only); MISEREOR e. V. , Aachen: 53; Murschetz, Luis , München: 12 (Süddeutsche Zeitung); NASA, Houston/Texas: 36; NASA - Earth Observatory: 93; NASA Johnson Space Center, Houston/Texas: 93; Pabst, Steffen, Dresden: 54, 55; Picture-Alliance, Frankfurt/M.: 13 (dpa/dpaweb), 40 (Imaginechina/Dycj), 52 (dpa/epa afp Issouf Sanogo), 58 (AP Photo/Karel Prinsloo), 89 (Ingo Wagner/dpa), 94 (dpa/dpaweb), 94 (dpa/Wolfgang Zabel), 94 (www.bildagentur-online.com), 94 (Breuel-Bild); Plaßmann, Thomas, Essen: 32; Prinzessinnengarten, Berlin: 64 (Marco Clausen); Reuters, Berlin: 26 (Punit Paranjpe), 29 (Ajay Verma), 42 (Paulo Whitaker), 51 (Ricardo Moraes), 78 (Noor Khamis); Schoenen, Daniel /Fotografie, Freiburg: 70; Shutterstock.com, New York: 8 (Pedro Tavares), 10 (Pavel L Photo and Video), 14 (Peter Moulton), 16 (Tom Grundy), 16 (T photography), 46 (dolphfyn), 82 (Riccardo Mayer); Terra-Verde Förderverein e.V. i.G., Kirchheim/Teck: 25 (deutsch-burkinisches Projekt PATECORE); TVB/BBS, Sölden: 10; ullstein bild, Berlin: 22 (Lineair); United Nations Environment Program (UNEP), Nairobi Kenia: 50; User:OS2Warp/wikipedia.org: 76; Visum Foto, Hannover: 94 (Andia); wikimedia commons: 83 (Davidgrundy/Lizenz: CC-BY-SA-3.0).